聖經研究叢書

馬太福音神學註釋

侯活士 著
李 儁 譯

基道出版社

▼

聖經研究叢書

馬太福音神學註釋

Matthew

作者
侯活士 Stanley Hauerwas

譯者
李雋

責任編輯
林諾欣

裝幀設計
奇文雲海·設計顧問

■

出版／發行
基道出版社
香港沙田火炭坳背灣街26號富騰工業中心1011室
LOGOS PUBLISHERS
Unit 1011, Fo Tan Ind. Centre, 26 Au Pui Wan St., Shatin, Hong Kong
電話：(852) 2687-0331 傳真：(852) 2687-0281
網址：http://www.logos.com.hk

承印
海洋印務有限公司

●

1/2013 初版
Cat. No. LP184
ISBN: 978-962-457-453-1

Printed in Hong Kong

刷次	10	9	8	7	6	5	4	3	2	1
年份	2022	2021	2020	2019	2018	2017	2016	2015	2014	2013

神學註釋系列總序

基督教是個閱讀、講解新舊約聖經的宗教。閱讀和講解新舊約聖經是跟三一上帝相交，建立和更新信徒及信仰羣體的生命，更深的愛上帝也彼此相愛。這是閱讀和講解聖經的目的。因此，我們要進一步提問：怎樣閱讀和講解聖經，才能有益我們這羣走天路歷程的信徒呢？

我們提出這樣的問題，是因為今天經過現代的歷史鑑別方法的洗禮之後，聖經首先是古代歷史文獻，因此在閱讀和解釋聖經的時候，不免逐漸首先注意歷史的文化和處境，而忽略神學的關注的優先性。以歷史鑑別方法寫成的釋經書著重歷史意義的重尋、重溯，如語言、文體、社羣生活、意識形態，神學是歷史地解釋聖經後而有的成果。這是現代釋經學者通行做法。

相對來說，前現代的釋經著作，則以神學為首出。聖經被視為三一上帝賜給基督信仰羣體的禮物，用以塑造、養育、教化信徒忠於三一上帝地生活、敬拜。反過來，信徒忠於三一上帝地生活、敬拜，也塑造、養育、教化他們對聖經的閱讀和解釋。這是一種解釋的螺旋。在這種解釋的螺旋之中，神學是首要的；神學地解釋聖經，這是因為聖經乃三一上帝向我們所發出的話語。是以，神學更多時候是一種釋經的方式，而非釋經的結果。

過度著重歷史鑑別的聖經解釋方法，陷進的危機是從文本轉移到文本所處的古代世界，以文本為一扇窗戶，要看的是窗戶外面的風景世界。結果，我們忽略文本自身的世界，不再注意文本呈現的故事——一個上帝在世與人相交充滿恩情也反覆背叛離棄的故事，我們不再活在這樣的故事之中，生命與踐行不再被其塑造、養育、教化。

歷史鑑別的釋經方法，把前現代在解釋聖經時所具有的神學的、教會的關懷，從歷史研究的關懷中分別了出來，高抬歷史研究的方以尋找真實的世界，而排斥及貶低神學及教會所關心的聖經文本世界。許多聖經學者從此只問歷史研究的方法，而不再理會自身的認信傳統，甚至致力把後者壓抑及清除，而以為這樣的解釋聖經，才最準確，最能接近實在，卻不知道他們愈來愈遠離聖經文本的世界。

上世紀最後十年開始興起的神學的解釋（theological interpretation），是在一種轉變的氛圍底下出現的。簡單地說，相對於歷史鑑別方法所處身的現代場境，神學的解釋所處身的就是後現代場境，這場境使得歷史鑑別方法不再惟我獨尊，並且讓出空間和可能性，叫神學解釋的策略浮現。在這裏要指出的是，這兩種解釋聖經的方法，其實底子是一樣的，都是透過鏡片、通孔來進行的，只是鏡片有別、通孔不一而已。

然而，如果新舊約聖經首先是教會這個信仰羣體閱讀和講解的文本，那麼我們就需要踐行神學地閱讀和講解聖經，並且賦予這種方法首要性。可是，這也不是完全否定、排斥歷史鑑別的釋經方法。只是，其中的涵意乃在於解釋聖經首先是教會所踐行的責任，而不能完全讓位於學術圈子。信仰羣體的生活和敬拜不能全然假手於學術的聖經研究，卻是這個羣體自身的不可推卸的責任，她依據自身的神學傳統來閱讀和講解聖經，以塑造她自己的身分，養育和教化其生命。

我們需要重新學習神學地解釋聖經，因為我們繼承的主要是現代的釋經方法，對前現代的不甚了了，或錯誤地了解也錯誤地使用。我們需要重新學習透過閱讀和講解聖經的文本世界，來理解和安排外面的世界，而非倒轉過來，使用外面的世界來理解聖經的文本世界。如果我們持守唯獨聖經，那麼我們就要逆轉這兩個互有分別的世界，採取聖經所塑造的神學傳統來對聖經進行神學的解釋。

神學的解釋跟歷史的鑑別方法同樣是多元的，卻各自為自己的不同前設所指引和規限。舉個例子來說，初期教會愛任紐（Irenaeus）就以他稱之為使徒信仰（apostolic faith）的信仰規條／準則（Rule of Faith），來解釋聖經。教會的信仰規條／準則是一個框架，以耶穌基督的死亡和復活為焦點來架構整個三一上帝的諸種經世活動，而成一融貫的撮要敍述。前現代的教會就在這個框架之內解釋不同的經卷，並且發展出不同的神學解釋方法。

後現代的信仰羣體在經歷了現代性的洗禮之後，它要在斷裂中再度接上傳統，就得重新學習。只是，這不能簡單地直接地回到前現代，不能簡單地否定歷史鑑別的釋經方法，卻要恰當地挪用其研究成果。換句話說，在後現代的情境中實踐神學解釋，並非易事；我們對此不但陌生，更沒有經驗如何整合歷史鑑別的方法，使之成為神學的解釋的一個環節。然而，教會需要這樣閱讀和講解聖經，因為這樣才是忠於三一上帝對聖經所作的定性，才能有益於信仰羣體自身之塑造、養育、教化。

延伸閱讀

1. Fowl, Stephen E. *Theological Interpretation of Scripture*. Eugene, OR: Cascada Books, 2009.
2. Treier, Daniel J. *Introducing Theological Interpretation of Scripture: Recovering a Christian Practice*. Grand Rapids, MI: Baker Academic, 2009。中譯：特雷耶：《聖經的神學詮釋》。紀榮智譯。香港：天道，2010。

進深閱讀

1. Fowl, Stephen E., ed. *The Theological Interpretation of Scripture*. Oxford / Malden, MA: Blackwell, 1997.
2. Fowl, Stephen E. *Engaging Scripture: A Model for Theological Interpretation*. Oxford / Malden, MA: Blackwell, 1998.

註釋系列

1. Brazos Theological Commentary on the Bible.
2. The Two Horizons New / Old Testament Commentary.

鄧紹光
香港浸信會神學院基督教思想（神學與文化）教授
二〇一一年一月一日

裐序

侯活士（Stanley Hauerwas）也許是撰寫馬太福音神學註釋的最佳人選，但也可以是最差的人選。此書出版後，吸引不少學者作出評論，包括有期刊特別組織了專題論文集；[1]觀乎各方的書評，可謂毀譽參半，甚至有不少較負面的劣評。

聖經學者對於「神學註釋」（theological commentary）這個出版意念，原則上沒有異議，因為經過（後）現代薰陶的學者，今天很少仍會追求一種毫無神學前設的釋經進路。所以他們不是質疑「神學註釋」的可行性或可取性，而是在執行上，侯活士對馬太福音的神學註釋是否「太多」神學、「太少」註釋？大底經學家心目中「合格」的神學註釋，必須建立在經文釋義的學術基礎上；可是，如此一來，則代表聖經鑑別學相對於神學，仍保留其獨立性和優先性。於是，難免使神學與經學分家，然後倫理學又與神學、經學進一步分家，對於侯活士來說，這種分道揚鑣的局面是他最不願見的。論者所期許「理想的」馬太福音神學註釋，與侯活士現在呈獻給讀者的，有一段不容易跨越的距離。**所以，閱讀此書首先就要搞清楚這**

是一本怎樣的書？

侯活士沒有做逐章逐節、逐句逐字的注疏考據，而是用改述（paraphrase）的演繹方式，從頭到尾將馬太的故事再闡述一次。侯活士採用了不同的類比來解釋自己的解經法，例如他說他是模仿中世紀的「道德寓意」（moral allegory）。但這樣就容易令人覺得他將馬太的歷史獨特性掃除，將馬太的信息「靈性化」，並化約成為某種借喻、暗號、密碼。於是就有聖經學者甚至批評，侯活士有私意解經（eisegesis）之嫌。可是，每當侯活士的論述進入猜想、聯想、推斷的時侯，我們不能說他沒有給予讀者足夠的提示，讓他們知道那些解釋並非是從馬太的字面直截了當地得出來的結論，他也沒有假裝他的解釋擁有確切的權威。

無論如何，大部分的評論者都不滿侯活士沒有認真對待文本，尤其沒有忠實地呈現出文本的異質性，對經文難明難解的地方，侯活士往往輕輕帶過，無助於那些為此掙扎苦惱的讀者，徒令他們憂憂愁愁地離去。假如真的有讀者對文本懷抱疑問，我建議他們先尋找其他工具書、釋經書的幫助，釋除了心中疑慮重擔之後，再回來閱讀此書。這本不是一般意義的「聖經註釋書」，而是對如何「神學地」解經——亦即「教會地」、「教義地」（dogmatically），而非「學術地」解經——的嘗試和示範，需要我們由頭到尾，像閱讀小說般閱讀。侯活士刻意迴避、懸擱關於經文釋義的討論爭議，因為他要與之辯論的對話者並非其他聖經學者，他要挑戰、針對、詰問的是教會（特別是美國教會）。所以，他徹底地拒絕將聖經當為純粹人的話語、或一種學術研究對象來閱讀，反而視之為屬於教會、造就教會的聖言。他關注的不是關於文本的真知，而文本本身的真理（the text's truths, not the truths about the text）。侯活士開宗明義就說，馬太福音是作門徒的訓練和育成指南，是為我們而寫的（而非單單為一世紀的信徒，或者掌握一世紀的文化、歷史背景的專門學者而寫），馬太已經將教會所需要知道的寫給教會；所以侯活士要做的，就是讓馬太的故事「閱讀」教會，塑造出教會的身分。侯活士隨著文本的故事脈絡流轉，彷似率性而為的神學發揮、倫理聯想，表面上缺乏嚴謹的方法學自制（methodological control），他稱之為「沉思的複述」（ruminative overlay），其實就已經表明他不是即興的、毫無章法的，反而背後是有教會的認信、傳統、義理、教導、關懷作為規範。他所講的，並非訴諸其個人學術上的優越性，他要與教會分享的也並非一家之言，或前所未有的獨到洞見。正如侯活士所說，他意圖「讀寫」（write with）馬太。

然而，正是就這一點上，評論者的反應最為激烈。他們認為此書「太侯活士」、「不夠馬太」！我以為，這是由於評論者太熟悉侯活士的著述，不幸地難免會有的錯覺。無論是侯活士的慣常支持者或反對者，平情而論恐怕都會覺得，這本書沒有驚喜、更沒有突破，書中的內容都是侯活士以前已經多次講過的。可是，若因此投訴侯活士沒有容讓馬太挑戰他，反而是他借用了馬太來確認、堅定他既有的神學立場，這就有欠公道。因為評論者已經先入為主地否定了，今天我們眾所周知的侯活士，可能就是長久聆聽聖言、順從地被形塑（being conformed to）的結果，是先有馬太，然後才有侯活士；是侯活士先被馬太所規訓（being disciplined），然後侯活士才能讀寫馬太；沒有馬太，就沒有侯活士。

有趣的是，對於這本書的種種批評，侯活士幾乎都一一預見，但他並未因此妥協，俯就評論者的期望。事實上，那些認為這本書有太多富濃厚侯活士色彩的神學斷言的人，無疑是不合情理地苛刻。試問一位歌唱大師演繹一首經典樂曲，又怎能棄用他與眾不同的聲線體質？又假如說，評論者是擔心讀者會被侯活士的神學詮釋誤導，則更加是過慮了，因為相信很少信徒會帶著敬虔的、崇拜個人權威的態度來讀這本書。任何有疑惑的讀者都可以自行重讀馬太福音，去體會檢證侯活士的神學判斷是否忠於馬太、服從馬太，這正是侯活士的寫作本意和用心。然而，侯活士又語重心長地解釋，他所的寫並非「我的神學」(my theology)。這又應作何解？

侯活士的意思是，他表達的並非只是供一般信徒參考，無可、無不可的私人領受，而是要分享、見證、宣講那又真又活、來自上主的真理。其實將這本書稍為對照一下侯活士不少經已出版的長短講章，我們就會發現它的性質是宣講(proclamation)上帝的話語。讀者應以一貫聽道的心情，虛心聆聽，並且自省尋問；而非糾纏在學術上、思辯上的反詰駁斥；更非專注於講道者/作者的身分立場。假如評論者從這本書只讀到侯活士，而讀不到馬太，恐怕是由於他們心中放不下要與侯活士爭高下、辨對錯的包袱。而侯活士只盼望我們通過他有限的言說，被引領到真道面前；他要成就的不是自己，而是教會。

所以我說，侯活士的名聲對這本書或者是個負累，假如隱去了作者的姓名，以無名氏之名出版，讀者相信會驚奇於作者文字的活力，感動於他如何勸勉教會要奮力忠信，並因他對主耶穌的教導、職事裏面非暴力那關鍵地位的論證而獲啟迪。

但我仍然相信中文版讀者會歡迎這本侯活士寫的書。特別是我不時聽到神學生和初進工場的傳道同工分享，他們不知道該如何將神學反思放進主日崇拜的講章，引導會眾進入更深刻的信仰反省。這本書堪可成為學習的對象，因它示範了一種神學釋經式的講道方法。假如牧者在講壇上敢於如此實踐，或有助恢復基督信仰，作為一個讀經、解經的羣體所應有的品性。

禤智偉

香港浸信會神學院實用神學(社會倫理)助理教授

二〇一二年十一月二十七日

註釋：

1. 參 *Pro Ecclesia* 17/1 (2008): 13 ~ 34。

原書序

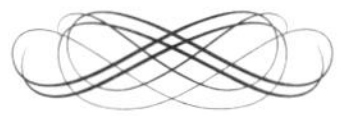

這似乎是一個好主意。這主意也出現得適逢其時。蘭諾(Rusty Reno)提出，神學家應該為聖經書卷撰寫註釋書。我猜想，可能因著我以往的工作，讓同工們想到找我寫馬太福音的註釋書。當蘭諾致電邀請我時，我心裏說：「這主意真好，能獲邀成為作者，這是我的榮幸。」現在，我已經試著完成了他當日給我的工作，但我卻不太完全知道我應否多謝他這個「好主意」。不過，我仍要感謝上帝，蘭諾邀請了我。我也一定要多謝蘭諾和拉納(Ephraim Radner；譯按：歷史神學家)，他們在讀過這本註釋書的初稿後，給我很多具批判性的意見。因著他們，這本書才變得更盡善盡美。

我要感謝布拉索斯(Brazos)出版社的格納(Rodney Clapp)和他的同事們的策劃，令這個註釋系列能夠得以出版。只有上帝才知道，他們是否明白自己所做的一切；雖然他們自己也可能不清楚自己的貢獻，但他們仍然願意去做這事，為此我們必須感到高興。他們似乎願意在生活中作好預備，以面對驚喜；如果我對馬太福音的理解是正確的話，這至少是「天啟地生活」(live apocalyptically)

所蘊含的其中一面意思。

我最要多謝的可能是那些學生，他們修讀了兩個由我教授的馬太福音研討班。我很少說，我從學生身上所學到的，會比他們從我身上學到的多。不過，在這兩個研討班中，我的確從這些學生身上學到很多東西，當我跟他們一起研讀馬太福音時，他們總是很仁慈地包容我。我特別要感謝在第二個研討班中，跟我一同教授馬太福音的同事金保（Douglas Campbell）。他是罕有既熟悉神學，又撰寫新約聖經研究中具代表性的歷史鑑別學文獻（historical-critical literature）。他教曉我很多東西，比他自己所知的更多。

我實在要感謝穆撒（Sarah Musser）、達蘭（Jonathan Tran）和麥卡尼（Sheila McCarthy）。他們不單協助我整理文稿，也對我所
16 寫的東西提出很多有見地的評論和建議。我更要感謝比卡（Carole Baker），我寫的句子差強人意，她卻能將這些句子變得通順可讀。她在其懷孕的最後數個月，完成這件令人驚訝的壯舉；而當這本註釋書面世之時，她將蘇菲（Sophia）帶來到這個世界上。我肯定那一個出生是最能叫上帝喜悅的。在比卡放產假的時候，已退休的費曼（Sarah Freedman）重操故業，為這本書作最後的修訂。對我來說，費曼可以參與出版此書，實在意義重大。

一直以來，我都從基拔（Paula Gilbert）身上學到很多東西。她現在每逢星期四在杜克大學（Duke University）為衛斯理團契（Wesley Fellowship）主持聖餐崇拜，至今已有十七年。我常常聽她宣講馬太福音。我肯定這本註釋書中有好一些主題，都是從她的宣講中學來的。

最後，我很高興可以將這本書獻給艾斯（David Aers）、戴偉斯（Ellen Davis；譯按：聖經及實用神學教授）和海斯（Richard Hays；譯按：新約學者）。他們是卓越的讀者，他們以身作則地教曉我要仔細研讀聖經。我相信，這本書的讀者會認為我仍未好

好學效他們，但我已嘗試過。我所提到的三位學者，他們不但忍受我讀經的習慣，更接納我成為他們的密友，我實在與有榮焉。我希望至少他們讀這本註釋書時，會看出其中有些地方反映了我從他們身上所學到的東西，就是要作一個更好的讀者。我更想讓他們知道，他們的友誼對使我成為基督的追隨者，有重大意義。

目錄

前言

能夠撰寫馬太福音的神學註釋，實在是一種榮幸，但同時也是 18
一個重擔，更是一項使人氣餒的工作。在我們這時代，馬太福音的神學註釋書不多，我也難以找到學效的對象。再者，作為一個現代神學家，我們大部分的習慣（habits）都未能幫助我們知道該如何撰寫神學註釋。神學家的訓練讓他們可以撰寫文章和專著，卻不是註釋書。我們可能會使用或評註聖經某卷書或某一節經文，但我們卻不會把神學寫成為對聖經的連續評註。因此，有些人可能如我一樣，沒有足夠的準備以承擔這項任務。

無論如何，對於怎樣完成這個已交付予我的任務，我惟一知道的方法就是動手做。我曾兩次教授馬太福音。班上的每一個學生都要閱讀一本註釋書，然後報告該註釋書的內容。我從我的學生和我自己所讀過的註釋書中，學到不少東西。我從過去二百年來那些對馬太福音所作過的歷史研究中，學到不少東西。我也從早期教父和宗教改革運動（Reformation）的人物所寫的註釋書中，獲益良多。但最後，我發現自己要寫的，只是一些我認為需要在這個時代裏說，以及對這個時代說的信息。所以，我嘗試不去寫關於馬太福音的東西，而是嘗試讀寫馬太（write with Matthew），這假設了這福音就是為我們寫的。

「讀寫」馬太，我所說的意思是重述馬太所告訴我們的那個故事，就是拉納（Ephraim Radner；譯按：歷史神學家）所提出的那種「沉思的複述」（rumulative overlay）。因此，我想要做的是彷照那些在中古和宗教改革時代所普遍的註釋書形式，即以一種道德寓意（moral allegory）的方式來寫這本註釋書。讀者將會發現：希律變成了那些代表死亡政治的「諸希律」（Herods）；文士和法利賽人成為那些受這種政治「所雇用的知識分子」；我們若要脫離希律的政治，我們就必須要走那些智者在遇上嬰孩基督之後所走的旅程。這種「方法」——我肯定沒有把握說我知道自己在做甚麼——有可
19 能會變得拙劣的。我希望讀者在閱讀的過程中將會發現，馬太所說的故事其實是在詮釋我們自己的。

我實在希望這本註釋書的讀者會發現，我所寫的文字其實是要使他們渴望去重讀馬太福音。我不是要試圖成為一個比馬太更聰明的人；反之，我只是試圖順從馬太的訓練。事實上，正如讀者將會發現，我相信馬太的寫作目的是叫我們成為基督的門徒。我嘗試用我寫作的方式——即是藉著重述馬太所說的故事——來顯示出那企劃「如何」做到。

這本註釋書有自己的結構，在這個範圍內，我所寫的每一章都只是相應著馬太福音的一章經文（有時我會將兩章經文合併而成這本註釋書的一章，為了保持故事的連貫性）。對於馬太福音的結構，有很多饒有趣味的討論，但我卻不大重視它們。我反而純粹認為，最好視經文的章節為那有助我們閱讀的工具。所以，對於那些會讀這本註釋書的仁慈讀者，我會建議他們先閱讀馬太福音那相應的一章，然後才讀我對那一章的註解。然後我希望讀者會重讀那段

經文，讓註釋書光照他們第二次的閱讀。

我寫作的時候，有一個強烈的信念：註釋書的任務不是要用來取代福音書的。因此，我希望我所寫的文字，不過是在突顯馬太所要說的信息。我嘗試藉著自己所寫這份文本的措辭（grammar），來照明出馬太的文本的措辭。我以為，這就是註釋書所要做的事——即是讓我們成為更稱職的讀者，好去閱讀註釋書所註解的經文。馬太福音是要訓練我們成為耶穌的門徒。我認為，透過我所寫的註釋來學習閱讀馬太福音，只能稍稍幫助馬太福音以達成它被寫成的目。

我寫這本註釋書時，也希望它的讀者會把這本註釋書當作一本書來閱讀。換句話說，我希望讀者會用讀小說的方式來讀這本計釋書。馬太福音是一個引人入勝的故事。我們知道這故事的結局，但即使我們知道那結局，也不會減少這故事的吸引力。我嘗試寫出馬太在講述故事時的特性，就是那種具戲劇性的迫切感。讀者可能希望讀到我對這段或那段經文的看法，但這本註釋書的可理解性（intelligibility），取決於他們是否連續地閱讀整本註釋書。

我嘗試註解每一章馬太福音，但卻不會列舉每一節經文，免得令這本註釋書變得冗贅。讀者有時可能發現，他們甚至不清楚我談到哪一節經文，但我希望這會令他們的閱讀更添趣味。不管「神學註釋」（theological commentary）對這本註釋書的含義是甚麼，我嘗試以一種方式來書寫，那就是要鼓勵讀者自己去發掘和建立
關連。當他們能夠將自己連於經文的時候，他們就會發出感歎： 20
「噢！我現在明白了。」這至少是我自己常有的經驗，我也希望有些讀者會分享到我這種經驗。

我希望我的寫作風格是悠閒的。我所面對的試探是常常想早早說出一切。馬太福音的第一句就已經道盡一切，但在註釋書的第一章就道出整本福音的信息，似乎並不明智。所以，我希望讀者們稍

為忍耐，看看我在稍後的篇章有沒有詳盡闡述那個他們認為在早段就應該被展開出來的主題。例如，我沒有在第一章展開成熟的基督論（full-blown Christology；我甚至不能肯定「成熟的基督論」會是甚麼樣子的）。但我只是跟隨馬太的帶領，讓基督論的反省在跟隨耶穌的過程中一直被闡述出來。

我也嘗試避免用任何的大論據（big argument）或單一的主題（motif），來把經文中不同的元素組織起來。馬太已有一些核心關注：教會和以色列的關係、律法的持續地位、聖殿的重要地位、耶穌對以色列精英的挑戰所蘊含的政治性質，以及關於羅馬政權的含義。但我嘗試避免將每一段經文都符合於單一議程。我確實強調了馬太福音的政治（politics），以及非暴力（nonviolence）在耶穌職事裏的角色，但我希望我已避免讓馬太福音的政治特徵，成為「馬太惟一關注的事」。馬太所關注的是上帝之子耶穌。這意味著馬太福音的主題是無窮盡的，所以，它也不容許我們將馬太所講述的故事塞進任何一個主題之下。

我發現撰寫註釋書很容易叫人掉進斷言（assertion）的陷阱裏。我不是試圖拒絕堅持那些自己認為是真的東西。但斷言並不表示要終止與別人對話。相反，斷言其實是糾纏的，在某程度上它有望能啟發我們明白為甚麼當我們面向上帝的實在（reality）時，我們可以做的只是宣講我們所領受的。斷言，是人講述的故事所需要的措辭，但那被講術的故事也應該會讓我們明白到，為甚麼若我們所說的東西被視為是真的，我們就需要那些斷言。也就是說，斷言，是關乎判斷的報告，是需要我們進一步研究的。一切都要經過親身驗證才可以作準。

我已嘗試尊重那些我看為是馬太福音的緘默和嚴肅的東西。我們常希望馬太可以告訴我們更多。施洗約翰的門徒是誰？相對於耶穌的門徒，馬太如何決定他們的地位？當耶穌還是小孩的時候，祂是怎樣的？馬太只是將那些可以叫我們轉化成耶穌的跟隨者的資訊，告訴我們。我嘗試尊重馬太的風格，他只說出我們所需要知道的東西。我假設這是其中一個方面，使這本註釋書被稱為神學註釋。

讀者也將會發現，我通常嘗試迴避所有關乎意識的言語。例如，我試圖避免這類說法：「馬太一定決定了要如此述說這故事」，或是「耶穌明顯已想過這事和那事」。我們所知道的，就是經文所說的。在經文的背後，沒有任何以「馬太或耶穌一定這麼想」的形
式，來表達的「背後」(behind)；也沒有任何具決定性的歷史解釋， 21
叫我們可以指出事情「真正這樣發生」(really been going on)。真正發生的是彌賽亞已經開展了上帝的國度。

因此，這本註釋書不會汴意那所謂的「共觀福音的問題」(Synotic Problem；編按：或譯「符類福音的問題」)。我也不會假設，主後七十年的聖殿被毀，是閱讀馬太福音的關鍵。反而我會假設，約翰福音、保羅書信和希伯來書，對馬太福音都作出了很好的註解。我不知道這會否令我變成一個「文本內涉」(intertextual)或「文本外涉」(extratextual)的詮釋者，但我嘗試以一些文本去閱讀另一些文本。

在整本註釋書裏，我嘗試將我們的生命讀進馬太所說的故事中。例如，我堅定地指出，教會採納美國人慣常的思考方式來閱讀馬太福音，就只會扭曲我們的理解。我也不恥於提出，在猶太人遭大屠殺之後，我們必須面對在閱讀馬太福音時所帶來的挑戰。馬太福音的其中一個關注便是以色列那持續的重要地位，這立場讓我們有機會反省教會和以色列民之間的關係。

有些人可能會感到困擾，因書中我對馬太福音所提出的一些閱讀，正好加強了我以前的著作所採納過的立場。雖然常常有人批評我對經文不夠認真，但我卻一直在嘗試忠於經文。那些批評我在釋經上不到家的人，他們可能以我在這本註釋書的表現來引證他們

的看法，指出我對經文不夠專注。我希望這不是事實，雖然我也不能否認，我的閱讀往往證實了那些在我仔細地閱讀馬太福音前已作出的判斷。我嘗試避免扭曲經文來配合我自己的意思，但這不代表我覺得人在經文面前可以是一張白紙。正如我在《解放經文》（*Unleashing the Scripture*, 1993）一書中所提出的，我仍然認為一間委身於非暴力的教會，較有可能是馬太福音的忠誠讀者。

我發現寫這本註釋書是甚難的。被要求為上帝的話作註解，是一件駭人的工作。沒有甚麼事比這更嚴重了。我所寫的不能是**我的**神學（*my* theology）。我希望我所寫的，將會被視為教會的神學。我實在希望我從未寫過**我的**神學，不過，為經文作註解，到底是有別於評論這個或那個神學議題。這本註釋書是辛苦寫成的，但我希望有些人會在閱讀它時找到福音的喜樂。

馬太福音一章

起初

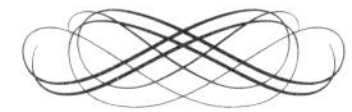

「耶穌基督的家譜」(the book of the genesis of Jesus Christ)，並不是一個普通的開場白。馬太福音起首就指出，耶穌這人的家譜要求我們重新回到上帝最初的創造工作：「起初，上帝創造天地。」(創一1)馬太認為，這就是我們認識耶穌這個人的故事的一個正確方式，我們必須以上帝作起始點，因為耶穌就是上帝的彌賽亞。所以，正如創世記告訴我們天地的來歷(創二4)，馬太福音也記下了耶穌的家譜。對馬太來說，倒過來說也是對的。如果我們要理解「起初，上帝創造天地」，我們就必須要明白耶穌的來歷。透過耶穌我們可以正確地理解起初發生的事，因為我們現在已經可以看到結局。

有一段時間——也就是一般人稱為現代(modern)的時間——基督徒和非基督徒都同樣認為，人是否相信上帝，是基於你是否相信世界有一個開始：「總要有些東西啟動這一切。」因此，上帝的存在便解釋了為甚麼有東西存在，而非無物存在。不過，那位為了證明存在物有一個開始的神(god)，往往是我們幻想出來的，而不是那位透過耶穌而來到我們中間的。一個由馬太福音第一節的語言所塑造的基督教信念指出，我們之所以知道一切都有一個開始，因為我們已經在耶穌基督的生命、死亡和復活裏看到那個結局。

終末論（eschatology）是基督徒用來描述他們如此理解事物本相的辭彙。終末論指出整個世界，包括我們本身，都被編在一個故事之中。福音書假設了，特別是馬太福音，人要理解自己的存在
24 （existence），那具決定性的方式就只有透過聖經所記下的故事。我們將會看到，馬太福音明言，創造是這個故事的第一個行動，其中牽涉以色列的被揀選、王權、罪、被擄和救贖。對馬太福音，甚至是對四卷福音書來說，耶穌「總結」了以色列的歷史，以致猶太人和外邦人都一樣可以活作上帝的子民。

這也是一個天啟故事（apocalyptic story），揭示了自創世之時起便隱藏起來的事。畢竟，創造不是日常會發生事情，而馬太相信，耶穌的故事就是新的創造的故事。天啟語言遍佈於馬太所述說的故事之中，乃是因為如此戲劇化的語言要標誌出，馬太所從事的那項困難任務就是要幫助我們發現，我們必須怎樣學會理解那個在基督掌管下的世界，以及怎樣存活在其中。

天啟，就是上帝的時間瓦解了世界的時間，好讓時間得到救贖。天啟意味著在我們存活的世界以外，還有另一個世界、另一個時間；但那個世界卻又原來是我們所活在其中的世界。正如里爾克（Rainer Maria Rilke；譯按：二十世紀德國詩人）所說的：「還有另一個世界，是跟這個世界一樣的。」我們必須學習怎樣把我們所存活的世界，看成父藉著子所創造和救贖的世界。此外，這個看見必會引起一種政治，挑戰我們對事物本相的最基本假設。因此，馬太福音是一個進行中的練習，幫助我們透過基督來觀看世界。[1]

拉希（Nicholas Lash；譯按：英國天主教神學家）在他所寫的《相信獨一上帝的三個方法》（*Believing Three Ways in One God*）中

指出，以前的人曾以春節而非仲冬作為新年之始。拉希要我們留意一個被稱為耶柔米的殉道史（Martyrology of Jerome）的五世紀日曆，它將三月二十五日定為這樣的一個日子：

> 「我們的主耶穌基督被釘、被孕育，而世界就被造成了。」在這一日，上帝叫一切活過來，從無造有。祂以自己的話，從無有造成一個世界、一個家。從貞女的腹中，基督被孕育。從各各他那威脅世界的死亡中，生命從空墳墓中得到重生。基督的驚駭是上帝之道所具有的人類脆弱性。不過，正正是因為這樣的脆弱性、這樣降服、這樣絕對的關係，才可以從黑暗中帶出那成就了的生命，罪得赦免。（Lash 1993, 118）

耶柔米的殉道史的主張説得相當大膽，正如約翰福音的引言一
樣。約翰福音的引言實在為馬太福音的第一節，作了一個很好的 25
註解：「太初有道，道與上帝同在，道就是上帝。這道太初與上帝
同在。萬物是藉著他造的；凡被造的，沒有一樣不是藉著他造的。
生命在他裏頭，這生命就是人的光。光照在黑暗裏，黑暗卻不接受
光。」這道有一個名字：耶穌基督，是三一上帝的第二位格，在創
世時與父和聖靈同在。這些偉大的宣告叫馬太福音的每個字都活過
來；這令我們不禁猜想，可以説出這個故事的馬太到底是甚麼人。

歷史學家推斷，馬太可能是一世紀末住在安提阿、説希臘語的猶太基督徒。對馬太福音那可能的作者進行的歷史探索，是有用又有趣的研究。這方面的學術研究無疑可以為這本註釋書所提出的很多判斷，提供資料。但基於這本註釋書的目的，我們談到馬太福音的作者時，指的不過是那位大家都假設認識的馬太，用艾來斯（Lewis Ayres；譯按：天主教神學家）的話來説，就是那位從

「字詞的傳遞方式」而被認識的馬太（Ayres 2004, 32）。[2] 這跟馬太自己的假設一樣，馬太視自己的任務不過是見證上帝的渴望——透過耶穌基督來拯救整個創造。馬太寫福音書，是要叫我們成為耶穌這個人的門徒，這就是說，我們若順服這個得贖世界的新實在（reality）而生活的話，我們就必須被更新。在耶穌之後，沒有東西是「正常」的；又或者這樣說，在耶穌之後，因著祂那非凡的工作，我們才可以「正常地」生活。

對於馬太來說，耶穌已經改變了世界，祂也提出要求，若我們要活作新創造的子民，我們的生命便需要被改變。所以，福音並不是一些資訊，邀請我們決定接受還是推卻。我們的任務，並不是以我們對世界的理解，來明白馬太所說的故事；反之，在我們閱讀馬太福音的時候，他要完全改變我們對世界的理解。馬太寫福音書，是要令我們成為耶穌的跟隨者，成為耶穌的門徒。成為基督徒，不代表我們要改變世界，而是代表我們必須活著，向世界見證著上帝已經改變世界。因此，如果我們的生活方式可以帶出上帝對世界的改變，我們就不應對此感到意外。

邁尼亞（Paul Minear；譯按：聖經學者）提出，馬太福音是訓練門徒和先知的手冊：

> 耶穌的故事是清晰及有力的，全因它反映出上帝自創世起
> 26 所隱藏的目的，以及全因它是一個工具，以開始一個曾經
> 藉著先知學校（school of prophets）所延續的使命。若有人
> 試圖從這文獻中，將地上耶穌的傳記，與祂屬天的來源和
> 後來的果效分別開來，那就破壞了跟馬太對話的機會。不
> 幸地，這是現今很多人研究福音書的結果。當我們將關於
> 耶穌跟隨者後期的使命的研究，跟這使命在上帝透過耶穌
> 的召命而傳達的計劃中的根基分別開來，也會產生出相同

的破壞。（Minear 2000, 6）

因此，這本馬太福音的註釋書所要做的，不過是要讀者留意馬太已經作得很好的工作，那就是，叫讀者成為耶穌的跟隨者。馬太寫福音書時就知道，很多讀者如他一樣，都知道耶穌被殺，也從死裏復活。但問題是，如果讀者沒有接受訓練，在某程度上如耶穌曾給祂本身的門徒的那種訓練，這樣的知識對讀者而言其實是沒有任何好處的：那訓練就是要透過閱讀福音書，成為耶穌的跟隨者。馬太知道，我們大部分人都想成為那羣在馬太福音中經常存在的羣眾的一分子。耶穌的教導和神蹟，往往給羣眾留下深刻印象，但在緊急關頭之時，羣眾卻高呼要釘死耶穌。耶穌的門徒在最後也撇下了祂，但耶穌卻曾呼召他們來跟從自己，使他們延續那故事。馬太恰當地盼望，我們透過閱讀福音書，也同樣延續那個故事。

那故事當然是複雜的，其中包括很多角色、情節、挫折和勝利。馬太在這福音書的首十七節中，把那故事的許多背景告訴了我們，那是我們理解耶穌的故事時必須知道的。但是，我們即使一開始便忽略了故事的某些方面，也不用擔心；馬太並不怕重複講述。他甚至似乎明白到，他所說的是一個不平凡的故事，所以我們需要他多次重複講述。不過，每一次的重複講述，都會叫我們認識到耶穌故事的不同層面。馬太福音的每一個字都是寶貴的。

創造是馬太福音開首的主題，它指出上帝的創造的命途全繫於耶穌這位彌賽亞的生命。但若這是關於藉新的創造來更新上帝的創造，那麼我們就可以問，為甚麼彌賽亞耶穌會被稱為「大衛的子孫，亞伯拉罕的後裔」（編按：此乃按英文原書所記的次序，《新標點和合本》則為「亞伯拉罕的後裔，大衛的子孫」；下同）？似乎，馬太應該受更好的勸告，像路加那樣，將耶穌的家譜追溯至亞當。但當馬太稱耶穌為「大衛的子孫，亞伯拉罕的後裔」時，馬太就是要見證以色列的信，以及強調上帝對亞伯拉罕的信實，即是上帝會透過亞伯拉罕來祝福萬民。創世記的首十一章生動地描述了上帝怎樣回應人類罪性的歷史，那就是，呼召亞伯拉罕離開父家，作為一羣新子民的父。

人類悖逆，試圖創造自己的天堂，以代替他們對上帝的依賴，人也試圖克服他們的偶發性（contingency）；而上帝的回應就是仁
27 慈地分散了世上的人，令他們學習怎樣尊重別人，也學習謙卑的功課。尤達（John Howard Yoder；譯按：基督教神學家）觀察到，我們覺得巴別塔是「混亂的」，只因我們將它與由君王強行實施的統一（uniformity）的單純（simplicity）作比較：「所以，『變亂口音』並不是一種懲罰，也不是一個悲劇，而是一個恩賜/禮物（gift），叫人有新的開始，將人從死胡同解救出來。」（Yoder 1994a, 63）這個差異的恩賜/禮物（gift of difference）也像其他恩賜/禮物一樣，都有可能被我們濫用。我們需要謙卑，才能認識別人與我們相似，也同時跟我們不同，而這謙卑會產生無止境的恐懼，以及無止境的暴力和戰爭。但上帝也有方法回應：他呼召亞伯拉罕作為以色列的父——以色列就是一羣領受上帝律法的子民，他們學習怎樣在列邦中生活，只相信上帝是他們的保護。如此的一羣子民被呼召而成為聖潔，是被神聖化的，以致如果那位呼召他們成為萬國的光的上帝並不存在的話，以色列的存在也會變得難以理解。

耶穌被稱為「大衛的子孫，亞伯拉罕的後裔」，因為祂就是再現（recapitulate）以色列生命的那一位。馬太一次又一次提醒我們，「這事發生在耶穌身上」，或者耶穌作了或說了甚麼甚麼，都是為了「要應驗經上的話」。例如，約瑟得上帝的吩咐，要逃往埃及，並且在希律死後才可回去，以致這句話得以實現：「主藉先知所說的話，說：『我從埃及召出我的兒子來。』」（太二15；引用了何西阿書十一章1節）海斯（Richard Hays；譯按：新約學者）注意到：

「馬太不僅僅是隨機地抽取舊約經文來證明耶穌可能會應驗的事情；他在思考的反而是以色列故事的**輪廓**（shape），他並且將耶穌生平與一些重要經文連結起來，而這些經文都應許，上帝對其子民那救贖之愛是牢不可破的。」（Hays 2005, 176）

那個家譜暗示了這個故事的輪廓，而它始於把耶穌確認為「大衞的子孫，亞伯拉罕的後裔」。有趣的是，馬太為甚麼要先指出耶穌是大衞的子孫，然後才交代祂是亞伯拉罕的後裔（編按：根據英文版聖經）？答案可能只是，馬太認為，以亞伯拉罕居次，可以順利過渡至由以撒為首的後裔名單。不過，聖經中的一字一句和它們的次序都是有意思的。馬太知道自己所述說的故事，是關乎那位生來要作王的，但這位君王卻是要被獻上。上帝曾試驗亞伯拉罕，命他要把以撒獻上。馬太福音以「大衞的子孫」來開始，馬太是要藉此而預備我們，好認出這就是那位最終要走上十字架的君王。

所以，馬太在福音書一開始就向我們引介一個核心問題，而這問題要給他所要講述的故事賦予生命：一位眾人期待已久的彌賽亞，一位以色列深信可以解救自己脫離政治奴役的救主，怎麼竟不像其他君王那樣領軍得勝？要受訓成為門徒，就要認識到為甚麼這位耶穌，大衞之子，獨一的真正君王，必要在十字架上受苦被釘。馬太福音的目的，就是要訓練我們，訓練它的讀者，正如耶穌昔日訓練祂的門徒一樣，以認出十字架所成就的救恩，代表了父上帝拒絕用世界所理解的救贖方式來拯救我們——世界所理解的救贖關鍵在於要比敵人更有權力。

馬太福音那重要的轉捩點，就是彼得在凱撒利亞．腓立比所作 28
的認信。對於耶穌那關於自己身分的提問，彼得的回答正確地宣認，祂是「基督，是永生上帝的兒子」。但當耶穌向門徒「顯出」祂自己一定要上耶路撒冷，「並且被殺，第三日復活」時，彼得卻斥責耶穌（太十六 13～23）。彼得不能想像，那位將要拯救以色列的、大衛的繼承人，要經歷被釘於十字架之上。耶穌預言自己會復活，但這不足以叫彼得不斥責耶穌，因為彼得已經聽不進其他話，它聽到的只是耶穌在預告自己的失敗。彼得跟其他門徒一樣還沒有預備好，他們不能理解上帝將會透過十字架上的受難，不單要拯救以色列，也要拯救整個的創造。

彌賽亞，耶穌，被釘十字架上，也解釋了祂作為「亞伯拉罕的後裔」的這個身分。上帝要亞伯拉罕獻上以撒，那是他惟一的兒子，是要體現上帝給亞伯拉罕的應許，即成為多國之父。我們一定會像彼得那樣承認，我們會覺得獻以撒的故事是非常令人反感的。我們之所以有這種感覺，是因為獻祭的語言對我們這些現代人來說，已經變得沒有意思。以色列可能仍在聖殿中將祭牲獻在壇上，以贖百姓的罪，但我們卻會支持先知（何六 6）和耶穌（太十二 7），因他們指出上帝所要求的是「恆久的愛而不是獻祭，是對上帝的認識而不是燔祭」。

但似乎，如果我們要對耶穌在客西馬尼園的掙扎（太二十六 36～46），以及對祂的受審和被釘有正確的理解，有一個獻祭必須要完成，才可以將我們從那主導我們生命的獻祭系統中釋放出來，因為不管我們是否承認，我們的生命仍舊被獻祭的語言所主導，特別是有關戰爭的獻祭。確實，獻祭是人類最顯著的行動，它的姿態顯出我們想回歸上帝的正確願望，但我們總是複雜難解的受造物，甚至能夠扭曲任何美善的恩賜/禮物。因此，我們已嘗試——正如以色列也曾這樣嘗試——用我們的獻祭作為一個操控上帝那美善恩賜/禮物的方法。即使希伯來書告訴我們，耶穌已經一次過、永遠地廢除了燔祭和贖罪祭，因為父上帝的心意是「只一次獻上他的身體，就得以成聖」（來十 10），但我們仍是在獻祭。

上帝賜下律法給以色列人，讓他們藉此能成為神聖子民，有獻祭的能力。但以色列卻成為一個範例，說明我們有能力利用上帝的律法去滿足我們的內心計謀和慾望。因此，父差派子，謙卑成為人的樣式，順服至死，甚至死在十字架上，永遠結束了任何不以祂的十字架為標準的獻祭。我們的天父阻止了亞伯拉罕，為他預備羊羔來代替以撒；但父上帝自己卻沒有留下祂的獨生子，叫獨生子為我們成了那必須的祭物，好使我們得以自由，不用再無止境地用自己的方法來拯救自己。

再者，我們也一定注意到，這位君王的獻祭是帶有政治特性。
這個人類耶穌、上帝的兒子（如希律所說），是那位要終結這世界 29
的領袖所獻的祭的君王，他們希望這些獻祭可以叫他們的管治顯得神聖不可侵犯。基督的獻祭是惟一真正的獻祭，令其他為了較次要原因或較次要的神而獻的祭，備受質疑。[3] 因這緣故，這世界的領袖——就是那些反對十字架或想佔有十字架的人——都要在十字架前顫抖。世上的領袖要求別人為自己犧牲，基督的十字架便對這權利作出挑戰。所以，奧古斯丁（Augustine）這樣說：

> 惟有我們自己——我們，祂的城——才是祂最好、最光榮的祭物。在我們的祭品裏，我們所歡慶的這獻祭其神祕象徵，是信徒所熟悉的……這引申到，在上帝——至高的上帝——按祂的恩典來管治、禁止人向在祂以外的一切存在物獻祭的順服之城裏，人便找到公義；在那裏，結果是，屬這城的並順服上帝的所有人，其身體都受靈所掌管，理性（reason）忠心地以從屬的律法系統，來管轄各種邪惡；因此，正如一個義人基於信心（又充滿愛心）來生活，一羣義人——子民——也基於相同的信心來生活，也同樣充滿愛，這愛是人按上帝所當受的愛來愛上帝，並且愛人如己。但在公義不彰的地方，那裏就必然沒有「一羣由一個權利的常識和一個利益的羣體所連繫起來的

> 人」。所以，那裏也不會有團體（commonwealth）；因為那裏沒有「子民」（people），也不會有「子民的福祉」（weal of the people）。（Augustine 1977, 889～890）

奧古斯丁頗正確地指出，政治與獻祭的問題是相關的。但奧古斯丁也深知，權力（power）是政治的構成元素。事實上，我們很快將會看到，當「來自東方的智者」（wise men from the East；編按：《新標點和合本》譯作「博士」）提到那要出生的是「猶太人的王」時，希律的回應正正反映了政治的權力。希律毫不猶疑地為了鞏固自己的權力而殺人。所以，馬太福音是關乎「耶穌的政治」（the politics of Jesus），要帶出在這世界的權力政治以外的另一個選擇。[4] 再者，耶穌的政治帶來的不單是**在**福音書中的政治，也是閱讀福音書這個過程的政治。對福音書作正確閱讀，這需要一羣被「忠信者所熟悉的獻祭」（oblation familiar to the faithful）所形塑的子民，那就是一個其首要的政治行動乃在祭壇上的獻祭的羣體——這種政治行動正正是希律的那種權力政治以外的另一個選擇。

所以，對馬太福音所作的神學性閱讀，就會重新肯定，教會是另一個的政治，有別於世界的政治。我嘗試對馬太福音所作的閱
30 讀，並不適用於「任何人」，儘管我希望很多「個人」（anyones）將會因為我所提供的閱讀，而被馬太福音吸引。反之，這本註釋書會一直假設著，教會就是那決定著人怎樣閱讀馬太福音的政治。這種政治好像馬太福音一樣假設了，對耶穌整個生命理解，是對教會生活具有決定性作用的。

用更嚴謹的神學術語來解釋，耶穌作為「大衞的子孫，亞伯拉罕的後裔」，其政治特質意味著基督的位格和其工作是不可分割的。有些人將對拯救的理解和耶穌的教導分別開來，這其實反映了基督徒對世界的遷就（accommodation）。道成肉身的教義不幸地被

那妥協了的教會所誤用，讓教會以為自己因相信了正確的教義，因此它就是忠心的。但當道成肉身得到正確的理解，便意味著耶穌的位格和祂的工作是不能被分割的，因為耶穌透過使我們有分於新的生活方式，來拯救我們。這生活方式的名稱就是教會。

對道成肉身的強調常常會令人只注意到耶穌的出生、被釘和復活，並認為這些事情是耶穌生命中的關鍵事件。視耶穌的出生為祂生命中的核心事件，這強調往往令人聯想起東方基督教（Eastern Christianity），而西方基督教就被認為是強調耶穌的受死和復活。[5] 不論這種對東、西方神學所作的分類是否正確，馬太福音卻清楚地告訴我們，兩者都未能對福音作充分的了解。東、西方教會在確定耶穌生平的含義的方法上，都未能解釋到耶穌其他事迹的含義：對門徒的呼召、教導、神蹟、與以色列領袖的爭論、對服從律法和先知的呼召。不論是出生或死亡，過分狹窄地只集中在任何一點，都會把耶穌非政治化。道成肉身恰當地提醒我們，耶穌是完全的上帝、也是完全的人，但這公式並不代表我們可以忽略耶穌的整個生平。

馬太要敍述耶穌所成就的拯救，他需要完全揭示耶穌的生平，包括祂的出生、祂與門徒的關係、祂的教導和爭論、祂的神蹟、祂被釘十字架和復活。福音書的輪廓，即關於耶穌生平的敍述，都顯示出耶穌所宣告的上帝國度需要一種怎麼樣的政治。例如，在基督教傳統中，那些代表正統的道成肉身神學的人，常常會忽略了登山寶訓，或者帶有傾向地閱讀它，以支持基督徒參戰。但馬太福音明言，那位完全的上帝和完全的人，其實同時也是醫治、教導、呼召門徒、被釘和復活的那一位。一個已明白寬恕敵人是甚麼意思的羣體，也會持守一個高階的基督論（high Christology；譯按：這基督論強調耶穌的超越性和神性）。

再者，人若注視基督整個生平，他/她就不可能忽略馬太對政 31

治的理解，這政治是上帝透過其子民以色列所頒布的。馬太相信，上帝藉以色列已帶出全人類的拯救，而這拯救必要創造出一羣蒙召成聖的子民。因此馬太要指出，關於耶穌這個人的故事就是需要我們明白到，以色列的故事就是開放地包括外邦人在內的。這就是馬太福音第一節這樣開始的原因；馬太旨在宣告，耶穌這個人已經開始新的時代，祂是人們盼望已久的彌賽亞，是「大衞的子孫，亞伯拉罕的後裔」。

馬太列出從亞伯拉罕到耶穌的家譜，這本身就是一個註解，解釋著「我們靠基督可以有新的開始」這個非凡宣告的意思。家譜分為三個部分，首兩個部分各有十四代，而最後一個部分只有十三代。最後一個部分只有十三代，因為耶穌所建立的教會就是第十四代。雖然我們不知道馬太為甚麼認為「十四」這個數字具有特別含義，但重點在於馬太透過家譜所傳講的以色列故事。

第一段歷史是以色列作為一個國家的得勝故事，因為它以大衞作結，馬太明顯以大衞作為以色列歷史的高峯。大衞是大能的君王，他愛好公義，又履行摩西律法來管理以色列（詩九十九篇）。不過，馬太所述說的以色列歷史，也是一個失敗的歷史，因為第二段是以被擄到巴比倫作結的歷史；即使以色列後來回到巴勒斯坦，但被擄的經驗仍然困擾以色列的生命。馬太好像舊約的作者一樣，沒有掩飾以色列對上帝的不信，也沒有略過上帝怎樣以被擄的經歷來審判以色列的不信。以色列仍然講述自己的失敗故事，正好成為這羣體對上帝——就是那位叫它的存在有意義的上帝——的信念的見證，這信念是他們透過先知的生命艱難地學懂的，這信念也跟以色列要述說的故事相一致。馬太福音成為這見證的一部分，見證著上帝要藉耶穌的來臨，來表明祂自己對以色列的信實無變。

最後一段的家譜，是關乎如何藉著耶穌的出生來復興以色列。成為以色列的彌賽亞，這表示，耶穌不只是以色列的代表，祂也是對律法的更新、是地土的應許（promise of the land），祂本身就是聖殿。耶穌就是人期盼已久的君王。祂是一切事物的復興，祂使以色列成為蒙應許的子民。透過約瑟的收養（adoption），耶穌屬於大衛的家族，成為以色列的王，但這王卻跟世界的王不一樣。在馬太所描述以色列過去的家譜中，耶穌是高峯，祂既代表以色列的故事，也深深地改變了以色列存在的範疇。

馬太的家譜也包括四位女性的名字：她瑪（創三十八章）、喇合（書二章）、路得，以及烏利亞的妻拔示巴（撒下十一～十二章；王上一章）。馬太提到這些女性，這是極不尋常的做法，因為以色 32
列的家譜（例如在創世記五、十及十一章中出現的那些家譜）一向都只列出男性的名字。馬太提到這些婦女，一定有其用意。有些人認為，這些女性象徵著一些進行了令人存疑的性關係的女性，這是要預備讀者閱讀耶穌那特別的受孕過程。這種看法卻似乎未能對路得和波阿斯的關係有公允的理解。[6] 如果外邦人在整卷馬太福音中將要扮演某個角色，馬太記下這些婦女——她們在某程度上都是以色列的外人——似乎是要指出，上帝要使用她們去支援那具有應許的子民。這些女性都不是明顯的以色列人，但她們卻頗實在地叫大衛的血脈得以延續，藉此成就上帝對以色列的照管（providential care）。她們面對的情況本來是很棘手的，似乎都不一定可以成為以色列的一員；但這些婦女運用她們的機智，逼使以色列的男性宣稱，她們在上帝的應許中有分。她們預示（prefigure）那位求耶穌醫治其被鬼附的女兒的迦南婦人（太十五 21～28）。耶穌最初拒絕回答她，並表示自己奉差遣不過是到「以色列家迷失的羊那裏去」。但這婦人跪在耶穌跟前承認，像我們謙卑禱告時那樣承認，她真的像一隻狗（當時以色列人的確這樣稱呼外邦人），吃主人從桌上跌下的餅碎。耶穌稱讚她的信心，並且醫治她的女兒。

這些婦女（她們全是女性，這也不是偶然的）代表一個不能否定的事實，就是上帝對以色列的應許已擴展到外邦人中間。馬太福音不住為這個事實作註解，也為在我們理解耶穌的使命時這個事實所代表的張力作註解。那些非以色列人都承認耶穌，這個沒有理性的事實產生出張力，但馬太卻沒有嘗試化解它。我們即使站在二千年後的今天，也不能假裝懂得怎樣化解這個因將外邦人包括在以色列應許之內而產生的張力。我們只知道外邦人承認耶穌，因馬太把這點向我們表明出來。所以，我們不應接納一些叫我們失去信心的說法，那些說法會令我們在閱讀馬太福音時，失去那位迦南婦人所具有的信心。我們要像那婦人一樣，必須承認耶穌有能力將生命賜給我們，即使這表示著我們從上帝領受那如從桌上跌下的餅碎的恩賜/禮物。

麥卡比（Herbert McCabe；譯按：天主教神學家）在他那篇出色的講章〈基督的家譜〉（“The Genealogy of Christ”）中指出，馬太要藉這個家譜提醒我們，耶穌連繫於人類那可悲的實在，而我們的性生活和政治生活中往往示範出這實在。麥卡比逐一談論家譜中的成員，指出他們只不過是一羣絕妙的人。不道德但有趣的雅各，
33 不惜藉著說謊、欺騙其失明的父親，從而在那指向基督的家譜裏取得其位置；大衛是殘忍卻成功的強盜，用陰謀和殺戮而聯合以色列的各支派；所羅門的兒子羅波安因自大和貪婪，所以失去大衛所得來的大部分財寶；亞哈的兒子亞哈謝，像他父親那樣是個殘酷成性的人，濫殺平民。麥卡比留意到，在被擄的時候以色列的情況似乎相對地好了一點，這可能是因為王朝崩潰了；或者，這也可能只是因為我們不認識那時期的領袖。

因此馬太的家譜明顯說明了，上帝的計劃不一定是經常由敬虔的人來成就的，祂也可以使用一些「易怒的、聲名狼藉的人物」。按麥卡比所說，家譜中的道德情況太明顯了，根本不容讀者略去而不受責罵：耶穌不是出身於受人敬重的、清白善良的中產家庭，而

是「屬於一個充滿兇殺、欺詐、懦弱、姦淫和謊話的家庭——祂屬於**我們**，祂來幫助**我們**，難怪祂命途多舛，是祂給**我們**一些盼望」（McCabe 1987, 246～249；引文在頁249）。

馬太的家譜要得以成為可能，全因復活的耶穌給門徒的吩咐：「所以，你們要去，使萬民作我的門徒，奉父、子、聖靈的名給他們施洗。凡我所吩咐你們的，都教訓他們遵守，我就常與你們同在，直到世界的末了。」（太二十八19～20）福音臨到外邦人，但這並不表示以色列民那獨特的地位消失了，因為上帝藉著律法來拯救以色列——正如家譜中婦女名字所顯示的——這個應許從來都不只是適用於以色列。

耶穌出生的故事清楚表明那個非凡故事——馬太要述說關乎上帝為我們所作的一切。馬利亞已經與約瑟訂婚，她「從聖靈」懷了孕。這並不是普通的受孕，而是上帝為我們而有的行動，就是上帝要完全成為我們之一分子。因此，我們站在那後來被教會稱為「道成肉身的奧祕」（mystery of the incarnation）之面前。聖靈是三一中的第三位格，藉著祂的工作，那位非時間的（timeless）竟在時間之中被感孕。許多人往往說，聖靈不過是現代神學後來添加的產物；可是祂肯定在馬太福音一開始就出現了（Rogers 2005, 117）。對馬太來說，聖靈的工作是要指向基督的人性。所以，耶穌受洗時，天開了，「他就看見上帝的靈彷彿鴿子降下，落在他身上」（太三16）。在我們這樣禱告時，我們在追尋聖靈這個相同的工作：「我們謙卑尋求祢，恩慈的父，求祢垂聽我們，並以祢的道和聖靈，祝福和聖化這餅和酒，讓它們為我們而成為祢愛子耶穌基督的肉和血。」（*Book of Common Prayer* 1979, 342）

我們只有藉著聖靈，才可以認出耶穌是上帝的兒子；這並不會令人感到意外的，因為我們假設了上帝不可能成為我們的一分子。我們的試探是要相信：如果上帝是上帝，那麼祂一定是在我們四周中最大的事物。因此緣故，我們會用一連串最高等級的形容詞來形容上帝：全能的（omnipotent）、全知的（omniscient）、無所不在的（omnipresent）。上帝擁有無上權力、知道一切，也存在於每一個地方之中，但這些形容詞卻令一些人難以理解，上帝怎可能在馬
34 利亞身上藉聖靈成孕。這個疑問背後其實假設了，我們在上帝於馬利亞腹中成孕之前，就已經認識「上帝是全能的、全知的和無所不在的」是甚麼意思。無可否認，馬利亞的感孕挑戰我們的假設：我們假設，我們一定可以在認識耶穌之前便認識上帝。但這樣的假設其實是一種罪，我們假設我們能夠按照我們的方式去認識上帝；透過馬利亞身上的聖靈感孕，我們這個高傲的假設受到挑戰。這正正是耶穌後來所宣告的，而這宣告也一早內在於祂受孕的過程之中：「一切所有的，都是我父交付我的；除了父，沒有人知道子；除了子和子所願意指示的，沒有人知道父。」（太十一27）

很多時候，對於那些擔心是否需要相信童女生子的人們，他們如此相信，就好像假設了，他們被要求相信一些沒有證據可以證明的事情。但馬太所述說的故事，其實是關乎那位不願意拋棄我們的上帝——祂甚至願意成為我們的一員，好叫我們可以得贖。童女生子其實不是甚麼出人意表的事情，因為上帝本來就是那位可以不透過人來創造人類，卻（正如奧古斯丁所指出的）不會不藉著我們來拯救人類的上帝。父上帝透過聖靈叫馬利亞懷孕，這其實跟上帝在創世時所作的並沒有不同。上帝並不需要介入創造，因為上帝從沒有在創造中缺席。[7] 創造不是「以前那事」（back there），而是上帝那持續不斷地向所有祂已定意的、並繼續定意叫其存留的受造物的愛。

那應該使我們吃驚、使我們被嚇倒的，其實不是馬利亞的童女身分，而是因為上帝竟然拒絕放棄我們。按巴特（Karl Barth；譯按：基督教神學家）所說，在關於馬利亞懷孕的宣告中，這就

是上帝的人性：

> 上帝在耶穌基督裏的高度自由，是祂為愛的自由（freedom for love）。在優越和服從中運行和彰顯的神聖能力，表明了上帝能夠屈就卑微，祂可以將自己連於他者，也可以將他者連於自己、跟自己在一起。這事發生的次序是不可以倒轉的，但也同時是完全真實的。在這個次序中，上帝與人那最高層次的聯合在耶穌基督裏出現，並得以延續。因此，上帝的神性不是一個監牢，只容上帝自己為自己的緣故而在其中存在。這反而是上帝那在自己裏面的、並為自己的自由，但祂也同時是與我們同在、為我們的；祂既肯定自己，也犧牲自己；祂全然被高舉，也完全謙卑；祂不但是全能的，也是極度仁慈的；祂不但是主，也是僕人；祂不但審判，祂自己也被審判；祂不但是人在永恆裏的君王，也是人在時間中的兄弟。這些全都沒有絲毫動搖祂的神性！這些反而全都是對祂的神性作出最高的肯定和宣
> 告！祂作工（does），並且顯明地能夠（can）成就以上一 35
> 切，惟有祂是永生上帝。這構成了祂的神性，就是亞伯拉罕的上帝、以撒的上帝、雅各的上帝的神性。在耶穌基督裏，事情就是這樣變得有效，以及可以被人認出。如果祂是真理的道（Word of Truth），那麼上帝的真理就正正是這樣，別無其他。（Barth 1960, 48～49；強調之處為原著所有）

上帝的實在性（actuality）意味著，一切以自然的角度對童女生子所作的解釋或描繪，都會是一個錯誤。正如我不能解釋創造，我們也不能、也不應該嘗試解釋耶穌如何可以同時是完全的

上帝和完全的人。尼西亞（Nicea）和迦克墩（Chalcedon）都沒有解釋三一和道成肉身，但它們卻教導我們可以怎樣言說上帝的奧祕，而不加以解釋。因此，尼西亞和迦克墩都再現（reproduce）了福音書的特性，即是說，惟一的方法，讓我們可以言說上帝在耶穌基督裏已為我們成就的工作的，就是講述故事——這個關於馬利亞懷孕、但約瑟和她卻還未「知道對方」的故事。這正是為甚麼馬太在家譜與馬利亞懷孕的故事之間，並沒有提供一個過渡，好給我們作準備，以迎接馬利亞的故事。相反，馬太說得很直接，他甚至是用直截了當的方式來告訴我們：「耶穌基督降生的事記在下面」。我們再一次看出，馬太並不假設自己要令我們明白上帝的工作，相反，他的任務是向我們顯示，我們可以怎樣按照著耶穌的成孕和出生而活。

「基督已經死了，基督已經被提，基督將會再來。」我們在每一次守聖餐時都作出這正確的斷言。但這些斷言不應叫我們忘記「基督已降生」。三一的第二位格已經受感孕，祂在出生後需要依靠母親的照顧。[8] 成為人，就是成為脆弱的，而作為一個嬰孩，也是成為脆弱的，但這在某程度上是很多人一生都想否認的事。確實，耶穌是一個嬰孩，祂願意經歷這種脆弱，而且這脆弱在祂被釘時將會達到高峯。就是這樣，耶穌要依靠馬利亞和約瑟的照顧。他們雖不能救祂免於被釘十字架，但沒有他們，耶穌就不可能長大成人。因此，我們理當為這神聖家庭而歡慶。

馬太那個關於馬利亞懷孕的故事，沒有路加的記載那麼仔細和吸引，但這可能就是馬太福音的價值。福音的其中一個主要敵人是濫情（sentimentality），而關於耶穌降生的故事已被證明為一些易於使人感傷的現成材料。馬太那關於耶穌成孕和出生的描述，都是非常寫實的（realistic），不用辯解的。故事的主角是約瑟而非馬利亞。屈梭多模（John Chrysostom；譯按：早期教父）讚賞約瑟，認為他是擁有非凡自制力的男性，因為約瑟不像其他人那樣，受制於一種像暴君那樣的感受：妒忌。約瑟不願令馬利亞難受，也不願明明的羞辱她，所以他計劃暗暗的休了她。約瑟因此沒有按律法行事，他處事的風格倒像後來耶穌所示範的、對待罪人的態度（太九10～13）。

不過約瑟卻仍然需要上帝的啟示，才知道馬利亞所懷的是甚麼。 36
他也享有一份榮耀，把耶穌命名為新的約書亞，表示祂能拯救其子民脫離罪惡。以前的那位約書亞其任務是要得著應許之地，但這一位約書亞卻是要受差遣去拯救祂的子民脫離罪惡，令他們得以活像應許之民（people of the promise）。約瑟按吩咐行動，娶了馬利亞為妻，並為兒子改名叫耶穌。

馬太更告訴我們，這一切都是要應驗以賽亞書七章14節的預言。這是馬太第一次使用這個公式：「這一切的事成就是要應驗主藉先知所說的話。」這公式將會一再出現，以表明耶穌應驗了舊約的預言。我們常以為，馬太只不過將他所得的資料，塞進一個已有的模板中，但這看法其實假設了馬利亞並不是童女，但事實上，馬利亞的確是童女。我們現在知道應該怎樣理解以賽亞書七章14節，因為馬利亞是一位少婦，也是一位童女。

馬利亞必須是一位童女，因為耶穌是上帝的兒子。沒有馬利亞的童女身分，我們就不可能講述之後的故事；惟有這樣，才可以證明馬利亞是一位童女。因故事本身發展的方式，就要求馬利亞是一位童女。她所生的那位正正是以馬內利，是「上帝與我們同在」，而這樣一位人物的父，除了三一的第一位格之外，別無他人。以賽亞書七章14節得以應驗，這是重要的；但我們要明白父上帝的性情，那關鍵卻在於「童女生子」。

在馬太福音裏，馬利亞沒有像在路加福音裏的馬利亞那樣宣告「我在這裏」（here am I），但這不會削弱馬利亞的重要性。沒有馬利亞的順服，沒有馬利亞的樂意接受聖靈，我們的拯救也不知道是否可以成就。因此，坎塔拉梅薩（Raniero Cantalamessa）頗恰當地為其著作命名：《馬利亞：教會的鏡子》（*Mary: Mirror of the Church*）。馬利亞常被視為第二個夏娃，這說法在加以解釋後也說得通的；但馬利亞其實也同時是我們的亞伯拉罕。正如亞伯拉罕順服上帝，離開自己熟悉的土地、前往異地，馬利亞也透過她的樂意，而成為上帝的母親（Mother of God），她就是教會的起始點。她是新創造中的首生，她忠心地回應那位呼召人來成為新子民的子。正如亞伯拉罕是以色列之父，馬利亞就是教會之母。

這意味著，如果基督徒忘記馬利亞在拯救的經世行動（economy of salvation）裏的重要性，我們也可能冒著失去與以色列民的關係的風險。耶穌是由一位猶太母親生下的。祂的肉身是猶太人的肉身。當然，猶太人的肉身也是人，但基督徒不應忘記這「完全的人」的肉身，尤其是馬利亞的肉身。馬太不會讓我們忘記，馬利亞所生的那位，就是要來叫以色列脫罪得自由的那一位。耶穌是完全的上帝、也是完全的人，但這方程式並不表示我們可以忘記，這位完全的上帝和完全的人，其實也是那位承諾永遠向以色列民持守信實的上帝。

註釋：

1. Hart 2005, 60～61；這裏如此說：「要看世界如它當被看的，要看出上帝在世界中所反映出的真榮耀，人就需要有慈悲的培養、被愛擦亮的眼……基督徒應該同時看到兩個實在（reality），一個世界（正如它之所是）在另一個世界之中：我們知道的一個世界，其中有美善和恐怖、壯麗和陰沉、喜悅和痛苦；另一個世界卻是最先和終極的真理，不只是『本性』（nature），而是『創造』，是榮耀的無盡海洋，每個角度都洋溢著上帝的美善，其中沒有任何暴力。這樣的觀看，叫我們可以同時間歡呼和哀號，叫我們把世界看為一面鏡子，反映無限的美善，但也同時知道我們是透過死亡的紗簾才窺見這種美善；讓人看出創造是受因的，但也是如每天的開始般的美麗。」

2. 艾來斯（Lewis Ayres；譯按：天主教神學家）認為，「字詞的傳遞方式」反映文本的純粹意思，也就是說，一個羣體用來理解文本論據的那些技巧。他留意到，早期的基督徒讀者常常把純粹意思等同作者的意思，但這個看法亦受到這個宣稱所限制：上帝才是聖經的終極作者。因此，我們也可以假設，上帝也可能打算要經文中的字詞帶有多重的純粹意思。
3. Hart 2005, 52 ~ 53；這裏指出，而且明明地指出，大自然本身就是一個犧牲獻祭的循環，宗教已常常嘗試使我們與實在和好，透過「獻祭的禮儀和神話——它們被指定，藉著似乎叫我們跟事物的長久秩序聯合，而舒緩我們因為疏離而生出的痛苦」。相反，作為基督徒，我們所敬拜的上帝、子的父，卻告訴我們這些獻祭的制度都等於拜偶像。不用說，宗教和政治之間的緊密關係，常常牽涉於這拜偶像的制度之中。
4. 「耶穌的政治」與尤達（John Howard Yoder）那本書的名字相呼應。尤達認為，耶穌常被人訴諸為政治人物，但這種要求，其實好像一個口號一樣，並不能連於「對耶穌道成肉身地所要彰顯的**那種**政治作出的重要關注」（Yoder 1994b, 3）。我希望明顯地表示出，我認同尤達對耶穌的政治的看法。
5. Ayres 2004；這裏成功地指出，人若聲稱東、西方教會之間的分歧很大，這就是未能對如奧古斯丁（Augustine）這類人物作充分了解。
6. 例如，可參看戴偉斯（Ellen Davis；譯按：聖經及實用神學教授）對路得的討論。戴偉斯留意到，人們常常談論，路得記三章 9 至 10 節是否記載了性行為，但因為經文沒有明說，所以我們無法知道。因此，戴偉斯指出：「我們一定要以敘述者的角度來作結論，根本沒有理由要在有懷疑的情況下作定論。」（Davis 2003, 79）
7. Burrell 2000, 103；這裏提出：「所有神聖行動都歸入**創造**（creating）這個標題，因為我們已注意到，上帝會保存祂所創造的現有存在物。因此，任何提及上帝『介入』創造的說法，都明顯是誤導人和不適當的。」關於「介入」的說法會誤導人，因為它假設了上帝是那擺在宇宙裏的形而上式裝置的一部分，並且誤叫人以為，上帝創造的意思牽涉了上帝和創造之間的一個基本分別。

8. 我靠屈素(James Wetzel)的重要提醒，從而認出耶穌跟我們一樣，都是必要靠其他人才能出生的。

馬太福音二章

恐懼和逃亡

「當希律王的時候」，這句子好像將我們帶回現實。天啟的時間（apocalyptic time）、創造的時間、耶穌成孕的時間——倘若這是我們所假設世界運作的模式——都似乎是不真實的（unreal）。但天啟的時間跟日常的時間，即希律的時候交錯，造成一個政治危機。耶穌是父的永恆之子，在希律的時候出生。耶穌成孕和出生的故事不是一個神話，相反，這故事要形塑我們所身處的時間。在這時間裏，統治者施行管治，並且以為他們可以決定那構成時間的故事——因為那些管治的人都會以為，時間是由權力決定的。例如，近年，人們常說我們活在美國的世紀之中。像希律一樣，美國人相信他們是在控制時間，因為所有人都必須述說自己那些與美國故事相關的時間和故事。

但諸希律（Herods）卻甚少好像他們所想像的那樣具有權力。希律之所以能夠作王，不過是因為羅馬人樂於讓他來管治這個多事之地，因為其中的居民是同樣麻煩多多的猶太人。希律不過是一粒棋子，被羅馬利用，來維護有利於羅馬的秩序。耶穌在被佔領的地土上出生，那是在強大帝國邊陲的一個偏遠地區。耶穌最終死在羅馬的當權者之手下，在當時，祂的死對羅馬完全沒有任何意義。羅馬怎會料到，這人竟將會成為它所要面對、最具決定性的政治挑戰？羅馬人知道要怎樣對付敵人：你要不殺了他，要不就吸納他。但你可以怎樣對待一個運動，對待一個國度——其子民拒絕相信暴力將要決定歷史的意義？這個由耶穌開展的運動是由一羣子民所構成，他們相信他們擁有世界上所有的時間——這因上帝的耐性而得以可能——好以十字架和復活來挑戰世界那蠢動不安的暴力。

38 我們常常忘記了耶穌出生所包含的政治意義，希律卻非常熟知。我們失落了這點，因為教會，特別是美國教會，把耶穌的出生理解為對一個既定立場的肯定，而這立場就是宗教在政治那更大的架構中所具有的。這就是說，耶穌的出生不會被視為一個對王權和帝國的挑戰，因為宗教關注私人的事。這個立場不是要刻意淡化福音的重要性，因為它假設了，私人的事是關於我們生活裏最重要的事，就是我們稱之為「道德」(morality)的事。但馬太福音卻不曉得公開(政治)和私人之間的區分。耶穌在時間中出生，祂威脅著希律和羅馬的時間。正如家譜所表明的，耶穌是大衞家的王，祂是一位要將王權從先前被擄的狀況裏救拔出來的王。因此，卡特(Warren Carter；譯按：專研馬太福音的新約學者)說得對：

> 耶穌彰顯了神聖的臨在(divine presence；太一 23，二十八 20)，那委身於耶穌的羣體也彰顯了這神聖的臨在(十八 20)。上帝在耶穌的成孕和出生中臨在(一 18～25)，這個啟示引致帝國其中一位藩王作出暴力的回應(二章)。這場景的主題和字詞都令人想到，法老怎樣反對摩西把上帝的子民從埃及的奴役中解放出來，這也同時叫我們想起，耶穌怎樣被宗教和政治的精英釘死……福音書

> 所說的故事，是關乎一位先知式人物的故事，祂所受到的待遇是當時帝國可以加在祂身上那最差的待遇——被釘於十字架。但祂的復活和隨後那充滿權能的來臨，卻揭露了羅馬權力的限制。福音書描繪出另一個世界。它反對王權的宣告。它拒絕承認世界是沿用這些方法來立定的。對於世界和人類的存在，它提供了另一種的理解，是要以在耶穌身上所彰顯的上帝為中心的。它創造出另一個羣體，並且形塑了一個反帝國的實踐（praxis）。（Carter 2003, 42～43）

「天國近了，你們應當悔改」，這是施洗約翰的講章（太三2），也是耶穌所作的宣告（四17）。天國不是某些內在的聖所，相反，天國是另一個世界、另一羣子民、另一種政治。耶穌被稱為天啟的人物，就是這個意思。在祂的位格和祂的工作中，祂就是上帝具體的國度。現代基督徒所面對的試探，就是將天國與我們心目中認為代表著人類的努力的觀念等同，這些觀念是：自由、平等、公義、對每個人的尊嚴的尊重。以上這些全都是有價值的目標，基督徒也大有理由去支持它們；但這些目標本身卻不是天國。將這些觀念等同天國，其實就是將天國跟宣講天國的那一位分割開來。「耶穌自己就是被豎立的上帝國度」（Barth 1936～1977, 2.2.177）。又或用俄利根（Origen）的經典說法，耶穌就是國度本身（*autobasileia*）——在位格中的國度（Barth 1926, 498）。

所以，當希律聽見「幾個來自東方的智者」（wise men from the East；編按：《新標點和合本》譯作「博士」）來到耶路撒冷，要查詢那位生下來要做「猶太人的王」的嬰孩時，他那擔憂的反應是恰當的。希律對嬰孩的恐懼，揭示了他是何等脆弱。諸希律知道，他們這個地位需要自己常常提高警惕，因為任何的轉變都只會令他們那不穩的地位變得更加不穩。希律恐懼地施行統治，也用恐懼來鞏固自己的權力：如果你們不喜歡我的領導，如果你們不順從我，你們就更不會喜歡羅馬人直接來統治你們。所以「耶路撒冷合城的人」也都跟希律一同不安，這顯示出，希律能夠統治，因為那些被他統治的人的恐懼，使希律的統治似乎成為不可或缺的。正如其他以恐懼來統治的人一樣，希律和他所管轄的人最害怕的，就是那叫他們感到意外的事。所以，當幾個陌生人出現，說他們相信有一位王已經出生時，這一定不是個好消息。更何況，他們要找那新生王的原因，是要來拜他。

希律出名狡猾。他是經驗老到的統治者。他當然可以告訴這些從東方來的陌生人，他們搞錯了，希律才是猶太人的王。不過，希律一生都習慣施詭計。雖然他因聽到這個威脅自己權力的消息而感到害怕，但他卻知道要做甚麼事。他把大祭司和文士召來（他們不常常是支持希律的），並且查詢彌賽亞要在哪裏出生。這些人是當時的知識分子——受過教育，好服事政權，好像其他的知識分子一樣。他們熟悉聖經，正如我們現在很多熟讀聖經的人一樣，他們也知道怎樣讀聖經，才最能夠符合領導者的需要。

大祭司和文士使希律留意到彌迦書五章2節的預言，它提到以色列的統治者，就是那位要作子民的牧人的，並不是來自耶路撒冷，而是來自伯利恆。希律的管治，跟生於伯利恆的那位的管治，大大不同。那位將要來的，並不需要依靠那些與昔日王朝有關聯的權力裝備。他會在適當時候，騎驢進入耶路撒冷（太二十一1～2）。他要生於伯利恆，一個從不是猶大權力中心的地方。再者，他的統治是像牧人的領導。他惟一擁有的權力，就是來自他對以色列迷羊的愛。

宇宙的徵兆（sign；編按：或譯「記號」、「兆頭」）都宣告這王的出生，這並不叫人意外，因為這卑微的地方所生出的愛，其實就是那推動太陽和星宿的愛。耶穌後來也用這大愛去平靜風和海，叫祂那些受驚的門徒吃驚（太八 21 ～ 27）。雖然這君王到來，是要到以色列的迷羊那裏牧養他們，但這愛卻明顯不限於以色列。即使那些智者，一些非以色列人，都可以觀察到那顆顯示君王的出生的星。

那些智者確定了教會在梵蒂岡第一次大公會議（Vatican I）中
所宣告的信念，那就是我們應該相信，上帝的存在（existence）在
原則上是開放給理性論證的。在哥林多前書十四章22節，保羅
說，即使是那些說方言的人，也可能是給不信者的一個兆頭——
不信者就是那些不知道以色列所擁有的預言的人。所以，那些從東
方來的智者可以憑星象找到耶穌，這是一點也不叫人意外的。但
這「自然的知識」也需要透過聖經所給我們的故事而被述說出來。
那些智者隨著盼望的引導，跟著那顆星，但這卻不足以叫他們去到
耶穌出生的地方。他們以為猶太人的王會在首都耶路撒冷出生，所
以他們需要幫忙；最終幫助他們的，卻是那最不可能施予援手的希 40
律，因為希律已經從那些熟識經文的謀士口中，得知可以在哪裏找
到那嬰孩。

希律從自己屬下的智者得知答案後，暗暗召來東方的智者；他掌握了那星出現的時間，才打發他們到伯利恆。他暗暗地召見他們，因為他不希望使「一位君王確已出生」這個假設變得可信。他還告訴這幾位智者，自己也希望前去拜這位新生王。希律在敘述裏的角色是不容輕視的，因為若沒有希律，那些智者或者就不會找到他們所追尋的那一位。抵擋上帝國度的人，通常都會在耶穌所開展的運動之始，提供幫忙。

那些智者採納了希律的意見，便繼續跟隨那在他們前頭的星。這星在耶穌出生地的上方停住，向這嬰孩致敬，也使智者們大大歡喜。這些智者所受的訓練，叫他們懂得欣賞世界的複雜之處，當他

們看見母親和嬰孩時，他們就俯伏拜那小孩子。若這不是彌賽亞，若這不是那生來要作王的，若這不是上帝的兒子，那麼這些智者就是在拜偶像。他們能夠看出這一位是具有價值的，惟有祂是當受敬拜的，這個看見肯定就是父的恩賜／禮物（gift）。同樣的恩賜／禮物也讓外邦人可以得著盼望，因為透過這小孩，我們已蒙召有分於另一個國度，而祂的降生就標誌著這國度。再者，我們像那些智者一樣，得到上帝給我們的餅和酒，作為恩賜／禮物，讓我們可以獻上，好令世界知道在希律以外還有另一個選擇。

幾個智者在夢中受警告，不要回到希律那裏，他們便用另一條路回到他們自己的國家。他們返回自己的國家去，這一點頗具含義。上帝似乎不打算要他們留在以色列，他們經驗過這麼大的歡樂，他們一定想留下來。不過，他們被指示回家去，他們要成為先驅，成為見證人，傳講他們所經驗過的歡樂。他們的旅程為我們而成為故事的一部分，這故事也將歡樂帶給我們。這旅程可能應被稱為「另一條路」，就是我們也必須要走的一條路。國度是一個旅程、另一條路，因此耶穌的追隨者可能會發現，即使他們「在家裏」（at home），他們仍是陌生人。

實際上，約瑟透過另一個夢也很快知道，他一定要帶馬利亞和小孩起程，到埃及去逃避希律的憤怒。與這位約瑟同名的另一位約瑟（譯按：舊約的人物），也懂得解釋埃及人的夢，但這位約瑟卻得到恩賜／禮物去相信自己的夢境。因此，耶穌被帶到埃及，這應驗了上帝透過何西阿所作的宣告，就是上帝要呼召祂的兒子以色列出埃及。「大衛的子孫，亞伯拉罕的後裔」（編按：次序按英文原書），也是新的摩西，祂蒙召帶領其子民進到信心之地。

耶穌是新摩西，祂跟摩西一樣，都要背負其子民的不信。在何西阿書十一章 1 至 2 節，上帝說祂愈愛以色列，甚至召他們出埃及，以色列民就愈發向巴力和偶像獻祭。耶穌的門徒將會受試探，

要模仿以色列民那樣不信和拜偶像。耶穌像摩西一樣，會將律法賜 41
給我們，幫助我們抗拒試探，拒絕為自己造神；但即使律法已經被
體現在耶穌的身上，我們仍會找方法去扭曲我們所領受的教導。

這些智者沒有回到希律那裏，但希律也不是傻瓜。他相信自己所聽到的消息。在伯利恆出現的嬰孩都會成為他的威脅。我們要記得，當希律聽到猶太人的王已出生時，他對此消息是感到驚慌的。他清楚知道自己的權力從不穩固，當希律覺得自己那薄弱的權力受到威脅時，他做事便變得不留餘地。這種恐懼——從權力生出的恐懼——並沒有底線，因為它的力量是從死亡而來的。所以，希律下令殺死所有在伯利恆和附近出生、兩歲以下的小孩，他認為這大概是那些智者到達以色列所需要的時間。

或者，在福音書中再沒有別的事件，可以像這些嬰孩的死亡那樣具決定性地挑戰著我們對聖誕那濫情的描述。耶穌所出生的世界，是嬰孩被殺的世界，而且，還有更多的嬰孩會在這世界裏被殺害，為要讓暴君可以保住自己的權力。基督徒想要去相信，伯利恆被殺的那些嬰孩可以藉著耶穌的出生、死亡和復活而「被救贖」。麥金農（Donald MacKinnon；譯按：哲學家）卻堅持，這樣閱讀福音書，尤其是這樣解釋伯利恆那些無辜嬰孩被殺害，是不正當的。對麥金農來說，復活的勝利不代表這些嬰孩的死亡是無傷大雅的，又或他們的父母可以減輕哀傷，相反，耶穌的復活是要使那些追隨祂的人可以不用再說謊，不會隨口說我們所相信的世界已被救贖（MacKinnon 1979, 182～195）。

馬太對伯利恆嬰孩之死的描述是直接明顯的。他沒有嘗試解釋，也沒有將這可怕的事合理化。相反，馬太提醒我們，耶利米早已預備我們去面對這可怕的事，耶利米警告，拉瑪會發出號咷大哭的聲音。拉結會在那裏哭她兒女，不肯受安慰（耶三十一15）。再者，拉結不肯受安慰，這是理所當然的。福音——耶穌的被釘

和復活——並不是要安慰那些其兒女被殺的人。相反，那些跟隨和敬拜耶穌的人，是給那些殺害嬰孩的人的挑戰。這個世界的諸希律，都是以憎恨嬰孩耶穌為開始，但如布倫諾（Frederick Dale Bruner；譯按：基督教神學家）所觀察到的，諸希律最終會將憎恨變成眾多嬰孩的受傷害和被殺害（Bruner 2004, 68）。這就是政治，是殺人的政治，教會蒙召就是要成為這種政治以外的另一選擇。

我們必須抵抗這世界裏的諸希律，但同時我們不能忘記，那掌控著希律生命的恐懼，其實也存於我們自己的生命之中。「耶路撒冷合城的人」也都因為這嬰孩出生的消息而感到不安。同樣的恐懼繼續操控著各種文化——我們的文化——叫人相信自己沒有時間、也沒有精力照顧孩子。墮胎，就是其中一個名稱，以命名人對這個時代的恐懼——孩子使這個時代變成真實的。孩子真的會叫我們感到害怕，他們確實把我們拖進那個未知的未來。但這拖曳的力量，其實是那使日頭和星星移動的愛；正是同樣的愛，叫那些智者可以大大歡喜。這愛叫教會成為那個恐懼**那位**（the）小孩的世界的另一選擇。

42 好消息是希律死了。他就算是多麼狡猾，但他的狡猾也不可以救他脫離死亡。君王一代又一代過去，但上帝的子民卻仍然存留。他們可以繼續留下來，因為上帝藉著耶穌所開展的國度。所以，在埃及的時候，天使再一次顯現，告訴約瑟關於希律已死的消息，並表明約瑟應該要返回以色列。約瑟一如既往，沒有猶疑。他帶著馬利亞和耶穌回去，但這路程卻不是沒有危險的。希律的兒子亞基老當時正統治猶大地。約瑟在夢中再得到指示，要避開猶大地，所以他改往加利利，到了拿撒勒；因此，按馬太所說，這就應驗了耶穌要被稱為拿撒勒人的預言（太二23）。

雖然似乎沒有舊約經文說過耶穌會被稱為拿撒勒人，但我們卻開始感受到，在馬太福音裏，地理是具有含義的。加利利是巴勒斯坦一處惡名昭彰的地方，其中的居民有撒馬利亞人、猶太人和外邦人。耶穌在其整個事奉歷程中將要來往加利利，這意味著祂一定會遇上外邦人，而這些外邦人跟以色列人一樣，都是很多元化的。有些外邦人甚至會承認耶穌是彌賽亞。將要來到以色列去呼召以色列人悔改，並宣告國度降臨的那一位會發現，外邦人將會聆聽祂，並回應祂。馬太福音的故事，就是一個這麼出人意表的故事。

馬太福音三章

施洗者

「那時，有施洗的約翰出來，在猶太的曠野傳道」，這個開場白有點模糊不清。「那時」是甚麼時候？那是在約瑟和他的家人遷到拿撒勒後多久？耶穌成長的過程是怎樣的？祂跟父母的關係怎樣？祂受過甚麼教育？祂為甚麼到猶大地？為甚麼祂覺得自己要接受約翰的洗禮？這些問題全都是好的，但卻提不起馬太的興趣。這一點提醒我們，沒有任何一卷福音書會佯裝成一本傳記，即使是那記載耶穌早年事迹較多的路加福音也不例外。福音書所載的是上帝與我們同在的故事。馬太福音在記載耶穌要被稱為拿撒勒人後，忽然提到約翰的出現，這轉折很突然，這是要提醒我們，「那時」就是上帝的時間。

福音書對耶穌童年的緘默，往往叫我們沮喪不已，但這沮喪卻是需要的，如果我們要受訓而成為這個人的好讀者、好門徒。我們從約翰福音得知，耶穌行過很多神蹟（sign），卻沒有「記在這書上」，而我們所分享的內容是「要叫你們信耶穌是基督，是上帝的兒子，並且叫你們信了他，就可以因他的名得生命」（約二十

30～31）。馬太和約翰的寫作目的，不是要給我們提供資訊，好讓我們自行作決定；相反，他們是在告訴我們一些我們應該知道的事，好受吸引而進入上帝國度。我們的想像力可以天馬行空，隨我們的意思去填滿故事中空白的地方。在現代，想像力所採取的其中一種形式是，臆測耶穌的「彌賽亞意識」（messianic consciousness）是怎樣的？耶穌是否知道祂自己是彌賽亞呢？祂認為自己是怎樣的一位彌賽亞？這些問題都是不合乎規範的，要回答它們，往往牽涉要嘗試顯示出，耶穌怎樣對自己的身分作反省，或者耶穌跟那於其
44 在生時開始的、正發展中的猶太教之間有甚麼分別。最重要的是，我們要記住，現在被稱為猶太教的宗教，其實是在聖殿被毀之後才出現的。關於耶穌與猶太教的關係的研究，可讓我們知道耶穌有多「猶太的」（Jewish），這是好的；但我們若在研究過程中嘗試「走到福音書的背後」，這就會顯出我們那想掌控耶穌的驕傲。馬太對於耶穌的主體意識（subjectivity；編按：或譯「主體性」）並沒有興趣，我們也不應太關心這一點。

馬太沒有安排一些轉接故事來預備我們，使我們接受施洗約翰的出現。不過，耶穌是來自拿撒勒的，這點有助我們明白施洗約翰的含義。拿撒勒人（Nazarenes）是那些在以色列中會全然將生命奉獻給上帝的人。所以，參孫描述自己為「自出母胎就歸上帝作拿細耳人（Nazirite）」（士十六 17），而那作指示的記號就是「向來人沒有用剃頭刀剃我的頭」。拿撒勒人蒙召過聖潔的生活，跟基督教中修士的角色一樣。約翰並沒有明確地被稱為拿撒勒人，但他似乎跟以色列歷史中那些被如此指派的人，有很多相似的地方。（編按：因「拿細耳人」的希臘文與「拿撒勒人」相近，有些學者認為馬太在玩文字遊戲，把兩個字互通。參David E. Garland, *Reading Matthew: A Literary and Theological Commentary on the First Gospel* [New York: Crossroad, 1993], 31。）

我們卻知道，由伊利莎白懷孕和生出的約翰，就是那位能首先認出耶穌的人（路一 5～25）。當約翰還在伊利莎白的腹中，遇見懷著耶穌的馬利亞時，他就「歡喜跳動」（一 44）。約翰的父親撒迦利亞在約翰受割禮時，被聖靈感動，就發預言，宣告上帝要從大衛家興起了一位大能的拯救者（一 68～69）。人們有一段時間以為約翰就是救主，但上帝卻賜恩給約翰，讓約翰能夠認出，人們長久期盼的彌賽亞就是耶穌。

約翰所呈現的形象也真夠奇怪：他出現在猶大曠野，身穿駱駝毛的衣服，腰束皮帶，以蝗蟲野蜜為生。他這身裝束令我們想起以利亞——列王紀下一章 8 節描述以利亞「身穿毛衣，腰束皮帶」。以利亞就是那位被戰車帶上天、沒有死去的先知，人們一直期待以利亞回來宣告審判，並且啟動新的時代。舊約聖經以這樣的責備結束：

> 你們當記念我僕人摩西的律法，就是我在何烈山為以色列眾人所吩咐他的律例典章。
>
> 　　看哪，耶和華大而可畏之日未到以前，我必差遣先知以利亞到你們那裏去。他必使父親的心轉向兒女，兒女的心轉向父親，免得我來咒詛遍地。（瑪四 4～6）

施洗約翰顯然就是以利亞。同樣，耶穌在馬太福音十一章 14
節，便清楚指出約翰就是以利亞。另外，當約翰來問耶穌，祂是否
要來的那位時，耶穌回答：「你們去，把所聽見、所看見的事告訴
約翰。就是瞎子看見，瘸子行走，長大痲瘋的潔淨，聾子聽見，死
人復活，窮人有福音傳給他們。凡不因我跌倒的就有福了！」（太 45
十一 4～6）禧年，按利未記二十五章所記載和以賽亞書六十一章
所詮釋的，就是土地和子民得復興（restoration）的日子，是約翰

所宣告人們長久期盼那將要來到的事，就是一切的不公義將被顛覆——耶穌宣告，這一切都在祂的職事裏得以實現了。[1]

約翰在曠野被找到，他只吃一些可以採集得來的食物。約翰像以利亞一樣，把以色列民在出埃及後、於曠野漂流的經歷，再現出來。以色列在曠野的經歷是因他們背道而得到的懲罰，但曠野同時是塑造他們的地方。一如以往，上帝給以色列的懲罰，同時亦是一個恩賜/禮物（gift），讓子民領悟到被上帝揀選的美妙之處。在曠野裏，以色列要學會失去自己擁有的一切，以致它可學會接受上帝的雲柱火柱的引領，也學會依靠上帝所賜下的食物而生活。所以，在阿摩司書二章10至11節，上帝提醒祂的子民：

> 我也將你們從埃及地領上來，
> 　在曠野引導你們四十年，
> 　使你們得亞摩利人之地為業。
> 我從你們子弟中興起先知，
> 　又從你們少年人中興起拿細耳人。
> 　以色列人哪，不是這樣嗎？

所以，約翰宣講「天國近了，你們應當悔改」，其實不是看來那麼奇怪的。約翰體現了「以色列要悔改」的意思。他實現了以賽亞書四十章3節，也就是以色列可以期待曠野中有聲音喊著說，要預備上帝的道。順理成章，耶路撒冷和全猶大的人，甚至是約旦全地的人，都出來到約翰那裏。他是人們期待已久的人。此外，以色列人承認他們的罪，並且在約旦河中受洗。

約翰呼召眾人悔改，這是甚麼意思？我們的試探是常以為悔改是個人的事，但約翰卻是整個以色列的先知。約翰所表現出的是上帝向以色列所作那具決定性的行動，就是要從失敗中拯救以色列，使他們活出其作為上帝子民的樣式。約翰在約旦河施洗，這成為以色列民的一個提醒，讓他們記得在出埃及的時代、當摩西分開海水時，以色列所受的洗禮。昔日，當以色列在那被立起的水牆中間的乾地上走過時，它同樣要面對死亡。約翰的洗禮呼召以色列再一次面對死亡，好讓以色列可以活過來。悔改，其實是關乎以色列子民的生死。

約翰所呼召的悔改，與耶穌在馬太福音四章17節所宣講的悔改，是一樣的；那悔改就是要呼召以色列要重新活得像上帝的聖民，這聖潔是在律法中體現的，也要求以色列靠恩賜/禮物而活，讓公義可得以復興。人被呼召作如此的悔改，這往往是一個挑戰。尤達（John Howard Yoder；譯按：基督教神學家）說：

> 「上帝的國近了，你們要悔改、信福音！」悔改不等於悔 46
> 疚（feel bad），而是改變自己的想法。基督新教，尤其是福音派的基督新教（evangelical Protestantism），常常強調要幫助每個人完全清醒地和真心真意地作出個人本真的選擇（authentic choice）；它常面對一個危機，就是混淆了國度本身和國度所可以帶來的好處。若有人悔改，若有人回轉跟隨耶穌、用耶穌的新方式來生活，那麼他那漫無目的的生命就會得到某些改變。藉著團契，他的孤獨得到某些改變；藉著得到美善的良心，他的焦慮和罪疚也得到某些處理。所以，那些像布特曼（Rodulf Bultmann）和葛培理（Billy Graham）的人，其「福音」就是提出人能得著那已復興的自我，得到能脱離憂慮和內疚的自由，他們都不是錯的。若人要悔改，那麼其智性上的混亂將要得著處理，藉著把教義內容給信徒消化，把遺產給他欣賞，並且給他良知好作出宣告：所以，關注神聖真理和理性溝通的「福

> 音主義」(evangelicalism),不是錯的;它是正確的。如果一個人悔改,藉著在有益的自我操練上得到焦點,他便將可對付自己在道德上的軟弱,也將可保守自己遠離不道德的事,作工準時。因此,那些像皮爾(Norman Vincent Peale)和羅拔斯(Oral Roberts)的人應許信徒,上帝是關心他們的,祂會幫助他們通過生命的眾多難關;他們不是錯的,他們有其存在的位置。不過,這全都不是福音。這只是附加獎品,它們好像你買食物時最終會扔掉的包裝紙,是將要被加上的、不用人為之擔心的「一切」,若我們先求祂的國和祂的義。(Yoder 1971, 31 ~ 32)

「這全都不是福音」,這句話使人們大吃一驚。我們自以為我們一定知道悔改是甚麼。但尤達好像施洗約翰提醒他的聽眾一樣提醒我們,只有上帝才可以決定悔改的性質。約翰不是在提供一種比較好的生活方式,雖然他所說那快要來到的天國,的確會帶來更好的生活方式。關於「天國」的宣講,帶出約翰的職事的逼切性。這樣的天國不會因為我們嘗試成為好人而降臨。相反,天國臨到,這叫我們的悔改成為一個誡命。約翰呼籲以色列悔改,這並不是先知式的呼召,要那些悔改的人去改變世界;但相反,約翰呼籲人悔改,因為他所知道快要來臨的那一位,正在改變、也將會改變這個世界。再者,人以不同的方式生活,其實也意味著現況是可以受挑戰的,因為一羣子民現在就是不再一樣了。

這就是約翰不願意為法利賽人和撒都該人施洗的原因。約翰對法利賽人和撒都該人的指摘,某程度上是有點奇特的。法利賽人和撒都該人所代表的,是在羅馬管治下為持守以色列律法而作交涉的另一種方式。約翰拒絕為這些百姓的領袖施洗,預視了耶穌那辛辣的批評,耶穌後來指出,這些所謂具有權威的人,並不能活出與他們所宣告的上帝律法相稱的生活。我們會看見，耶穌指摘他們試圖將上帝給以色列的恩賜/禮物，變成財產，而不是上帝給他們的任務。約翰說，他們以為自己是亞伯拉罕的後裔，就足以保住自己的地位。結果，他們不能結出與悔改相稱的果子，這果子是在那來臨 47
的國度裏才可以結出來的。耶穌是亞伯拉罕的後裔，祂可以從石頭中興起應許之眾了。

約翰對法利賽人和撒都該人的指摘，在耶穌後來整個的教導和醫治職事中得到擴展。馬太福音記下了一連串爭議，都是由耶穌的職事所引發的，這些爭議最終令人們合謀去殺害耶穌。因此，馬太福音裏的以色列領袖，甚少是以正面形象出現的，這令我們以為猶太人排斥耶穌。但耶穌和祂的門徒其實都是猶太人。實際上，耶穌對於律法所要求的義的理解，可能跟法利賽人的理解很相近——這些法利賽人試圖在一個受敵視的處境裏，仍然堅持遵守律法。耶穌和約翰所譴責的，並不是法利賽人和撒都該人所說的話；他們要責備的，是這兩班人的言行不一。

按約翰的說法，每一棵樹都要結好果子，不然就會被扔在火裏。約翰引用先知那用來責備以色列不相信上帝的話，並且宣告斧子已經放在樹的根上。以色列以往已常被上帝修剪，而修剪的意思往往是指以色列那被擄的經歷。但上帝卻從沒有放棄對以色列的愛，祂透過苦難來重新創造以色列。約翰以先知的口吻來指摘以色列，這就是上帝關心以色列的方式——上帝會從石頭，實際上是從石心，再次興起祂的子民。我們將會發現，在這些石頭裏有一部分是外邦人，他們照保羅在羅馬書九至十一章所說的，被嫁接於以色列的生命上。

自新教的宗教改革運動（Protestant Reformation）以來，人們常斷言，保羅和馬太福音對律法和恩典的關係，以及對以色列那不間斷的地位，都有不同的理解。但保羅和馬太福音一樣主張，耶穌是與以色列的得救有關的。所以，保羅在羅馬書九章 30 至 33 章，詳細地說明了約翰的呼籲，即上帝可以從石頭興起子民，因為這石頭其實就是耶穌：

> 這樣，我們可說甚麼呢？那本來不追求義的外邦人反得了義，就是因信而得的義。但以色列人追求律法的義，反得不著律法的義。這是甚麼緣故呢？是因為他們不憑著信心求，只憑著行為求，他們正跌在那絆腳石上。就如經上所記：
>
> 我在錫安放一塊絆腳的石頭，跌人的磐石；
> 信靠他的人必不至於羞愧。

對馬太和保羅來說，問題不在於律法或福音，而是在乎耶穌；
耶穌來到，是要呼召我們進到應許之中，進到以色列的故事之中。
當基督徒假設自己比以色列子民優越時，我們就會諷刺地像法利賽
人和撒都該人一樣，所主張的不是耶穌的呼召，而是一個身分地
位。約翰拒絕為法利賽人和撒都該人施洗，因為他們沒有結出「與
救恩相稱的果子」。當然，這也是關於身分地位的假設，以致令基
48 督徒對猶太人進行迫害。無疑，在大屠殺之後，當基督徒讀到「斧
子已經放在樹根上」時，都會恰當地感到不安和罪疚。但這種罪疚
卻甚少是一個有用的位置，使人以信心來回應上帝的話語。更重
要的是，我們要按著約翰的要求，來回應以聖靈和火來施洗的那
一位。

約翰是最後一位先知。他來是要為那一位 —— 祂是上帝用來煉淨人的火 —— 預備道路。約翰的洗禮並不是耶穌吩咐門徒要傳到萬邦的洗禮。耶穌所吩咐的洗禮，就是讓人歸入耶穌的生命和死亡的洗禮，要期待耶穌的命途 —— 在十字架上的受難 —— 的到

來。約翰知道，那要來的是「更有能力的」，因為正如我們所知道的，祂將具有赦罪的權柄。只有上帝的兒子才可以有這權柄。約翰的謙卑並不是裝出來的。他是耶穌的先鋒，呼召以色列悔改，而耶穌使這悔改成為可能及必須的。

約翰那用來描述耶穌的任務的方式，挑戰著所有試圖遺忘世界之本相而刻劃耶穌職事的做法。約翰的講章是天啟的宣告，它預視了耶穌在馬太福音二十四章所解釋的話，也就是關乎毀滅和那所伴隨的上帝之審判的話。耶穌這個人所開展的新時代，要求我們將自己生命中的糠燒掉。這火是聖靈的火，是愛的火，這火強烈得我們害怕被它捉住。但這正正是耶穌生命——就是我們受洗歸入的生命——釋放出來的愛，正如保羅在羅馬書六章所說的，這愛將我們從罪裏解放出來；律法雖然將罪表明，卻不能將我們從罪中解救出來。愛——就是耶穌本身——叫一羣子民得以自由，並活在喜樂之中，因為他們不用受制於害怕死亡。

耶穌從相對安全的加利利，來到約旦河接受約翰的洗禮。這位無罪的，而且是約翰整個使命所要向人宣告的耶穌，來接受約翰的洗禮。當我們聽到約翰說自己應該受耶穌的洗時，我們實在不用感到驚訝。耶穌卻告訴約翰，祂必須受約翰的洗，這是為了「諸般的義」——這是耶穌在馬太福音中第一次說話。耶穌就是公義和律法的體現，祂服在律法之下，以致我們看到公義得以成就。這讓我們先嘗（forestaste）到耶穌，祂本身就是生命，卻服在死亡之下，以致要徹底地及永遠地戰勝死亡。

約翰同意為耶穌施洗。天開了，耶穌就像以色列從海中經過一樣，看見聖靈像鴿子一樣降下，並且聽到有聲音說：「這是我的愛子，我所喜悅的。」這是耶穌的加冕禮。父藉此膏立子，使祂掌管萬國。耶穌就是詩篇二篇 7 至 9 節所確立的兒子：

耶和華曾對我說：你是我的兒子，
　我今日生你。
你求我，我就將列國賜你為基業，
　將地極賜你為田產。
49 你必用鐵杖打破他們；
　你必將他們如同窯匠的瓦器摔碎。

耶穌被差遣到世上。祂的任務極其艱巨，因為世界不能根據自己的看法，來認識耶穌以自己的生命和死亡所開展的國度。耶穌是蒙愛的兒子，卻要經受我們的恐懼，這恐懼是因為我們將自己假定為創造者而生出來的。耶穌服在約翰的洗禮之下，正如祂將會服在十字架之下，以致我們知道，上帝會怎樣管治這世界。耶穌的旅程開始了。馬太會帶我們上路。

註釋：

1. 我引用的是尤達(John Howard Yoder；譯按：基督教神學家)對禧年(jubilee year)的解說(Yoder 1994b, 21～60)。

馬太福音四章

職事

「當時，耶穌被聖靈引到曠野，受魔鬼的試探。」我們不敢忽 50
略「當時」(then)一詞所帶出那不祥的反響。對應「當時」一詞，馬太以動作來示意出道成肉身的奧祕。父樂於定意要子受制於時間之內，受制在我們的肉體之中，也受制在魔鬼面前。上帝之子耶穌被聖靈引到曠野，被留在那裏獨自面對「試探者」。因此，這個「當時」也預視了十字架的痛苦和祂在其上的喊叫：「我的上帝！我的上帝！為甚麼離棄我？」(太二十七 46)

耶穌要面對以色列在曠野所經歷的測試——在那一個測試中，以色列證明自己雖有上帝的恩賜/禮物(gift)，卻不能忠心地生活。子無論如何都會是順服的，但我們卻不可忽視祂順服的代價。子的順服乃是基於祂相信透過聖典(scripture)所顯示父對以色列的信實。耶穌可以抵抗魔鬼——這魔鬼懂得引用經文——祂只要成為一個更優越的解經者，尤勝過那試探者。耶穌是以色列聖典那忠心的詮釋者，祂教導我們怎樣讀經，以致我們可以知道如何抵擋魔鬼。

不過，耶穌首先要禁食四十晝夜。祂因此重複了上帝在曠野給以色列經歷的飢餓，上帝原是希望藉此叫以色列學會謙卑。耶穌本身就是謙卑的體現，祂承擔我們的羞辱，代我們禁食。祂的禁食不像以利亞在列王紀上十九章 4 至 9 節的禁食。以利亞當時因指責耶洗別，而差點賠上了自己的性命。以利亞逃到曠野，在那裏有天使服事他，給他食物，叫他可以完成那趟歷時四十日、走到何烈山
51 的旅程。耶穌因父的祝福而得著飽足：「這是我的愛子，我所喜悅的。」但耶穌跟以色列和以利亞一樣，現在都必須要面對魔鬼，就是常作準備、好叫人不能靠上帝的恩典來過活的那一位。

魔鬼，一個墮落的天使，是不順服的奧祕的體現。上帝想我們愛祂，這愛跟那使我們存在的愛是相同的。上帝的愛會冒風險，遭我們的不順服所拒，但祂盼望我們自發地回應祂對我們的愛。上帝不願強逼我們有分於祂的愛之中，祂的愛就是三一（Trinity）之內那互相連結的生命。但我們不知為何竟拒絕上帝那和平的愛（peaceable love），反而喜歡用自己的方式去保障自己的生活，這無情地導致我們以暴力對待自己和其他人。我們的罪叫我們瘋了，因為我們之所以能夠反抗那創造我們的主，正正就是取決於祂所給我們的恩賜／禮物。

這解釋了為甚麼魔鬼是狡猾的，同時又是自毀的狂怒，因為魔鬼一定認識到牠並不存在，所以牠只可以發怒。奧古斯丁（Augustine）為我們提供了那經典的神學術語，以描述對罪和邪惡的理解；奧古斯丁看出，在沒有美善的地方，就沒有邪惡。這角度讓他下了一個叫人意外的結論：

> 如果所有存在物——只要是存在物——都是美善的話，那麼，當我們斷言一些有缺陷的事物是不好的時候，我們似乎也在說，那些邪惡的東西事實上是美善的，因為一切

> 的缺陷，都要取決於那往往是在先（prior）的美善，所以，在美善以外並沒有邪惡。換句話說，沒有一種其本身（in itself）為邪惡的東西存在，它只是一個真實的東西（actual entity）那邪惡的一面，因為每個真實的東西都是好的〔*omnia natura bonum est*〕。這聽來好像很奇怪，但論據的邏輯關係卻叫我們不得不承認它。（Augustine 1955a, 344）[1]

所以，值得注意的是，我們要承認，魔鬼惟一可以做的就是「試探」。魔鬼只可以是一條寄生蟲，這意味著，魔鬼的能力只可以跟牠所試探的那一位一樣。但這並不是說魔鬼的試探對我們的傷害是少的。不過，這卻確實意指，耶穌承受的試探跟我們所承受的，是不一樣，因為魔鬼知道，這正正就是上帝的兒子；祂來，是要扭轉亞當和夏娃在樂園所開展的歷史，以及扭轉由上帝所愛的、屬於祂的子民——即以色列——所延續的悖逆歷史。

但這次魔鬼將要失敗了。希里來（Hilary of Poitiers；譯按：或譯「波提亞的希拉流」，四世紀主教）看出，魔鬼叫人陷進死亡和歹運，而牠被這相同的人性所擊敗，這是合適的：「昔日，魔鬼在試探亞當之前，就已經嫉妒上帝給人類的恩賜/禮物；現在，牠也不能明白上帝怎麼可以臨在人類之中。所以，主在受洗後立刻受到試探。主所受的試探，顯示出魔鬼的試探有多險惡，牠特別喜歡試探那些已成聖的人，因為牠渴望可以勝過聖人。」（引自 Manlio 2001, 57）

魔鬼以為禁食會令耶穌變得軟弱，所以，牠好像以前接近夏 52
娃那樣來接近耶穌。進食是魔鬼第一線的攻勢，因為進食直指我們依賴性的核心——我們卻試圖否認自己的依賴性。魔鬼主動跟耶穌說話，這跟牠試探夏娃時一樣，牠所說的話似乎是天真無邪的，卻其實在故意引起人的疑慮：「上帝豈是真說不許你們吃園中所有樹上的果子嗎？」（創三1）「你若是上帝的兒子，可以吩咐這些石頭變成食物。」（太四3）魔鬼的詭計——是夏娃不知道的——當然是想人按魔鬼自己的看法來回答魔鬼。潘霍華（Dietrich Bonhoeffer）看出，夏娃的不順服其實始於她以為自己可以代上帝回答蛇的問題，因為魔鬼的問題故意暗示了，夏娃和亞當可以繞到上帝說話的背後，並為他們自己確立上帝話語的意義。簡而言之，魔鬼的問題是誘使他們以為自己是與上帝同等的。所以，潘霍華指出，蛇代表了宗教，因為牠的問題是「宗教的」問題，其背後的假設是，發問的人更認識上帝，比受造物所能認識的更多（Bonhoeffer 1962, 66～69）。

魔鬼以憤怒的形態存在，但牠的憤怒卻沒有影響牠的才智。魔鬼是狡猾的。因此牠向耶穌提出建議，若祂是以色列的救主，祂就應該行上帝在曠野為以色列所行的事，那就是為人提供食物。耶穌是可以將石頭變成食物的，祂後來也將會以幾塊餅和一點魚來餵飽數以千計的人。但耶穌卻拒絕了魔鬼的建議，祂引用了申命記八章3節，其中的故事講述上帝在降下嗎哪之前如何藉著要以色列經歷飢餓，好叫他們謙卑下來。上帝說：我「將你和你列祖所不認識的嗎哪賜給你吃，使你知道，人活著不是單靠食物，乃是靠耶和華口裏所出的一切話」。上帝當然會從事那賜人食物的工作，但耶穌卻拒絕撒但的建議，因為撒但希望我們相信，食物和上帝的話是可以分開的。

基督徒相信，耶穌是那話語，就是我們現在守聖餐時藉祂的肉和血所吃的話語。這份恩賜/禮物好像以色列的嗎哪一樣，也會叫我們變得脆弱，而與以色列一樣，易於受到魔鬼試探，撇棄上帝的律法、試探耶穌，甚至對教會不忠。上帝賜下自己的身體給子民，要他們為萬國作見證，而這子民也常被試探去背棄上帝所賜下的恩賜/禮物。我們變得像法利賽人、文士和撒都該人一樣，也變得像那些領袖一樣，以為我們的任務是要保護「子民」，免除福音的要求。我們心底裏其實並不相信，上帝的話語和上帝的愛能支撐我們。

在〈宗教大法官〉（“The Grand Inquisitor”）中，陀思妥耶夫斯基（Fyodor Dostoevsky；譯按：俄國大文豪）描述了在審訊過程中，樞機主教兼宗教大法官和耶穌所進行的對質。書中描述的耶穌是明明的臨在，人可從其流露出慈愛和能力的方式而認出祂來。主教因為害怕羣眾而吩咐人捉拿耶穌。他下到監牢去見耶穌，並告訴祂，他們——意指教會——已終於完成了奉耶穌之名所要作的
工。教會已成功地用人所渴求的地上的食物，平伏了耶穌所引發起 53
的、眾人對自由的渴望。主教認為，耶穌所宣講的自由的應許，對子民而言是太多的。人類太單純了，他們不懂得守法，也不明白「不受死亡的威嚇而生活」是甚麼意思。主教對沉默的耶穌說：「沒有任何事，

> 比自由更能夠令人和社會難以忍受的了！但你看見在這空曠灼熱的曠野中的石頭嗎？將它們變成食物吧，人們就會像羊羣一樣跟著你、感謝你、順服你，雖然他們心底裏會終日惶恐不安，怕你會把手收回，怕你不再供給他們食物。但你卻不願意剝奪人的自由，拒絕將石頭變為食物，你辯論說，這是因為如果順服是要用食物來交換的話，這還算是哪一門子的自由呢？你提出反對，並說人活著不是單靠食物，但你卻不知道，這地的靈會以這地上的食物的名義而與你對抗爭戰，甚至打敗你，人們就將會跟隨牠，並喊著說：『誰可以跟這獸相比，牠將天上的火給了我們！』你知道嗎？數個世紀將會過去，人類將會用自己的智慧和科學來宣告，世界上並沒有罪行，也沒有罪，

> 有的只是飢餓的人。『先餵飽他們，然後才要求他們有德性！』——他們將會在這面反對你的旗幟上寫上這些字，也會以這旗幟來毀壞你的殿。」（Dostoevsky 2001, 44 ～ 45）

主教出於對人類的愛，才拘捕耶穌。按陀思妥耶夫斯基所說，主教犧牲了自己的快樂，為要讓人可以得到錯覺，誤以為自己享有保障，也讓人們得到快樂——人以為快樂是得到保障的結果。主教和他所服事的教會都知道，對人們來說，平安，甚至死亡，都要比從善惡中作出選擇，更為寶貴。例如，主教指責耶穌不愛我們，因為有人提出要求，要祂從十字架上走下來，好讓我們可以因看見祂的權能而相信祂，但祂卻拒絕了。耶穌不願意用神蹟來征服我們，這意味著，耶穌要我們愛祂是因為祂就是愛。但主教堅持認為，這要求太高了，所以教會將食物給予它所服事的人們。「這樣所有人都會高興，上百萬的受造物都會高興，除了數十萬負責管理他們的人之外。只有我們，我們保守其中的奧祕，只有我們將不會開心。」（Dostoevsky 2001, 51）

正如陀思妥耶夫斯基熟知的，魔鬼並不是束手無策的。魔鬼試探耶穌卻未能使祂將石頭變成食物，牠又再次試探耶穌。那領耶穌到聖城的是魔鬼，而不是聖靈，牠把耶穌帶到殿頂上，誘使耶穌跳下去，好試探父。魔鬼還引用了詩篇九十一篇 11 至 12 節，指出「因為經上記著說：主要為你吩咐他的使者用手托著你，免得你的腳碰在石頭上」。耶穌用申命記六章 16 節來反駁，指出不應該試探主，不應像以色列人那樣在瑪撒那裏試探主。耶穌再一次教導我們怎樣讀經，就是拒絕「繞到經文的背後」，去發掘上帝所「真正想表達」的意思。當你與魔鬼爭鬥時，尋找經文的「意義」，並不是明智之舉。

魔鬼想用第二個試探，嘗試逼使上帝出手，以我們所渴想的方法來管治我們。耶穌將會來到耶路撒冷，並潔淨聖殿，但祂將會用的方式，是以謙卑的姿態騎著驢進城（太二十一 4～5）。而魔鬼則希望耶穌用武力來奪取聖殿。魔鬼帶耶穌到殿頂，誘使耶穌像「祭司中的祭司」那樣行動。魔鬼慫恿耶穌作一個英雄，掌握祂自己的生命，主宰祂自己的命途，甚至要耶穌作出上帝所拒絕的犧牲，好逼使上帝的國度臨到。但如此的一個角色，卻跟耶穌這個人是那麼明顯的不同——耶穌順服別人的意願，並將要死在十字架上。耶穌拒絕用自己的意思來行事，由此我們可以知道，祂的生和祂的死所成就的是父上帝的旨意，而不是耶穌自己的旨意。因此，耶穌的復活並不會令祂的忠心（faithfulness）變得無關重要；相反，耶穌的復活肯定了祂對父上帝的愛的順服，這順服彰顯在祂拒絕魔鬼所提供的權柄的時候。

耶穌對魔鬼的回應和對聖經的運用，都清楚表明耶穌既是先知，也是祭司和君王。要成為以色列的君王，成為以色列的真正士師，就需要藉著每天閱讀律法，從而學習律法的知識（申十七 19）。耶穌不同於希律，祂是用公義來管治，所以耶穌成為以色列長久盼望的君王。

因此，魔鬼第三次的試探就順理成章地、直接說出了在前兩次試探中想要帶出的挑戰，就是敬拜和政治之間的關係。魔鬼帶耶穌到一座高山上，向耶穌提出，若祂拜魔鬼，祂就可以得到世上的萬國。這行動違反了十誡中的第一誡和第二誡：「除了我以外，你不可有別的神。不可為自己雕刻偶像，也不可做甚麼形象彷彿上天、下地和地底下、水中的百物。不可跪拜那些像，也不可事奉它」（出二十 3～5）。平心而論，魔鬼是知道的，反而我們今天就不太清楚，政治本來就是關乎敬拜和獻祭的。

耶穌拒絕膜拜魔鬼，因此祂成為在這世界的政治（建基於向假神的獻祭）以外的另一個選擇。耶穌再一次引用申命記來抵抗魔鬼：「當拜主——你的上帝，單要事奉他。」(太四10；引用自申命記六章13節)耶穌所代表的政治，早已臨在於第一誡和第二誡之中。耶穌把「怎樣正確地敬拜父上帝」忠心地道成肉身出來。耶穌透過拒絕魔鬼而在世上呼召出一羣子民，他們好像奧古斯丁所說的，不會服從這世界的義，也不會以之來取代在子的犧牲中所發現的義。但仍有不少時候，因耶穌的呼召而產生的子民，也就是教會，會背棄耶穌的犧牲，藉著嘗試採納魔鬼所提供的權力手段來進行管治。

所以，〈宗教大法官〉裏的樞機主教告訴耶穌，經歷了一段頗長時間——八個世紀——「教會一直不是在你的那一方，而是在
55 牠的這一方」，也就是魔鬼的這一方。自從教會接受了耶穌所拒絕的那一套，就是「我們從牠〔魔鬼〕那裏奪取了羅馬，也奪取了凱撒的寶劍，並且宣告我們是全地惟一的統治者、獨一的統治者，雖然我們還未完全達成我們的理想」(Dostoevsky 2001, 49)，至今已經歷了八個世紀了。但那是耶穌的失誤，祂拒絕了那最後的一份恩賜／禮物。只要耶穌接受了這大能的靈向祂所提出的第三個忠告，耶穌就可以滿足世上所有人的追求，那就是：

> 一個給人下拜的對象，一個接收人的良知的人，一個聯合所有人的手段，好使所有人最終可被聯合成一個共同的、一致的及無可爭辯的蟻丘——因人類的第三個、也是最後一個折磨，就是對普世聯合(universal union)的需要。那些像帖木兒和成吉思汗一樣的大征服者，雖然像旋風一樣所向披靡，渴望征服整個宇宙，但他們也表達出——雖然不是有意識地表達——一種人類共同的巨大需要，就是對於人類那普世的及一般的聯合的需要。只要你接受了世界、接受了凱撒的紫袍，你就已可以建立一個聯合

> 全地的王國，為全地帶來和平。如果不是由那些奪得人類良知和供應食物給他們的人去支配他們，還有誰可以支配人類？所以，我們執起凱撒的劍，而當我們執起凱撒的劍的時候，我們就拒絕了你，並追隨了他。（Dostoevsky 2001, 49）

主教終於沉默了。他的囚犯也沒有為自己辯白。祂只是專注地、平靜地聆聽，卻沒有反駁。主教希望祂會說話，但祂卻保持緘默。忽然，這囚犯走到年老的主教跟前，輕輕親吻了他那「無血色，九十歲的兩片唇」。這是耶穌對老主教的惟一回應，卻令主教深深感到震動。主教走到門前，打開門，並說：「『走！永不要再回來……不要再來……永不、永不！』他把這人釋放，讓祂進到城裏黑漆漆的廣場中。這囚犯就走了。」（Dostoevsky 2001, 54）

魔鬼不過是我們的不耐煩（impatience）的別名。我們要食物，我們想逼使上帝出手來拯救我們，我們要平安——我們立刻就要這一切。但耶穌是我們的食物，祂是我們的拯救，祂是我們的平安。祂就是一切，所以這需要我們學習跟祂一同等候，在一個飢餓的、拜偶像的、充滿戰爭的世界中等候，以見證上帝的國度，即是上帝的忍耐。父會一小步一小步地讓祂的國度臨在。這就是我們作為天啟子民（apocalyptic people）的意義，這羣子民就是相信，耶穌拒絕接受魔鬼所提出拯救世界的條款，好使一羣子民得以存在，這向一個以為我們沒有時間秉行公義的世界，提供另一個時間。

魔鬼的試探本是要逼使耶穌承認，我們的世界是由死亡所決定的。死亡創造出一個匱乏的世界——一個沒有足夠糧食、權力，或生命本身的世界。但耶穌抵抗魔鬼，因為祂是上帝的豐盛。耶穌所帶來的國度，並不是一個零和遊戲（zero-sum game）。這國度

有足夠的糧食、權力和生命，因為這國度已臨到，令一羣子民得
56 以有時間餵養鄰舍。恐懼生出匱乏，但耶穌卻叫我們可以憑信而
活。天使在墳墓前對抹大拉的馬利亞和馬利亞說：「不要害怕」（太二十八 5）。耶穌藉著抵抗魔鬼的試探，已叫我們也可以不懼怕地活著。

「於是，魔鬼離了耶穌」。「於是」，仍是一個不祥暗示，但至少我們現在已知道這爭鬥將要帶來甚麼。魔鬼離了耶穌，有天使來伺候祂——但魔鬼絕對不是消失了。施洗約翰被捕。這爭鬥才剛剛開始。有些人可能會覺得耶穌對約翰被捕的反應是古怪的——耶穌退到加利利去。祂離開猶大，避開亞基老的權力。耶穌不是要跟當權者作正面衝突，相反，祂開始傳道，像約翰那樣宣告說：「天國近了，你們應當悔改！」但耶穌跟約翰不同，祂在「外邦人的加利利地」中宣告天國近了。耶穌走到加利利，是要應驗以賽亞的預言：大光會臨到西布倫地和拿弗他利地（賽九 1）。以賽亞宣告，政權必擔在這孩子的肩頭上。他的名稱為：

「奇妙策士、全能的上帝、
　永在的父、和平的君。」
他的政權
　與平安必加增無窮；
他必在大衛的寶座上治理他的國，
　以公平公義
使國堅定穩固，
　從今直到永遠。
萬軍之耶和華的熱心必成就這事。（賽九 6～7）

大衛的國現臨在於耶穌的身上。耶穌現在於加利利向外邦人宣

告上帝的國度臨到——這是一個重要的發展，但卻是以色列過往已期盼的發展，正如我們從以賽亞先知那裏所看到的。這是一個要求悔改的國度。再者，悔改要求我們有一個作門徒（discipleship）的訓練。所以，順理成章地，耶穌現呼召第一批門徒。祂沒有從掌權者或精英中呼召門徒，祂反而呼召了一班漁夫，並且向他們作出應許，他們將會得人如得魚一樣。

當耶穌呼召西門和安德烈，以及呼召雅各和約翰時，他們都在工作。他們都分別立刻放下漁網，跟從了耶穌。我們甚至知道，雅各和約翰離開了父親——這離開標誌了門徒將要作的犧牲；他們要這樣行，為了認定他們跟從的是誰，因為在祂身上所誕生的國度，即大衛的國，要求所有門徒都要作出改變。新的大衛不是一位讓人立刻看見其紫袍的君王，相反，祂的權力只能以在十字架上受難的形態而被彰顯。我們要有新的眼目和耳朵，才可以看到和聽到那透過十字架所發出的真理。

整卷馬太福音都毫不吝惜地描述門徒的不明白，但他們卻確實
跟隨了耶穌。馬太在這方面，將門徒和那些跟隨耶穌的羣眾作出對 57
比。耶穌走遍加利利全地，在會堂教導人，宣講好信息，醫治那些患病的、被鬼附的、癲癇的、癱瘓的人。我們知道大批羣眾跟隨耶穌，是因為耶穌吸引了那些來自低加坡里、耶路撒冷、猶大，甚至約旦河外的人。這些羣眾對耶穌將會是常常望而生畏的，他們將會為耶穌的教導而感到驚訝，但在最後的日子，他們卻將會大叫：「把他釘十字架！」（太二十七 22～23）

我們依然是身處在馬太的故事的早段，不過我們已經開始看到，要成為跟隨耶穌的人而不是單單仰慕耶穌，我們所要付出的是甚麼代價。麥乾頓（James McClendon；譯按：重洗派〔Anabaptist〕神學家）講述了一個關於克拉倫斯．喬丹（Clarence Jordan）的故事，這故事清楚表明了作耶穌的門徒和仰慕者之間的分別——克

拉倫斯．喬丹在喬治亞州（Georgia）建立了一個團契羣體（Koinonia Community），是一個種族共融的農莊。在一九五〇年代初期，據知克拉倫斯．喬丹邀請他的兄弟羅伯特．喬丹（Robert Jordan）作團契農莊的法律代表——羅伯特．喬丹後來是州議員，也是喬治亞州最高法院法官。羅伯特．喬丹回答：

> 「克拉倫斯，我不能這樣做。你知道我的政治理想。為甚麼要如此呢？如果我代表你，我可能會失去我的工作、房子、我擁有的一切。」
>
> 「**我們**可能會失去一切，鮑勃（Bob）。」
>
> 「你卻不一樣。」
>
> 「為甚麼不一樣？我大概記得，小時候我們在主日上同一家教會。我想，當我們走前來時，牧者問過我的問題，他也應該同樣問過你。他問我：『你是否接受耶穌作你的主和救主？』而我回答：『是的。』你那時是怎樣回答的呢？」
>
> 「克拉倫斯，我跟隨耶穌，但只是到某一個地步。」
>
> 「那個地步會否恰巧是——十字架？」
>
> 「對，我會追隨祂到十字架，但不是在十字架上。我不願意讓自己被釘在上面。」
>
> 「那麼我不覺得你是一個門徒。你不過是仰慕耶穌，但不是祂的門徒。我想你應該回到自己的教會，告訴他們你只是仰慕耶穌，但不是耶穌的門徒。」
>
> 「好了，如果人人都像我這樣，我們就不會有教會了，對嗎？」
>
> 克拉倫斯説：「那問題是：『你自己有沒有教會？』」（McClendon 1990, 103；強調為原文所有）

註釋：

1. 關於奧古斯丁(Angustine)對邪惡的理解，我的延伸反省可參 Hauerwas 2006。

馬太福音五章

講章

耶穌的仰慕者和祂的門徒之間的差異，在於耶穌的門徒願意在 58
山上「到他跟前來」。耶穌看見過羣眾。馬太將常常告訴我們，耶穌憐憫眾人、為眾人憂傷，但在耶穌講道之前，馬太卻告訴我們耶穌只是「看見許多的人」。祂上了山，門徒也跟隨祂。門徒這樣做是要冒險的，因為他們不可能逃避耶穌直接的教導。

在出埃及記中，上帝呼召摩西登上西奈山去領受律法。西奈山被煙霧籠罩，整座山都因耶和華的臨在及祂那如雷的聲音而被震動。上主傳喚摩西到山上見祂自己，並且警告只有亞倫可以陪同摩西上山（出十九 16～25）。因此，門徒願意跟隨耶穌到山上，好領受祂的吩咐，這實在是值得注意的。耶穌是新的摩西，那圍繞著祂身邊的是祂的門徒，而正如摩西昔日教導以色列一樣，耶穌也要教導祂的門徒關於成為聖潔的功課。

馬太並不是說，耶穌在山上只教導門徒。馬太告訴我們，耶穌「教導他們」，這「他們」可能包括人羣裏的眾人，也包括門徒。但潘霍華（Dietrich Bonhoeffer）卻提出，當門徒動身上山與耶穌匯合之時，這行動便使我們開始瞥見在羣眾和門徒之間的張力；這張力將要在整本馬太福音中逐漸成形。耶穌已從人羣中召出門徒來。門徒又將會受差派到人羣裏去宣講悔改的道。潘霍華問：「不過，最終的結局會是怎樣呢？」

> 59 耶穌看見了：祂的門徒就在那裏。他們已明確地離開了羣眾而來就耶穌。耶穌曾逐一呼召他們。他們也撇下了一切來回應耶穌的呼召。現在，他們以被棄絕及缺乏的方式而生活；門徒是窮人中最窮的人，是受試探者中最易受誘惑的人，是飢餓者中最飢餓的一羣。他們只有耶穌。對了，跟耶穌在一起，門徒在世上就一無所有，甚麼都沒有，但在上帝那裏，他們卻是一無所缺，可得享上帝裏面的一切。到目前為止，耶穌只是建立了一個小小的羣體，但這是祂所尋找的一個偉大羣體，尤其是當祂看見百姓之時。門徒和百姓其實是放在一起的。門徒會成為耶穌的使者；他們會在各處尋找聽眾和信徒。不過，在末日來到之前，門徒和眾人之間仍存有敵意。所有人都會惱恨上帝和上帝的話語，這惱恨也將會臨到門徒身上，眾人會同時擯棄門徒和上帝自己。十字架已經在望了。基督、門徒、百姓——人已經可以看見耶穌和祂的羣體那整個的受苦歷史。（Bonhoeffer 2001, 101）

如果將馬太福音五至七章跟上下文分開的話，人就難以理解登山寶訓的意思。如果人將登山寶訓與它的教師分別開來的話，登山寶訓就只會淪為律法和倫理標準。如果將登山寶訓跟那公義的範例分開的話，我們似乎很自然就會問：我們是否要逐字地遵照耶穌的這些教訓？耶穌是否真的覺得我們可以沒有情慾地生活？如果我們不抵抗那些行惡的人，我們怎能管理這個世界？

這些問題一旦被允許成為那決定我們怎樣理解這段經文的標準的話，我們就會用各種策略說服我們自己去相信，這些經文不會應用在我們的生活中。例如，有些人會提出登山寶訓是用來管理我們私人生活的，我們不應認為它是與公共議題有關的。這個策略的問題在於馬太福音沒有任何一處曾作出這樣的區分。或許，另一個較誠實的閱讀，是承認這些信息乃是要應用在我們的生活中的，但那惟一有效的應用就是要叫我們「感到罪疚」(feel guilty)。

宗教改革運動的論證法(polemics)會往往形塑出以上的進路，
它會提出：登山寶訓是律法，這意味著它要驅使我們承認，我們需
要寬恕。所以，律法和福音之間的區分就變得很明顯了——這區
分據稱是源自保羅的。[1] 從這個角度看來，對於登山寶訓中那些難 60
解之處，我們最好視之為「理想」(ideals)，是基督徒盡可能嘗試
達到的；但我們也要同時知道，不論我們是否可以活出登山寶訓
所描述的生活方式——就是登山寶訓似乎提議我們應有的生活方
式——這都不會影響我們在上帝裏面的信的特性。

這種閱讀登山寶訓的方式，往往嘗試將基督教和猶太教分別開來，指出基督教是寬恕的宗教(religion of forgiveness)，而猶太教則是律法的宗教(religion of law)。新教信徒喜歡這樣的看法，他們往往將天主教歸類為具有基督教形式的猶太教，也就是一種律法主義(legalism)，否定了保羅對因信稱義的理解。這種對登出寶訓的閱讀——先假設了新教和天主教在閱讀上存在著對比——至少有一個好處，就是讓我們在教會的處境下，追問如何理解及遵循登山寶訓。

不過，教會的踐行(ecclesial practices)已把一些關於「耶穌在登山寶訓中的教導是否要人去遵循」的問題合法化；而教會的踐行其實是反映出一些把基督的位格和基督的工作分割開來的基督

論。當教會以為它安於世界之中，即是當教會失去耶穌關於國度的宣講那終末的特性，基督所成就的拯救就會被人以個人主義式的（individualistic）和假裝敬虔式的（pietistic）方式來理解。救贖論中的補償理論（satisfaction theories of the atonement）主導了關於基督工作的解釋，這使「得救的人」可以避開耶穌在寶訓中所描述關於作門徒的徹底特性（radical character）。看來，接納耶穌作「個人的救主」才是最重要的，惟有這樣才可以叫人嘗試遵循登山寶訓的教導。對於拯救，這種理解方法的問題是，登山寶訓變成倫理標準，而非構成拯救的一部分。

潘霍華稱在這種理解之下的拯救是「廉價恩典」（cheap grace）。藉著「廉價恩典」，他所意指的是將恩典理解成「教義、原則、系統。這意味著，赦罪作為普遍的真理；這意味著，上帝的愛不過作為基督徒對上帝的觀念。凡肯定這一套神學的那些人，其罪已得赦」（Bonhoeffer 2001, 43）。根據潘霍華所說的，如此的一種肯定，會讓人作這個假設：因為恩典把世界中的一切都證成了，基督徒也應該以世界中其他人的方式來過活。保守派和自由派的基督徒往往以為他們彼此之間存有很大分歧，但在關於恩典的觀點上他們卻有相同的立場。他們的分別卻只在於基督徒如何順從世界。

我們不可忘記，是上帝的兒子在宣講這道，祂是彌賽亞，祂更新了一切。這篇講章是那得以在時間中成為可能的新時代的實在（reality）。我們也必須小心，不要將講章和宣講者分割開來：

> 登山寶訓是那一位的話語——祂並不是以外來人、改革
> 者、狂熱宗教分子、宗教創始人的身分來敘述實在，反
> 之，祂是在自己身體之內承受和親身經歷實在的本性，祂
> 61 對實在的理解之深，在地上是無人能及的。登山寶訓是那
> 一位的話語——祂是實在的主和法則。我們要把登山寶

> 訓理解和詮釋為成肉身的上帝其所說的話。當人對登山寶訓的歷史性行動提出質疑時，「登山寶訓是否上帝的話」這議題就會危在旦夕，而在此我們要證實的是，與基督一致的行動，才是與實在相符的行動。
>
> 與基督一致的行動，並不是發自一些倫理原則，而是完全發自耶穌基督的位格。（Bonhoeffer 2005, 231）

如果宣講者不是上帝的兒子，那麼登山寶訓就不過是一套理想而已。實際上，人甚至可以爭論說，登山寶訓的命令是深深地不道德的（immoral），它們好像在要求我們不要對抗那些作惡的人。但如果我們摒棄這些徹底的言論，我們就是在摒棄耶穌。戴維斯（William D. Davies；譯按：基督教學者）注意到，耶穌的話「超越話語的本身，而直指耶穌自己，耶穌才是這些話語的來源：這些話也成了君王—彌賽亞（King-Messiah）的見證」，是主的存有（being）的表達（Davies 1969, 148, 131）。登山寶訓的內容是對耶穌生命的詮釋，耶穌的生命也是詮釋登山寶訓的必要條件。

所以，登山寶訓的對象不是個人，而是一個羣體，就是耶穌所開始的，並透過呼召門徒所表示的這個羣體。登山寶訓不是英雄式的倫理標準；它是一羣子民的憲章。登山寶訓的重點正正在於，你不能靠自己來活出登山寶訓的要求。登山寶訓的要求是要我們依靠上帝和依靠別人（Hauerwas 1993, 63～72）。正如李卓（Richard Lischer；譯按：講道學教授）所說的：

> 我們要活作登山寶訓的羣體，我們惟一的盼望在於承認：我們不報復、不仇恨、不咒詛、不動淫念、不離異、不起誓、不自誇、不自負、不擔憂，也不中傷他人，因為這些都不是上帝的本性，我們的目標也不是要成為這樣的一羣

> 人。當我們在個人層面做不到以上的要求時，我們不要只抓住廉價恩典，但我們確要記得，教會羣體要比我們個人失敗之總和還要大，而且教會所朝向的方向，也會帶我們遠離這些過失。（Lischer 1987, 161～162）

因此，登山寶訓不是一連串的要求，而是在描述那羣被耶穌招聚到祂身邊的子民是怎樣生活的。蒙救贖，就等於這樣被招聚在一起。這解釋了為甚麼八福是詮釋整個講章的鑰匙——正因為八福並不是一些建議。沒有人會被要求出去刻意令自己變得靈裏貧窮（譯按：馬太福音五章 3 節「虛心」一詞直譯作「靈裏貧窮」〔poor in spirit；下同〕），也沒有人被要求刻意去哀慟或溫柔（譯按：馬太福音五章 5 節「溫柔」一詞較為負面的譯法可作「柔弱」）。反之，耶穌是要指出，天國的實在既是這樣，如果我們發覺那些跟隨耶穌的人中，有些是靈裏貧窮的，有些是哀慟的，或有些是溫柔的話，我們也不應覺得意外。再者，耶穌不是說所有跟隨祂的人都會擁有八福裏的所有特質，但我們可以肯定，我們中間有些人將會是靈裏貧窮的，有些人將會是哀慟的，有些人將會是溫柔的。

根據潘霍華所言，教會既是如此被組成，它就要變得明顯可
62 見。要作鹽、作世界的光，這就是呼召教會來成為可見的羣體。對於耶穌的跟隨者來說，「若要使自己成為不可見的，這就是在否定耶穌對自己的呼召。任何屬於耶穌的羣體，若想成為不可見的，它就不再是跟隨耶穌的羣體了」（Bonhoeffer 2001, 113）。基督徒卻常被引誘要變得不可見的，他們將自己與周圍的文化同化，並以「服事鄰舍」為名義而證成這種做法。其中一個被用來形容這種不可見性的名稱是「君士坦丁主義」（Constantinianism），這個詞語專用來描述那些基督徒在變成凱撒的同盟後所採用的策略。

尤達（John Howard Yoder；譯按：基督教神學家）的發現叫

人吃驚，他指出，在君士坦丁式轉移（Constantinian shift）之後，「基督徒」一字的意思改變了（Yoder 1984, 135～149）。在君士坦丁（Constantine）之前，要成為基督徒，人需要接受異常的信念。在君士坦丁之後，要否認自己是基督徒，人需要異常的勇氣。那諷刺的是，基督教的確立竟然令異教在道德上變得令人佩服。根據尤達所言，作為基督徒的含義，乃是關乎身分的改變，而這改變產生出新的神學發展，「那就是教會之不可見性的教義（doctrine of the invisibility of the church）」。在君士坦丁之前，基督徒認為這是信仰的事：上帝在掌管歷史，即使是藉著君王，但他們知道上帝臨在教會之中。在君士坦丁式制度確立之後，基督徒知道上帝使用凱撒來管治世界，但他們卻要用信心來確信，在這一大堆名義上為基督徒的人羣裏，存在一羣真正的信徒羣體。作為基督徒，不再等於成為教會的一分子，因為教會裏有很多「基督徒」並不選擇跟從基督。現在，成為基督徒，被改變為一種「內在的轉化」（Yoder 1984, 136～137）。[2]

不過，按潘霍華的看法，馬太以登山寶訓，特別以耶穌的吩
咐，來挑戰所有試圖使人看不見「跟隨耶穌」的含義的做法：「你
們是世上的光。城造在山上是不能隱藏的。」（太五14）潘霍華觀 63
察到，藉著訴諸於這樣的一座城市，以色列人一定會聯想到耶路撒
冷；現在，這城是一個門徒羣體所組成的。因此：

> 跟隨耶穌的人不再需要作決定。他們可以作的惟一決定，他們早就已經做了。他們現在要做的，只是活出他們之所是，否則他們就不是跟隨耶穌的。跟隨者構成可見的信仰羣體；他們的作門徒（discipleship），是一個可見的行動，要把他們與世界分別開來——否則他們就不是作門徒。作門徒，是明明可見的，好像夜裏的光，也像平原上的山

一樣。

> 若要使自己成為不可見的，這就是在否認耶穌對自己的呼召。任何屬於耶穌的羣體，若想成為不可見的，它就不再是跟隨耶穌的羣體了。（Bonhoeffer 2001, 113）[3]

這不是說，那些跟隨耶穌的人要這樣做，為的是要使他們或可被人認識；也不是說，門徒被召成為不同的人，為的是要與別不同。耶穌清楚地認為，門徒將會是與別不同的，但這不同是源於耶穌之所是 —— 上帝的兒子。潘霍華看出，在馬太福音六章中耶穌的教導會幫助我們明白到，連門徒自己也不清楚甚麼是門徒的義（righteousness）。當我們被推進那惟有耶穌才可以成就的生活方式之中時，那結果便會是我們被別人看見，以及變得與別不同。所以登山寶訓是關於一羣子民的生活方式的描述；這羣新時代的子民是因跟隨耶穌而產生的。

這就是「有福」的意思。按照我們日常的假設，我們一般不會覺得靈裏貧窮的、哀慟的、溫柔的、飢渴慕義的、憐恤人的、清心的、使人和睦的及為義受逼迫的人，會是「有福」的。然而，耶穌宣告這些人都是「有福」的，這表明那個已改變的世界乃是隨著「天國近了」這個宣告而開始。每一個「福」都提及一種恩賜/禮物（gift），但這不是假設每個跟隨耶穌的人都會擁有每一種「福」。相反，在八福裏所提及的恩賜/禮物都暗示了，這些恩賜/禮物的多樣性（diversity）將會臨在於羣體之中，而這羣體內的人就是那些領受耶穌呼召去作門徒的人。事實上，學習作門徒，就是縱使我們沒有這些恩賜/禮物，我們也學習去依靠那些哀慟或溫柔的人。

我們有個頗吸引的想法，那就是想推測哪類人會是各種福的例子。例如，靈裏貧窮示範了謙卑的德性；「那些哀慟的人」就是為他們的罪而懺悔的；「溫柔的人」仿效著主的柔和（gentleness），忍受辱罵而不還口；單單追求上帝的義，就是「飢渴慕義的人」；「憐恤人的」示範著對貧窮人的憐憫；已沒有慾望的，就是「清心的人」；維護教會合一和為城市求平安的，就是「叫人和睦的人」； 64
為福音的緣故而忍受苦難的，就是「為義受逼迫的人」。以上每一種描述都有它的價值，也是有助我們得到造就（edification）的。

但任何對八福的理解，其來源都一定要是耶穌自己。[4] 我們從耶穌出發才知道甚麼是「靈裏貧窮」。所以，保羅可以勸勉腓立比的信徒，要「以基督耶穌的心為心」：

他本有上帝的形像，
不以自己與上帝同等為強奪的；
反倒虛己，
取了奴僕的形象，
成為人的樣式；
既有人的樣子，
就自己卑微，
存心順服，以至於死，
且死在十字架上。（腓二 5～8）

保羅並不是說我們的靈裏貧窮等於耶穌的虛己（self-emptying），保羅要指出的是，耶穌的貧乏可以產生出一羣不依靠「擁有」（possessions）來生存的子民。貧乏本身不會令人變成耶穌的跟隨者，但卻可以叫你近乎明白「發現那種能釋放那些跟隨基督的人、不被世界奴役的貧乏」是甚麼意思。我們更不能忽略貧乏的政治含義。我們往往未能認出我們對世上權勢的遷就（accommodation），因為我們害怕失去自己所擁有的財富——這些財富也可以用很不同的形式出現。

或者，最以基督為中心的祝福，是耶穌所稱讚那些哀慟的人，因為他們像耶穌一樣，準備好在世上生活，放棄這世界稱為快樂及平安的東西（Bonhoeffer 2001, 103）。門徒像耶穌一樣，以一種確實的溫柔去忍受不公的事情，而這種溫柔仍是一種對公義的渴慕。新子民的公義所得著的福氣就是恩慈，這種恩慈可見於耶穌向那些
65 殺害祂的人所給予的寬恕。這羣子民可以叫人和睦，因為他們藉清心而得以維持，這清心源於他們只有一個目的（*telos*）：活出耶穌身上所體現的國度。這羣子民也可能會被逼迫，正如耶穌受逼迫一樣，因為他們是在這世界的暴力——往往被稱為「和平」——以外的另一個選擇。

在八福中，每一個福氣都伴隨著一個「獎賞」，這並不表示，例如，門徒要嘗試變得靈裏貧窮，好讓他們可以承受上帝的國。正如我在上文所說的，這樣理解八福會違背了它們是上帝的恩賜／禮物。那些憐恤人的人領受憐恤，這對於那些蒙召活在耶穌國度裏的人而言，就是一個象徵，顯示出那種生命是可能的。德性（virtues）本身就可能是一種獎賞，但對基督徒來說，德性，就是八福所提出的那種德性，其實就是一些名字，指向那藉基督得以可能的、共享的生命。

所以，那些按著八福所描述的方式來生活的人，當「因著我的名」受到誣蔑和逼迫時，他們就應該歡喜快樂。這種逼迫證明他們繼承了先知的傳統。先知的職事現在已經落在這個新羣體的身上，他們是世界的鹽和光。正如諸位先知本人成為上帝向以色列的、在以色列之中的臨在，現在那些跟隨耶穌的人也成為上帝給世界的記號（sign）。所以，門徒不可以要把戲、假裝謙卑，這樣做會危及太多東西。十字架發出的光芒照亮了門徒的工作，令別人，乃至是外邦人，都可以看見那些榮耀天上的父的工作。

耶穌宣告祂成全了律法和先知。所以，祂呼召其跟隨者遵守律

法，這暗示到，那些跟隨祂的人的義，應該是高於文士和法利賽人的義。這是甚麼意思？這是否表示，基督徒要像猶太人一樣持守著那些關於甚麼可以吃、甚麼不可以吃的律法，以及那些關乎獻祭的律法？基督徒曾經恰當地掙扎於要回應這些挑戰。例如，阿奎那（Thomas Aquinas）就提出，我們必須分開舊約中的道德、司法和禮儀律法。他這樣做，為的是要指出，基督徒只需要遵守道德律法，即是那些藉著我們在神聖律法中的參與而需要所有人類負責的律法（Aquinas 1981, part I ～ II QQ. 90 ～ 108）。[5] 按阿奎那的說法，
基督透過祂的生命和死亡，成全了司法上和禮儀上的律法，所以基 66
督徒不再需要遵守這兩方面的律法。實際上，阿奎那甚至覺得，基督徒若遵守禮儀上的律法，他們就是在拜偶像了。[6]

阿奎那就律法在基督徒生命中的重要地位所作的說明，影響了後世的討論。對於阿奎那所提出的解決方法，其問題在於耶穌並沒有將道德、司法和禮儀的律法區分開來，尤其是祂說過律法的一點一畫都不能廢去，它們「都要成全」。再者，耶穌只是直接地說，祂的門徒要遵守律法，並且他們的義要高於文士和法利賽人的義。所有事情似乎都有賴於「『一切』『都要成全』」是甚麼意思。基督徒相信，耶穌的死、復活和升天已經成全一切，但這是否暗示，對於舊約律法的一點一畫，都不再成為基督徒的責任？

猶太人問得對，他們要基督徒重新檢視我們自己的假設，即猶太人對於遵守律法的理解，不應成為基督徒的責任。當然，我們要記得，對守律法的理解，猶太人本身都存有分歧，但對基督徒的順服而言，他們這個分歧是重要的。在基督徒反省舊約律法的重要地位上，那重要的是，究竟「基督徒的義要過於文士和法利賽人的義」，是甚麼意思？因為「過於」（excess）一詞可以幫助我們明白，在適當的場景之下，基督徒對我們作耶穌門徒的理解，如何帶來我們對律法的成全。因此，基督徒必須樂於不斷面對「基督徒要怎樣

遵行律法」這個問題的挑戰。

耶穌批評法利賽人和文士假冒為善（太十五1～9），因為他們只是執著小節，忽視了律法更重要的要求（二十三23），因為法利賽人和文士又貪婪又自大（二十三25～26）——這些批評都是從以色列對律法的理解出發的。例如，先知也用類似的批評來指責以
67 色列不守律法。但重要的是，耶穌在批評法利賽人和文士之時，並沒有忽略遵守律法所帶來的政治挑戰。文士和法利賽人的義，即他們對於持守聖潔的正當渴望，都是他們的努力——即使在被擄的時候，即使被異族統治，他們都要嘗試作上帝忠心的子民。但以色列往往用一種不挑戰政權的方式，來尋求成為忠心的子民，他們尤其不會挑戰羅馬的政權。我們頗能理解到，法利賽人在守律法時，特別小心不會令統治者覺得他們是破壞分子。

但這正正是耶穌將要阻止的，不論是那些忠於上帝對以色列的呼召的人，或是耶穌的門徒，祂都不讓他們這樣做或成為這樣的人。耶穌不是尋求要用武力來推翻羅馬政權，因為祂自己的國度是在羅馬的暴政，以及那些用武力推翻羅馬的人以外的另一個選擇。但是，祂的國度無可避免地是帶有顛覆性的。這顛覆性就是那高過文士和法利賽人的義，這顛覆性也因此將令耶穌被釘在十字架上，因為耶穌不是要用武力推翻舊有的秩序，祂反而要創造一羣可以在舊秩序中，根據新秩序來生活的人。耶穌呼籲其跟隨者要作世界的鹽和光，在這呼籲之後的對照（antithesis），就是耶穌對這新羣體的秩序的描述。尤達指出（Yoder 1971, 28～29），耶穌所作的跟父上帝在呼召亞伯拉罕、摩西、基甸和撒母耳時所作的一樣。那就是，祂把人招聚在祂的道的旁邊，以致產生出一個世界所未見過的羣體。

1. 這是一個志願的社羣（voluntary society）：你不會生來就屬於這個社羣。你只能藉著悔改，並且自由地選擇效忠於這社羣的

王，從而進到這社羣之中。這個社羣沒有第二代的成員。

2. 與之前的社羣相反，這是一個由不同的人組成的社羣。它集合了不同種族的人，有猶太人，也有外邦人；它集合了不同種類的虔誠人，有遵守律法的狂熱分子，也有主張不受任何形式束縛的人，有徹底地堅守一神論(monotheist)的人，也有正在掙脱拜偶像的人；它集合了擁有不同經濟地位的人，有富翁，也有窮人。
3. 當耶穌呼召其社羣聚集在一起時，祂把新的方式生活賦予這社羣的成員。祂給他們提出新方式來面對那些得罪他們的人——寬恕。祂給他們提出新方式來面對暴力——受苦。祂給他們提出新方式來處理金錢——分享。祂給他們提出新方式來處理領導的問題——盡用每一個人的恩賜/禮物，包括最卑微的人。祂給他們提出新方式來面對敗壞的社會——要建立一個新的秩序，而不是推翻舊的制度。祂賜給他們一套新的關係模式，包括男女之間的、親子之間的、主僕之間的，透過這些關係，耶穌具體地對「人」的意義建立了一個徹底地
新的視象(vision)。祂賜下新的態度，讓他們可以面對國家和 68
「敵國」。

耶穌對門徒的呼召和登山寶訓的核心，是跟隨者的可見性。其後的一連串對比，描述了可見性的內容：「你們聽見有話說……只是我告訴你們……」這些對照一如八福，是要陳明和描述律法所要求的那種羣體。[7] 耶穌已告訴我們，我們要遵守律法，所以我們不可以殺人、姦淫、休妻、背誓、報仇和恨惡仇敵。但是，耶穌所呼召、產生的羣體，卻不是取決於它所避免去做的事，相反，這羣體避免去做這些事，因為這個羣體的本質就是要示範出基督的生命。

再者，耶穌的生命叫我們可以與父上帝和別人復和。這復和創

造出一個復和的羣體，一個和平的羣體。所以，我們不應感到驚訝，耶穌勸告我們不可以對弟兄姊妹心存憤怒，反而要我們跟他們和好。祂不是說我們不可以發怒，而是告訴我們，在來到壇前獻祭之先，我們要跟自己所惱恨的人復和。在該隱殺亞伯一事中，也涉及惱恨和獻祭的結合。該隱因為惱恨上帝悅納了亞伯的獻祭而殺了他（創四 1～16）。耶穌現在宣告，悔改的國度已近了，耶穌藉著要求那些跟隨祂自己的人在就近祭壇獻祭前要復和，從而打破了那把謀殺當作獻祭的循環。耶穌不只吩咐我們要復和，祂還告訴我們可以怎樣踐行復和（太十八 15～20）。[8]

耶穌吩咐教會的成員，要正視那些我們認為其得罪了我們的人。祂不是說，如果我們受到惡待，我們就要考慮反抗那些我們相信其傷害了我們的人。耶穌說，我們一定要正視他們，因為他們得罪的不是我們自己，而是基督的身體，即是說，他們危害教會本身的聖潔。再者，我們在被要求去正視那些我們相信其傷害了我們的人時，我們也不是不用付代價的，因為我們可能發現，原來是我們誤會了他們。

在哥林多前書六章 1 至 8 節中，保羅禁止哥林多信徒在由不信
69 的人所主持的法庭中求審。保羅提醒哥林多信徒，我們基督徒應有準備會遭受不公正的對待，而非以行動對抗基督的身體，因為這樣做只會危及教會為這世界的公義、向世界所提供的另一個選擇；保羅的這個吩咐，肯定源自耶穌那叫我們不可彼此恨惡的命令。若如此的羣體沒有存在，不信者就沒有其他途徑可以認識上帝的平安。

因此，在領受主餐時，教會認為信徒一定要認罪、悔改和復和，這想法是正確的。我們若不能與弟兄姊妹和好而合一，又怎敢走到復和的餐桌前？這種合一（unity）的名字就是愛。餅和酒的恩賜/禮物，是應該給那些可以與上帝、與人復和的人領受的。如果我們未復和，我們最好不要領餅和酒；我們豈敢不尊重那些來自上

帝的恩賜/禮物的聖潔。

忿怒和性慾都是肉身的情慾(bodily passion)。我們簡直不可能自願地叫自己沒有忿怒和性慾。耶穌不是暗示我們可以無慾或無嗔;即是説,祂想當然地認為我們是有肉體的存在物。反之,祂給我們一個身分,成為一個羣體的成員,在這個羣體裏,我們身體可以得著塑造,好讓我們可以服事上帝和彼此服事,以致我們的忿怒和性慾都得到轉化。很多時候,一些本用來叫我們脱離忿怒和性慾的改造自我的方法,反而會叫這些情慾更緊地捉住我們的生命。但耶穌卻不是要我們用意志脱離一切的忿怒和性慾,相反,祂給我們一個身分,成為一羣子民的成員,這個羣體是如此的引人注意,以致可以叫我們不再沉溺在自己和自己的罪之中。

單憑我們自己,我們不可能想像出在性慾之外還可以有甚麼另外的選擇,但耶穌讓我們有分於一個國度,這國度的要求很高,叫我們發現,原來有些事情比專注自己的性慾更好。如果我們是一羣在爭戰的世界裏矢志委身於和平的子民,如果我們是一羣在懷疑的世界裏矢志委身於忠心(faithfulness)的子民,那麼我們就會被一種生活方式所吸引,而這種生活方式就叫我們不再受忿怒或性慾所轄制。

對於耶穌所產生的、那個最叫人意外的世界,那更能作象徵的是耶穌表示,祂其中的一些跟隨者將不會結婚。對於大部分自認是以色列一分子的人,他們都會覺得,「不結婚、沒有下一代」這個主意會對這個被稱為上帝子民的羣體本身的特性,構成很大的挑戰,因為作為猶太人,其最著緊的是生育孩子——孩子的存在是上帝對祂子民的關顧的記號。但耶穌所呼召產生的羣體,卻不是以生育來發展的,而是藉著見證和歸正。獨身(singleness)和禁慾(celibacy),是向外邦人所懷的使命那不可或缺的踐行。

耶穌對於姦淫和離異的教導——後者特別針對男性的特

權——都必須被理解為關於新的身體的表達，這身體透過祂那被釘的身體，而成為我們的身體。因此，潘霍華的這個觀察確實是正確的：

> 耶穌不是將結婚或禁慾變成一個必要守的方案。相反，祂
> 將門徒從不忠（πορνεία）中釋放出來，不論是在婚姻裏或
> 70 是在婚姻外的不忠；不忠，不只是得罪自己身體，也是得
> 罪基督的身體（林前六 13～15）。即使門徒自己的身體，也都是屬於基督的，以及屬於作門徒的一部分；我們的身體是祂身體的一員。因為上帝的兒子耶穌取了人的樣式，也因為我們與祂的身體契合，所以不忠就是得罪耶穌自己的身體。
>
> 耶穌的身體經已被釘。使徒說，凡屬基督耶穌的人，是已經把肉體連肉體的邪情私慾同釘在十字架上了（加五 24）。所以，這個舊約誡命要得以圓滿，也只有藉耶穌基督那被釘、殉道的身體才能成真。我們看見這身體——這身體為我們而被給出來——並且與之契合，讓門徒有力量活出耶穌所命令的貞潔。（Bonhoeffer 2001, 127）[9]

那些利用馬太福音五章 32 節的人，特別是那些嘗試決定「為淫亂（*porneias*）的緣故」該怎樣解釋的人——他們希望知道離婚可否被證成和甚麼時候可被證成——他們卻很不幸地令這段來自允許的經文，變成一段律法主義式的交易。重點不在於甚麼是時候可以離婚；而是在新的制度下，基督徒應如何理解婚姻。同樣地，問題不是在於離婚的婦人應否獲准再婚，而是在於教會要成為怎樣的一個羣體，以致可以叫離婚後的婦女不一定要再婚。如果基督徒不一定要結婚，如果被拋棄的婦女不一定要再婚，那麼

教會一定是充滿友情的地方，是我們在這個孤單的世界之外的另一選擇。

若一個羣體可以容許成員獨身，這個羣體一定至少是一個有足夠信任的羣體，讓其中的成員可以坦誠地向彼此講真話。潘霍華看到，誓言不過是一個記號，標明了我們是活在一個說謊的世界之中。如果我們可以相信自己，不單向別人說真話，也特別向自己說真話，那麼我們就不用起誓。起誓，是希望保證我們不說謊，但它們也同時變相鼓勵說謊，因為誓言的存在，在某程度上授予說謊某些權利。所以，當耶穌說「是，就說是；不是，就說不是」，祂所要表達的是，對於門徒，我們是常在上帝的臨在中說話的：「因此，耶穌的門徒不應起誓，因為沒有說話不是在上帝面前說的。門徒所說的一切話都只應是真理，所以不需要用誓言來認證。誓言，把其他所有的說話都交付那可疑的黑暗。這就是為甚麼那是『出於那惡者』了。」(Bonhoeffer 2001, 129 ~ 130)[10]

因此，基督徒一定要實話實說。我們只說應該說的話，不說多 71
也不說少。這樣有紀律的說話方式，是得來不易的。我們常常希望利用言語的恩賜/禮物作為武器，而且是一種狡猾的武器，用來確立自己的優越性。我們要先學習誠實地向上帝說話，然後才能學到對人彼此誠實地說話；這就是說，我們必須學習禱告。這就是為甚麼詩篇是教會偉大的禱告書，因為詩篇教曉我們不作假地禱告。詩篇容許我們向上帝發怒，也讓我們在怒氣中發現上帝拒絕放棄我們。

再者，因為詩篇逼使我們承認自己的罪，又或至少揭露我們的罪，所以它也訓練我們誠實地說話。耶穌就是上帝的詩篇，因為正如我們所看見的，馬太惟有透過詩篇才可以述說耶穌的故事。這就是為甚麼潘霍華說得再正確不過的：門徒的忠誠其基礎在於他們跟隨耶穌，而透過耶穌，門徒的罪會被揭露。正如以色列拒絕在舊約中遮掩自己的罪，馬太也只會誠實地揭露那些跟隨耶穌的人的罪，並不會迴避。

> 惟有作為上帝真理的十字架，才可以叫我們變得真誠。那些認識十字架的人，不會再厭惡真理。那些在十字架下的人，可以不用那作為誡命的誓言來建立真誠，因為他們活在上帝的完美真理之中。沒有對人的真誠，人對耶穌也沒有真誠。謊言會破壞羣體。真理卻撕破虛假的羣體，並建立真正的團契。
>
> 人若不是活在那於上帝和人面前被揭露的真理中，就不能跟隨耶穌。（Bonhoeffer 2001, 131）

這個真誠的羣體（community of truthfulness）不可以害怕衝突。耶穌要求我們在認為別人得罪我們時，跟別人面對面說清楚，這不是一個叫我們「僅好好相處」的勸告。再者，教會由真理構成，而這真理意味著，基督徒的生活方式——他們被要求如此生活的——不得不揭露這世界的謊言。如此的一羣子民，正如我們在八福中所讀到的，可以預計自己要受到逼迫。但我們可以肯定，那些已學會了「在真理中喜樂」的子民，會發現除了他們已擁有的生命以外，他們再別無所求。

屬乎真理的子民，肯定會有敵人。這使耶穌那禁止報復的吩
72 咐——以及祂那叫其跟隨者愛仇敵的呼召——顯得與別不同。耶穌沒有應許過，若我們轉過另一邊臉的時候，別人就不會再掌摑我們。不報復，並不是一個策略，好得到我們藉其他手段所想要得到的東西。相反，耶穌呼召我們來踐行「不報復」，是因為上帝已在十字架上用同樣的方式來顧念我們。照樣，基督徒也要付出更多的東西，比別人所要求的更多；我們要回應別人的請求，因為這是上

帝的品性。確實，正如我們從耶穌在馬太福音二十五章的比喻中所知道的，假使我們沒有對「這弟兄中一個最小的」作出回應，我們就已經等於沒有回應耶穌了。

耶穌的命令，即我們不要向得罪我們的人報復——以及祂那要我們愛仇敵的要求——都顯出整個登山寶訓那天啟的特性（apocalyptic character）。如此的生活，需要人有耐性；上帝已使這耐性成為可能——上帝拒絕讓我們的罪阻止祂透過耶穌的來臨而成為我們的一員，進到我們的世代之中。同樣的耐性也驅動了八福中那些蒙福的人，因為他們代表了某類子民，他們在這個不仁的世代，仍有時間去作仁慈的人。作為耶穌的門徒，作好預備跟我們所惱恨的人和好，忠於婚盟，把握言說實話的時機——以上所有的都是一些習慣（habits），可創造出時間和空間，讓人可以有能力去愛仇敵。

如果——像約翰在啟示錄所說的——「曾被殺的羔羊是配得權柄」，那麼八福和那些對照所要求的忍耐，就是沒有意義的。登山寶訓的核心是確信：

> 那決定歷史意義的，是十字架而不是利劍，是苦難而不是野蠻的暴力。上帝的子民的順服，其關鍵並不是他們的效率，而是他們的耐性。正義可以得勝，這並不是由那來幫助正義的權勢去作出保證的——這權勢不過是將暴力的使用合理化，也是人類衝突中其他類型的權力。正義的得勝（儘管已得到保證），也肯定是基於復活的大能，而不是任何有關因果的計算，也不是因為好人天性地一定比較有能力。子民對上帝的順服，與上帝得勝的因由之間，並不是因果的關係，而是十字架和復活的關係。（Yoder 1994b, 232）

因此，我們蒙召是要完全，但「完全」（prefection）陳述出我們有分於基督對其仇敵的愛之中。「完全」並不表示我們沒有罪，也不是說我們不會發怒，或不會有性慾。完全，反而是要我們學習成為這子民的一分子，他們從容地生活，不會以武力來求生。要這樣生活，人就需要一些習慣，例如學習向彼此言說真理、言出必行、尋求與人和好。這樣的生活，可以被稱為和平主義（pacifism）和/或非暴力（nonviolence），但這兩個描述都不是八福和其相對的教導所描述的生活形式，因為這種生活形式惟有在一個前提下才可以被真誠地活出來，那就是，如馬太所說的，耶穌真箇是上帝的兒子。

73 對於想為社會秩序尋找原因的基督徒，這種道德常常是一個挑戰。例如布倫諾（Frederick Dale Bruner；譯按：基督教神學家）對於不起誓的命令，就有以下的看法：他認為，順服「這命令最終會帶來嚴重的問題，門徒究竟如何可以擔任公職？要擔任公職，人常常都要經過宣誓。對於加入軍隊和宣誓效忠，那又怎樣」（Bruner 2004, 235）？人回答這個問題的方式，通常是作出如此的區分：對於個人所受到傷害，以及因公職而受到的傷害，我應該如何作出回應。若是個人的情況，我就會按耶穌的吩咐而行事，但我若在某個職位上，而我的職責是要維護一定的秩序，那麼我就有義務要奉這秩序的名來使用暴力。實際上，有人甚至認為，後者的義務可以被理解為對基督所吩咐我們要活出的愛的一個表達。[11]

然而，潘霍華正確地觀察到，耶穌從來不會將一個人的私人生活和他的公職身分區分開來。耶穌從來沒有提出，當門徒撇下一切跟從耶穌時，他們可以不用撇下他們的公共責任。耶穌甚至要求他們放下他們作兒子的責任。潘霍華指出，從來沒有人可以是完全私人的，相反，我們的存在總是由不同的責任所組成的。所以，如果我們被攻擊，我們是帶著這些身分被攻擊的：有子女的父母、教會的牧者，或是一國的外交官。正因我們被置在這些身分之中，所以為甚麼耶穌要求我們不要以邪惡的方法來對付邪惡。耶穌呼召我們抵抗邪惡，但祂的方法是以聖靈的武器來使我們充權（empower）。這些武器都必須被十字架上的受苦所模塑：

> 只有那些藉耶穌的十字架而相信正能勝邪的人，才可以遵守耶穌的命令，只有這種順服可以得著上帝的應許。甚麼應許？應許這個羣體擁有耶穌的十字架和祂的勝利……
>
> 惟有十字架才可以顯出，受苦的愛真的可以為邪惡作出報償和勝過邪惡。門徒藉著蒙召去作門徒，同時得到可以有分於十字架上的應許。他們在這個可見的羣體中蒙祝福。（Bonhoeffer 2001, 136 ～ 137）

註釋：

1. Davies 1969, 97 ～ 99；戴維斯（William D. Davies；譯按：基督教學者）挑戰所有將福音書（尤其是馬太福音）的耶穌和保羅分別開來的嘗試。例如，他舉例指出保羅其實有呼應耶穌的教導：「逼迫你們的，要給他們祝福；只要祝福，不可咒詛。」（羅十二 14）這看來跟耶穌的教導很相似：「只是我告訴你們，要愛你們的仇敵，為那逼迫你們的禱告。」（太五 44）再者，耶穌在馬太福音五章 39 節囑咐我們不要與惡人作對，這可能成為保羅的勸告的源頭，他吩咐基督徒：「不要以惡報惡；眾人以為美的事要留心去做。」（羅十二 17）戴維斯又指出，羅馬書十四章 10 節和馬太福音七章 1 節同樣提出不要論斷。戴維斯的結論是：「保羅浸淫在耶穌教導的傳統之中，耶穌的話成為保羅骨中的骨。如果有人認為保羅對耶穌教導的細節漠不關心，那就是大錯特錯了。至少，保羅的道德覺悟，是源自耶穌對美善生活的教導的。」
2. 「君士坦丁主義」（Constantinianism）這概念是充滿含混性和複雜性。例如，尤達(John Howard Yoder;譯按:基督教神學家)當然不會認為,教會失蹤的問題,只始於基督教獲得認可之時。尤達也很清楚,君士坦丁主義不只可以變身成不同的形式,這些形式的細微差別也能帶來強大的破壞力。尤達對這些發展的分析非常精密(Yoder 1971, 148～182),為各式各樣的「新—新—新—新—君士坦丁主義」(neo-neo-neo-neo-Constantinianism)提供了有用的特性描述,叫我們明白君士坦丁主義的假設可以怎樣轉化成世俗化的形式。根據尤達,那決定君士坦丁主義的重要原則,是「歷史的真正意義,即拯救的真正軌迹,是在於宇宙而不是在於教會。因此,上帝真正的工作,是透過整個社會的框架來達成,而不是透過基督羣體來成就」(Yoder 1971, 154)。當然,基督徒相信教會才是拯救的真正軌迹,這信念並不意味著他們不相信基督所作的工作不是宇宙性的;其意思是我們極需要明白,從尤達的觀點,他所列出眾多被識別為君士坦丁主義的發展,也有可能是基督徒見證的忠誠形式。實際上,尤達認為,我們嘗試臆測或引用歷史例子來建立一套一致的反君士坦丁主義模式,這是錯誤的,因為「對異教的批判背後,潛在那肯定的另一選擇,那就是由更新了的信息,創造出可見羣體的具體性。對於有階級架構的定義(hierarchical definition),其另一個選擇是地方性的定義(local definition)」(Yoder 1994a, 253)。事實上,尤達認為,那傾向君士坦丁主義的趨勢的開始,是當基督徒開始以為自己可以撇開猶太人,而知道作為基督徒是甚麼意思的時候。

3. 對於潘霍華(Dietrich Bonhoeffer)就可見教會之重要性的理解,以及潘霍華和尤達之間的比較,我的延伸討論可以參 Hauerwas 2004b, 33～74。
4. 俄利根(Origen)的觀察:「耶穌肯定祂在福音書所提到的所有福氣,祂也以身作則來證成祂的教導。『溫柔的人有福了』,所說的是耶穌自己。『學效我吧,因為我溫柔。』『使人和睦的人有福了。』誰會像我主耶穌一樣使人和睦?祂就是我們的平安,祂止息敵意,並在祂肉身中消除它。『為義受逼迫的人有福了』,沒有人比得上主耶穌,祂為我們的罪被釘死,為義而忍受逼迫。所以,八福都在主的身上展示了,實現了。跟祂所說『哀慟的人有福了』一致,祂自己也為耶路撒冷哀哭,成為這福的基礎。」(引自 Allison 2005, 1)
5. 阿奎那(Thomas Aquinas)把我們在神聖律法中的參與,稱為「自然法」(natural law;Aquinas 1981, part I～II Q. 94)。這個關於「自然法」的說明,基於阿奎那的神學前設,即是說,他不嘗試要把「自然法」的原則抽離出來，好建立一套所有人（不論是不是基督徒）都至少有責任遵守的義務。後來的確有人這樣做。按阿奎那的意思，只有新的律法是正當的。他引用奧古斯丁（Augustine）在《聖靈和字句》（*The Spirit and the Letter*）的話：在舊約中「**律法被提出的方式是外向的，要令無神的人感到害怕；在這裏**（也就是新約裏），**律法被給出的方式是內向的，因此它們是可能被證成的**——在福音書的律法（Evangelical Law）中，其他元素都是次要的；其中包括信心的教導，以及那些引導人的情感和行動的吩咐。至於此，這並不是新的『律法』。所以使徒說（林後三 6）：**字句是叫人死，精意（或譯：聖靈）是叫人活**。奧古斯丁將這解釋為，文字所指的是在人之外的任何著作，即使是福音書中的道德教訓也是在人之外的。為此，即使是福音書的字句，都會叫人死，除非那具醫治能力的信心恩典臨在於人的裏面」（Aquinas 1981, part I ～ II Q. 106 art. 2；強調部分為原文所有）。

6. 阿奎那仔細解釋禮儀和司法的律法，指出新的律法——其實就是聖靈的律——圓滿了舊的律法：「新律法的一些聖禮，在舊律法中具有相對應的象徵聖禮。洗禮是信心的聖禮，對應的是割禮。所以，經上記著（西二 11 ～ 12）：『**你們……受了……的割禮，乃是**我們主耶穌**基督……的割禮。……受洗與他一同埋葬……。**』在新的律法之下，聖餐的聖禮對應了逾越節羔羊的宴筵。懺悔的聖禮對應舊律法的潔淨之禮。授聖職禮對應的是舊律法中為主教和祭司祝聖的禮儀。堅信禮是恩典充滿的聖禮，它在舊律法中並沒有對應的聖禮，因為圓滿的時候還未到，因為**律法原來一無所成**……〔沒法使我們〕達到完美（來七 19）。」（Aquinas 1981, part I ～ II Q. 106 art. 5 reply3；強調部分為原文所有）對於阿奎那就律法的分析，此處有最佳的說明：Levering 2002。
7. 戴文波特（Gene Davenport）提出，這些對照並不是一些規則或規章，為機械式的或自作主張的義而有的，而是耶穌對於在新時代所產生的生活模式而作出的「描述」。因此，它們的設立不是用來抵消律法，而是要成全律法（Torah；編按：或譯「妥拉」）。耶穌要說的是人現在可以這樣生活。再者「因為上帝的管治和上帝自己的品性之間並沒有衝突，所以耶穌所說的律法，其實源自上帝自己的品性。這樣，門徒可以自由地遵守律法，當其他人看見律法在門徒的生命中彰顯時，他們就會受引導而歸榮耀給上帝」（Davenport 1988, 139）。
8. Allison 2005, 65 ～ 72；此處為該隱和亞伯的故事，提出一個有力的論據，作為這個對照的背景。

9. 耶穌用身體的比喻來描述那些被性慾纏繞的人所必須做的事，這暗示出我們的身體在洗禮中是怎樣得改變成祂的身體。保羅在羅馬書六章對洗禮的理解，其實是在解釋耶穌的勸告：若我們的右手叫我們犯罪，最好還是「扔掉它」。

10. 格里費（Paul Griffiths；譯按：天主教神學的教授）提出，奧古斯丁堅持我們連一個謊也不可以撒，因為說謊令說話的特性不再是作為上帝的恩賜/禮物。按格里費（Griffiths 2004, 89）所說，奧古斯丁堅持只有「上帝是發光的說真理者：我們是隱藏在陰影中的說謊者。當我們接近上帝，我們的黑暗得到光照，我們就有可能言說真理：如果我們離開上帝，我們就一定因留在陰影之中而會說謊。說謊的人說話時只是『出於自己』（*de suo*）…… 用徵收佔據的態度來說話，也是『出於自己』的說話。這跟『按自己（*secundum se*; according to oneself）來說』或『從人的話（*secundum hominem*; according to humanity, humanly）來說』，都是一樣的。這些態度都有別於這看法：把話語看作一份恩賜/禮物來使用，從人自身以外 —— 即從上帝 —— 而得著充滿（*impletus*），結果我們就可以有分（*particeps*）在上帝裏面。我要再說一次，上帝才是真理那發光的、獨一的來源。所以，要棄絕謊言，就需要先認定語言是一份恩賜/禮物 —— 我們不過被這恩賜/禮物充滿，透過這恩賜/禮物，我們可以有分在那本不屬於我們的真理之中。當我們用徵收佔據的態度（像竊賊一樣想將東西據為己有）來行動時，我們會做的就只有撒謊。」

11. 在這兩個立場之間，布倫諾（Frederick Dale Bruner）嘗試化解他視為張力的東西，他提出的兩個立場都是我們需要的：「今天，我們需要**和平主義式的**基督徒，他們在政府**之外**、用反文化的方式，卻按著耶穌那使人和睦的吩咐而與政府保持距離，正如『宗教改革和平教會』（Reformation Peace Churches）所行的；**但**同時我們也需要**務實的**基督徒，他們要在政府**之內**工作，實幹地尋求和平及公義，正如國憲制的宗教改革（magisterial Reformation）按著耶穌那關於愛的吩咐所決定去做的。」（Bruner 2004, 246）布倫諾對於這些問題的立場，跟他在該書第一版中所表達的有很大差異；在第一版裏，他持守的是相當直接的宗教改革運動路線。值得讚揚的是，他後來受了尤達的影響而修正了其立場，不過，當他訴諸於有關愛的教訓時，卻跟那發出命令的人分別開來。

馬太福音六章

踐行禱告

耶穌在登山寶訓第一部分向門徒所要求的可見性（visibility），74
似乎也受到祂的譴責所限制——祂禁止人為了讓人看到自己而踐行公義。我們要怎樣理解耶穌一方面要求我們的光要照在人前（太五16），另一方面卻又要我們在暗中施捨（六1）？潘霍華（Dietrich Bonhoeffer）提出，這兩條命令並沒有矛盾，要是我們能注意到，門徒的可見性是向誰隱藏。按潘霍華的看法，作為門徒行動的特徵，隱藏是應用在門徒身上的。門徒應該「持續地跟隨耶穌，應該一直注視在他們前頭行的那一位，而不是注目在他們自己身上，也不是注意他們自己的工作。門徒的義是在自己面前隱藏的」（Bonhoeffer 2001, 149）。

因此，潘霍華建議，那些跟隨耶穌的人具有一種特徵，就是「善忘」（forgetfulness）。跟隨耶穌，要求我們放棄對自我的強大意識。人參與一些大型的社會運動時，也常常被要求這樣的忘我，但在跟隨耶穌上，所要求的那種忘我卻是不同的，那些運動所要求的忘我往往只帶來短暫的興奮，然後很快就會消退。耶穌所提供的善忘之所以得以可能，是因為那懾人的實在（reality），以及我們因有分在祂的時間裏而經歷到的美；祂的時間是不可能被消去的，因為這是上帝的時間。

耶穌要我們小心提防，不要藉著敬虔的踐行而把注意力集中在自己的身上；祂的這個勸告暗示了，我們不單要跟隨耶穌，而且我們跟隨耶穌的方法也同樣重要，這關乎到成為上帝那可見的子民是甚麼意思。教會發現，在探討「怎樣」（how）跟隨耶穌時，德性的語言（language of virtues）是其中一個相當有用的語言。這語言像
75 法律的語言一樣，不是福音所特有的，它首先是由希羅哲學家發展的。例如：亞里士多德（Aristotle）就指出，單單重複正義的人（just person）或美善的人的行為，不足以叫一個人成美善的（good）。對於亞里士多德來說，正義的人不只是一個會作這事或那事的人，而是一個會用正義的人做事的方法來做事的人——這表示他們一定要知道他們正在做甚麼，他們並不是出於別的原因，才做他們一定要做的事，他們做事只因為這是正義的人所做的事，他們一定是以一個堅定不變的品格來做他們要做的事（Aristotle 1999, §1105a60～b10）。

如果有人認為，人可以藉辯論而成為正義或美善的人，亞里士多德的理解對他們來說便沒有多大用處。這種人好像一個聽了醫生吩咐卻不去遵行的病人一樣。我們需要的其實是在一些必須的習慣中受訓，好獲得這些德性。[1] 這種訓練需要我們作一位導師的學徒，這位導師要有足夠的智慧去挑戰我們的成敗；這種訓練也要求我們成為一個羣體的成員，這羣體可以導引我們趨向那與德性相關的美善。這樣便形塑出某種的善忘，因為有德性的（virtuous）人之所以有德性，不是出於別的原因，而是單單因為他們希望變成這樣的人。

所以，對於我們不應用義行來突顯自己，耶穌這個勸告似乎跟

一些人對有德性的意義的理解，是相似的。但基督徒蒙召，卻不是為了成為有德性的人。我們蒙召是要作門徒。這樣的一個召命，可能近似一個主人要求人取得德性，但兩者之間的不同之處，卻在於耶穌這主人所屬的類型。那些蒙召來跟從耶穌的人之所以可以這樣作，是因為耶穌沒有別的主人給祂模仿。我們可以跟隨耶穌，只因祂可以做到一些我們所做不到的事，這就是說，惟有耶穌可以透過十字架將我們從罪的轄制中釋放出來。這就是為甚麼基督徒——跟亞里士多德不同——會相信，我們即使在生命的早期或晚期曾學到具破壞性的習慣，我們都可以成為耶穌的門徒。

奧古斯丁（Augustine）因此堅持，外邦人的德性都是有罪的，除非他們可以被上帝的愛轉化。只有這種轉化才可以救我們脫離驕傲——任何美德，如果不是以上帝為其源頭、也不是用來榮耀上帝的話，都必會伴隨著驕傲（Augustine 1955b, 115 ~ 117）。相比於奧古斯丁，阿奎那（Thomas Aquinas）常被認為對外邦人的德性持有較正面的評價，但阿奎那都堅持，「自然的德性」（natural virtues）必須被慈愛所模塑，如果它們要令我們只跟隨那一位——從祂身上，我們應學到謙卑（Aquinas 1981, part I ~ II Q. 62）。

潘霍華無疑是正確的，他堅持「真正出於愛的行為，總是一個向自己隱藏的行為」（Bonhoeffer 2001, 151），[2] 因為耶穌呼召我們不要去注視我們自己的美善，或我們自己的愛，而是專心地跟隨 76
祂。要在施捨的時候不讓左手知道右手所作的事，我們就要有極強的忘我能力；這能力是源自耶穌給我們那作門徒的呼召的。我們蒙召行義，也蒙召施捨；我們可以做到這些事，是因著我們從主已領受的東西。[3] 因此，對基督徒來說，我們不能把獲取德性，理解為我們所做的事，反之應將之理解為我們藉已領受的恩賜/禮物（gift）而被造成的人。我們做的，只不過是我們已領受的。

所以，耶穌把我們的注意指向禱告。禱告是一個完全的行動，因為我們不是為了別的原因，而是單單為了禱告而禱告。耶穌教導我們要「在暗中」禱告父，而父也將會「在暗中」報答我們。我們要這樣禱告，我們就需要向耶穌啟示給我們的那一位禱求。因此，我們是藉著跟隨耶穌而學習禱告——耶穌本身就是父為我們所作的禱告。那禱告像耶穌的禱告一樣，是在暗中的，因為它是向父禱告的。那禱告者像耶穌一像，令父上帝的旨意顯明，而父上帝的旨意就是要我們學習禱告。

這樣看來，我們要知道怎樣禱告，我們就必須受教導。不過，耶穌卻説，外邦人也會禱告，但外邦人卻不懂得怎樣禱告，因為外邦人認為，不論他們所禱告的對象是哪個神明或哪些神明，他們要取得它/它們的喜悅，關鍵都在於他們禱告的修辭質素。外邦人有禱告的習慣，這並不希奇，因為我們相信，上帝創造我們的時候，就已經將禱告的渴望放在我們裏面，不過，這份渴望必須要用正確的方式來形塑。至少，我們必須要知道，我們禱告的對象是我們的天父，但我們也要透過惟一知道天父的那一位，來告訴我們這一點。耶穌將要告知我們，天父「已經將一切」都交託給耶穌；「除了子和子所願意指示的，沒有人知道父」(太十一 27)。

因此，我們學習禱告的第一課，就是要學習以父這個稱呼，來規範我們對上帝的描述。全能（omnipotent）、無所不在（omnipresent）、全知（all knowing）、永恆（eternal）、無限(infinite)——不論這些加在上帝身上的形容詞有甚麼意思，相比起耶穌要我們稱上帝為父，它們都不這麼重要或具有意義。例如，「上帝是全能的」，其意思在於祂不輕看祂兒子在十字架上的犧牲——這提醒我們，一切的神學都是由禱告開始的。

有些人會擔心，稱上帝為父，會依據了那些衍生自我們跟肉身父親之間經驗的類比。但是，耶穌教導我們稱上帝為父，這卻是在挑戰我們的假定：從自己家庭的經驗，我們便會知道上帝是誰。我

們不稱上帝為父，因為我們作為父親的子女時已擁有或不曾擁有正
面的經驗。不過，所有人類的父親，其實都應該按著父上帝對子的 77
愛而受到評價和審判。向作為父的上帝禱告，其實是挑戰著人類父親的現狀，正如我們稱教會為家，也是要挑戰人類家庭的限制和罪惡。耶穌不只是告訴我們要在禱告上受教導，祂更教導我們一段我們一定要學的禱文。祂的禱告以「我們的父」作開始。

雖然我們要在暗中禱告，但我們也總要跟別人一起禱告。我們開始學習禱告之時，我們是向「我們」的父禱求的。我們禱告的時候絕不孤單，因為我們是作為兒女來禱告的，子的聖靈已教導我們禱告時呼喊：「阿爸！父！」（加四 6）我們的禱告會透過聖靈而連於耶穌的禱告，以致每當我們禱告的時候，我們就是跟那些在天上、圍繞在父身邊的眾聖徒一同禱告。

我們可以向天父禱告，因為「我們既然有一位已經升入高天尊榮的大祭司，就是上帝的兒子耶穌，便當持定所承認的道。因我們的大祭司並非不能體恤我們的軟弱。他也曾凡事受過試探，與我們一樣，只是他沒有犯罪。所以，我們只管坦然無懼地來到施恩的寶座前，為要得憐恤，蒙恩惠，作隨時的幫助」（來四 14 ～ 16）。

我們向天父禱告，這是意味著我們的聲音連於「寶座與活物並長老的周圍有許多天使的聲音；他們的數目有千千萬萬，大聲說：

> 曾被殺的羔羊是配得
> 權柄、豐富、智慧、能力、
> 尊貴、榮耀、頌讚的」（啟五 11 ～ 12）。

「願人都尊你的名為聖」，我們從耶穌得知的名字，是我們蒙召成聖的核心意義。[4] 要尊上帝的名為聖，就是我們要過禱告的生活。惟有禱告，我們才可以過榮耀上帝的生活。當我們這樣禱

告之時，我們就是作為蒙上帝徵召的人而這樣做的——我們被聖
化，被分別開來，受按立，成聖。我們受差派，要活出一個世人可
見的生命，以表明上帝在掌權，這位上帝就是當摩西領受上帝名字
78 時，摩西要在祂面前蒙上帕子的上帝（出三 6）。父上帝已經透過
祂兒子贖回祂的創造。上帝從敵人的手中已重新奪回領土。上帝
所得到的新土地，就是那些以「願你的名為聖」來禱告的人。

同一羣人也禱求耶穌所開展的瓦解可以持續，這瓦解被稱為上帝的國度。他們祈求這國度降臨，因為他們已屬於這國度的一部分。魔鬼在曠野不能打敗耶穌，之後離祂而去，但鬥爭仍未結束。所以耶穌教導我們，要祈求這世界的諸國度快點結束，這些國度都被罪和死的權勢所操控。我們可以祈求天國的降臨，因為我們現在知道，我們處於兩個時刻之間：耶穌所得到的初勝和最終的圓滿得勝。耶穌所教導我們的禱告，是我們在耶穌所開展的爭戰中需要的禱告——它最適合我們在守主餐時使用，因為在守主餐中，我們宣認「基督已經受死和復活，祂必再來」。

再者，這些有福的人已從耶穌身上看見父上帝的旨意。父的旨意就是耶穌和祂的跟隨者要祈求上帝的旨意成就。他們這樣禱告，就好像那些知道父上帝的旨意仍未在他們當中完全的人一樣，他們也必須學習祈求上帝的寬恕。與此同時，他們也要祈求父上帝在祂兒子身上的旨意，可以行在全地之上。我們祈求上帝的旨意成就，就是祈求我們的意向得到訓練，好叫我們渴慕上帝的旨意成全。我們的意向和世界的意向，都將會把耶穌釘死在十字架上。但上帝會戰勝我們的意向，讓我們可以祈求上帝的旨意在地上成全。

因此，我們應只求今日的飲食。只有靠著基督的工作，我們才可以單單求每日的飲食。正如上帝在曠野向以色列供應每天的糧食，所以跟隨耶穌的人也按每一天的需要而得到供應，這樣我們就學習到每一天都互相依靠。如果沒有耶穌所建立的羣體，我們就會

為了追求安全感，而試圖不斷浪費力氣去積聚和累積資源。我們努力希望自己不活在危機之下，這不單自然地會產生不公義，也會令我們終日惶恐不安，常常害怕我們得不到滿足（太六 19～21）。事實上，如果我們想要的是魔鬼要給耶穌的食物，那我們就根本不可能得到滿足。但耶穌本身就是給窮人的好消息（十一 4），因為耶穌已建立　羣了民，他們只祈求每日的飲食。

一羣可以只求每日飲食的子民，也是一羣可以寬恕別人的債，正如別人也寬恕我們的債一樣的子民。耶穌在教導我們祈求的禱文中，顯然在宣告關於禧年的事。學習祈禱，就是學習懇求。學習懇求，這需要我們承認我們那債務人的身分。我們所陷入的債和別人所欠我們的債，可以是各式各樣的。現代人傾向將這裏所說的債，理解為心理學上的交換，但若我們記得利未記二十五章的話，我們就會知道，不論是我們欠別人的還是別人欠我們的債，都是跟我們的下一頓飯一樣，同樣是那樣真實的。所以，我們不應該感到 79
驚訝，別人欠我們的債，即那些如金錢和物業那般真實的債，都應該要被免掉。

這令我們懷疑，我們是否真的要這樣祈禱呢？「免我們的債，好叫我們免了別人的債。」事實上，我們發現免別人的債，可能比別人免我們的債容易。我們這樣做，因為人們一生花了大部分時間在逃避承認我們自己欠了別人甚麼。但作為耶穌的跟隨者，我們要學習這樣禱告，這意味著我們必須要首先承認，我們是蒙寬恕的。要學習被寬恕，並不容易，因為我們常常渴望想成為自己的主人，甚至是創造者。但作為耶穌的門徒，我們就要承認我們的生命是一份恩賜／禮物，這需要我們欣然地接受寬恕，如果我們要活出一個與我們作為受造物的身分相稱的生命。

關於免債的祈禱標誌著，耶穌所教導我們的禱告是政治性的。免債這舉動，挑戰著我們在經濟和政治上的正常假設。免債也同時是真誠記憶（truthful memory）的核心。每一個人都不能脱離其過去或當下，不論是何時，生命都是由一些不公義的事情所組成，而這些事情是可怕得使人沒有辦法可逆轉的。例如，我們不能做甚麼事去把早期美國所定義的奴隸制度「拯救出來」。當我們面對奴隸制度這個悲劇時，我們會受試探去忘記美國是一個奴隸國家；又或者我們會以為，因著非洲裔美國人現已跟白種美國人一樣有機會過富裕的生活，所以奴隸制度的傷口已經得到醫治。但那由金錢所命名的善亡，並不能永遠地止住奴隸制度所帶來的傷痛。

惟有願意得著寬恕——這需要我有一個會説出我們的身分的「敵人」——復和才可以發生。[5] 所以，當我們「如此」（in this way；編按：《新標和合本》譯作「如同」）祈求的時候，我們就成為上帝那寬恕的國度的國民。沒有甚麼行動比學習如此禱告，在基本上更具有政治意味了。要知道自己的罪得到寬恕，即確實知道我們是需要寬恕的罪人，就是成為上帝國度的一部分。如果我們不學習寬恕，我們就將不會得到寬恕，也將不能成為由耶穌所建立的新實在——即新子民——的一部分。寬恕人和被寬恕，並不是為保證「認真對待生活」（get on with life）而有的天然交易，而是要有分於另一個政治選擇之中，這選擇叫我們不再藉著武力來確保自己的存在。

所以，跟隨耶穌學習禱告，就是跟耶穌一起作戰，抵抗這世界眾多的權力。但耶穌在這禱文的最後部分，卻要我們祈求不受試探，以及求主救我們脱離兇惡。正如我們已經看過耶穌和魔鬼在曠野的爭鬥，也如我們將在十字架上所看見的，惟獨耶穌可以抵擋試
80 探。耶穌已告訴我們，他的門徒可能會受到逼迫，但無論我們要面對甚麼逼迫，我們都可以經受得住，因為祂自己已受過試探。那些跟隨耶穌的人、那些學過以這樣的禱文來禱告的人，也將會受到逼迫，因為他們一定會受到這遭遇的，好像耶穌一樣。但耶穌的門徒將要懂得怎樣在面對這一切時仍能堅持下去，因為他們已學過怎樣

禱告。

因此，對於耶穌在教導我們禱告後，也教導我們怎樣禁食，我們不用覺得意外。禱告和禁食是緊緊相連的，因為它們是我們學習懇求時所必要的操練。再者，懇求本身是由身體主導的行動。我們懇求生存，因為我們的身體需要如此：我們一定要懇求，才可以活下去。我們身體的脆弱性（vulnerability），使我們會否認我們的身體是真正的「我們」。我們認為，真正的「我們」一定是內在我們裏面的。例如，我可能擁有很多財產，但它們都不是真正的我。真正的我是由我「內在的存在物」（inner being）所構成的那個「我」。

耶穌卻不會縱容我們沉溺在這種幻想中：「你的財寶在哪裏，你的心也在那裏。」所以，當我們希望別人看出我們的敬虔、我們的禁食時，這其實全都跟我們的財富是有關的。我們以為自己可以成為在我們的行逕和我們擁有的一切以外的某些東西，但耶穌卻要挑戰這個假設。我們學習用身體來觀看，因為觀看是一個身體的行動（bodily act）。我們是「思想的動物」（thinking animals），但思想本身也是身體的。如果我們的身體要學習除去一些習慣——它們誘使我們相信我們可以透過擁有財產來確保自己的生存——的話，我們就必須學習禁食。禁食不只是在大齋期內進行的操練，縱使大齋期的操練對我們也有好處；禁食，其實是門徒生命那不可或缺的一部分。

對於那些跟隨耶穌的人，禁食不會是悲慘的，縱使它可能是困難的；反之，禁食會成為生活的方式，就是被稱為喜樂的生活方式。禁食，就是發現那些使我們自己可以過活的恩賜/禮物。禁食，就是叫我們學習尊重我們的身體，即使它最終是會死去的。因此，人被驅使進入一個禁食的生命，這讓我們學習放棄那些我們以為不可或缺的東西。真正的修道者往往不會承認他們是在修行的，因為他們不覺得自己的受苦有甚麼了不起。相反，他們會發現，他們的受苦原來是自由的泉源。最能勞役我們的，就是那些我們以為不能失去的東西。這樣，受奴役的生活，就是受這世界的權力所轄制的生活。

禁食，需要我們發現自己所服事的是誰。我們不可能事奉上帝又事奉財富，但經文也告訴我們，我們不能事奉上帝、又事奉君王（太二十二 15～22）。再者，財富和君王之間有密切的關係，因為我們相信，我們所擁有的財富是依賴君王所給我們的保護的。畢竟，世上的諸個君王總是將自己形容為我們的恩人。對於君王借保護我們為名而作的事，我們可能感到後悔，但我們卻不敢反抗他們，因為我們害怕失去我們所擁有的一切。

既想富有又想要同時作耶穌的門徒，這是有問題的。基督徒常常希望可以解決這個問題，他們嘗試辯稱問題不在於我們擁有甚麼，而是在於我們對這些我們所擁有的東西的態度。例如，有些人會提議，我們要學習擁有我們的東西，就是要彷彿這一切都不是屬於我們的。這樣的意思就是說，我們必須要隨時準備獻出我們豐厚
81 的財物，或甚至預計自己會失去一切。特別在資本主義社會中，基督徒常常會聽見這說法：問題不在於財富或權力，我們反而一定要作這些財富和權力的好管家。

但耶穌卻說得十分清楚。財富本身就是一個問題。資本主義（capitalism）是一個經濟體系，其正當性在於製造財富；這對基督徒來說不一定是好事。麥金太爾（Alasdair MacIntyre）觀察到，基督徒對資本主義的批評很正確，他們能指出資本主義惡待窮人，並且以製造財富為名而剝削別人，但是：

> 對於任何社會和經濟體系，如果將富有或要致富，變成最高的目標，基督教就要視之為惡待那些不一定要接受這為人生最高目標、卻可以成功達到這目標的人。從聖經的角

> 度而言，財富是苦事，是人要進入天國時那無法跨越的障礙。資本主義對所有人來說都不是好東西，不論他們在資本主義的標準下是成功的或失敗的，但很多傳道人和神學家都沒有意識到這點。而那些已意識到這一點的人，他們卻往往已與教會、政治和經濟的權力核心不一致。（MacIntyre 1955, xiv）

麥金太爾對資本主義的觀察，顯然是極具爭議的，但他的觀察卻可以清楚指出，耶穌關乎禁食、財富、身體，以及關於我們不可以事奉兩個主的教導，是有多徹底。再者，這些教導其實不過是在為我們剛學過的禱文作註解。這樣的生活，表示要我們只求每天的飲食。這不表示鼓勵我們閒懶（帖後三章），而是表示要我們學習，活在一個信的羣體中是甚麼意思。這樣的羣體給我們盼望，相信我們可以培養出習慣，把我們從貪婪的不同形式——其合法性是由資本主義的踐行和意識形態所賦予的——中提取出來。雖然對耶穌的門徒來說，施捨是應該在暗中進行的，但對其他人而言，施捨卻不是這樣的——他們認為社會秩序得以維持，要靠人人都維護自己的利益。我們所學習的禱告的習慣——即德性——塑造了我們，這表示基督徒不能避免地成為當權者的威脅，他們會威脅到他們用來管治的意識形態。基督徒不是要追求顛覆的生活；只是若他們按著登山寶訓來生活，他們就免不了會對事情的本相發出挑戰。

耶穌呼召門徒過的生活，是簡樸而美麗的；耶穌藉著叫我們注視天上的飛鳥和野地的百合花，從而喚出這種生活的美麗簡樸。我們受財物所支配，以致我們沒法不受財物的控制而作決定。如果我們能得著釋放，我們的注意力就有可能被那更真實、更美麗的東西吸引，我們會發覺自己已被它奪去（dispossess）。先求上帝的國度和上帝的義，就是要我們發現，我們所追求的，是被給出的，而不是靠我們自己實現的。

82 耶穌用從人類經驗所得來的智慧，來提出作門徒的徹底要求，這並非偶然的。我們可以用憂慮使壽數多加一刻嗎？當然不可以。然而，我們的試探是以為耶穌叫我們不要憂慮的這吩咐，是某些人類的普遍真理，不管耶穌有沒有提及，它都是真的。但正如我們在前文所說，登山寶訓的內容跟宣講這寶訓的人，是不可分割的。我們現在可以不受物質約束，是因為那位已來到的，惟有祂有能力把我們奪去。耶穌建議我們不要為明天憂慮，因為一天的難處一天當就夠了；這不單是好的意見，而是一種智慧，反映出上帝那新創造的特性，這特性正好在耶穌的生命和職事中彰顯出來。

耶穌用智慧來幫助我們明白在祂職事中臨在的國度的特性，有人會誤以為這不過是一些放諸四海皆準的忠告。耶穌並不是說我們不應耕種也不用織布；祂要說的反而是，如果我們耕種和織布為的不過是「在地上堆積財寶」的話，我們的生命就肯定將不會安全。我們或能知道，若不成為耶穌的門徒，那想要得保障的渴望就會是一個弄巧成拙的企劃。藉著承認耶穌就是要來呼召、建立一羣能祈求每日飲食的子民的，那智慧就可以得到轉化。這些子民能這樣祈禱，因為他們藉著蒙召而成為門徒，他們的生命已經被改變，他們可以在生活中認定上帝已經賜下他們需要的一切。

關於上帝對創造的照料（care），那記號是豐富，而不是缺乏（scarcity；編按：或譯「稀少」）。但我們希望沒有恐懼地生活，這渴望卻只會創造出一個恐懼的世界，它由這假設所構成：以為永遠都不足。這樣的世界只會是一個充滿不義和暴力的世界，因為它假設，在一切都不足夠的情況裏，我們惟一可以生存的方法，就是擁有更多。韋爾斯（Samuel Wells；譯按：聖公會神學家）指出，上帝賜給子民的，並不是僅僅足夠，而是太多。問題是我們太害怕，拒絕接納上帝所賜下的豐富。我們拒絕去想像一個豐富的世界，這本身就是一種罪，尤其是怠惰的罪：

> 其困難是人類的想像力不夠豐富，不能夠接受上帝之所是及要給予的一切。我們被懾服（overwhelmed）。上帝取之不盡的創造、無限的恩典、不間斷的憐憫、持久的目的（purposes）、不能測透的愛，實在多得不能思想、吸收、明白。這是豐富的語言（the language of abundance）。如果人類轉離這種豐富的語言，有時應該是出於被誤導的、但同時是可諒解的自我保護感——即在面對上帝榮耀之浪潮時，要保存自我。（Wells 2006, 7；編按：譯文取自塞繆爾．韋爾斯：《上帝的同伴——基督教倫理再想像》，陳永財譯〔香港：基道，2011〕，頁 9）

不過，那些跟隨耶穌的人學習到，我們有時間可以在最小的事
上關顧別人，因為上帝的恩慈是無邊無際的。上帝國度的記號是豐
富而不是缺乏。但那豐富卻必須透過一羣人的生活來彰顯的，這些 83
人發現他們可以相信上帝，也可相信別人。如此的信，並不是在面
對生命的混亂時一個非理性的姿態；反之，這信是對上帝照料創造
所作的見證。因此，難怪耶穌要我們留意飛鳥和百合，祂要幫助我
們明白，我們可以在生活中欣然地認出，上帝已賜給我們多於我們
所需要的。

註釋：

1. 關於成為習慣（habituation）的重要性，一個詳細的分析可參 Wells 2004, 73～86。
2. 潘霍華（Dietrich Bonhoeffer）進一步所提出的，似乎是一個較誇張的主張，

那就是這隱藏的愛不可以是可見的德性，也不可以是人們的習慣。德性是恩賜/禮物，這使它們仍屬乎肉體的。米爾班克(John Milbank；譯按：基督教神學家)用一種不會否定肉體的方式來表達潘霍華的論點：「假設那情況是，有道德不等於去擁有某東西，甚至不擁有人自己的功績/行為(deed)。假設從一開始，這就是要接受別人的恩賜/禮物，作為某些轉移那人生命的東西；這就用某種方式來獻出人的生命，以致你能預先知道，你將要給出甚麼、但轉過來卻必須收回它。」(Milbank 2003, 147)米爾班克說得好，我們只在回顧的時候，才知道我們所作的是甚麼，即使我們必須帶著盼望地生活。

3. 施捨可以有很多不同的形式。奉獻金錢可能是其中一種較為微少的施捨形式。如果我們恰當地理解到我們要獻上自己的話，我們的德性本身就是我們的施捨了。

4. 在出埃及記三章13至15節，我們認識到，藉著上帝賜下祂的名字，我們得著的恩賜/禮物是何等珍貴。「我是自有永有的」，這當然是一個指標，表示我們永不能假裝擁有上帝的名字。上帝的名是神聖的，因為這不像別的名號。羅森茨維格(Franz Rosenzweig；譯按：猶太神哲學家)這樣解釋：「說出上帝的名，跟說出其他人或事的名字是不同的。當然，它們之間有相似的地方；上帝的名字，即祂專有名字，跟一個用來命名的名稱，均不等同於這名字的持有者。但除了這一點外，上帝的名跟別的名大大不同。人有名字，以致別人可以稱呼他。被別人呼喚其名，對那人而言就是一個終極的馴化。上帝沒有名稱，以致祂不會被人呼喚其名。對於上帝來說，祂有沒有名稱，讓人可呼喚祂，這並沒有關係；不論是那以祂的名來呼喚祂的人，還是那些用別的名字來呼喚上帝的人，甚至是以不知名的、用沉默來跟上帝對話的人，上帝都抓住他。祂是為了我們才擁有一個名字，好叫我們可以稱呼祂。為了我們，祂才允許自己被命名，允許自己被人呼喚，因為我們惟有藉著聯合地呼求祂的時候，我們才可以成為『我』。」(Rosenzweig 1999, 91)

5. Jones 1995, 213；這裏提出，若我們只聚焦於對個別情況的壞事和罪疚，作出寬恕，那麼我們就忽視了「我們自己的道德歷史就正**是**(are)備受爭議的事情，因為寬恕只是在我們跟破碎的過去復和及醫治上，得到注意，而不是單單免除罪疚」。鍾斯(L. Gregory Jones)的描述頗正確，這樣的寬恕不過是一個「手段」(craft)，包括熟練地使用語言。

馬太福音七章

教會的道路

那些受模塑、在生活中相信上帝的豐富的人，對於耶穌禁止我 84
們論斷（judge）別人，並不會感到希奇。耶穌說不要論斷人，這可算是祂的教導中最弔詭的（paradoxical）。那針對一些作論斷者的論斷，都會使任何避免作論斷的嘗試，遭受挫敗。再者，耶穌明顯本身也在從事論斷的工作，祂特別指責文士和法利賽人，說他們「坐在摩西的位上」（太二十三2）。任何避免作論斷的嘗試，似乎都是弄巧成拙的。但我們之所以認為，耶穌那關於不要論斷的吩咐是具有弔詭的特性，因為我們試圖將耶穌的教導跟教師本身分割開來，也試圖將這教導和耶穌來所要建立的羣體分割開來。

要成為耶穌的門徒，就要學習認識這個世界，並接受這個世界為上帝的世界。我們蒙召不是要成為上帝，而是學習成為上帝的受造物。例如，我們難道要批評雀鳥不撒種、不收割嗎？我們難道因為百合花「也不勞苦，也不紡線」，就認為它不及於上帝創造它們之所是？我們不是要重建上帝那美好的世界，我們的任務是要知道，為甚麼我們持續那些否定我們是上帝那美好創造的生活方式；

飛鳥和百合花卻不會這樣的。

潘霍華（Dietrich Bonhoeffer）看出，登山寶訓的首兩章，以及在馬太福音七章中以氣候現象所作的勸告——作為登山寶訓的結論——之間，是有必然的關係的。根據潘霍華所言，馬太福音五章描述了作為耶穌的門徒那非凡的品格（character）。要成為耶穌的跟隨者，就需要成為在世界以外的另一個可見選擇。馬太福音六章展示出，門徒蒙召要活出的生命，其特性是樸實和隱藏的。這兩章經文都在幫助我們明白，要成為耶穌的門徒，就需要我們與自己
85 一直所屬的羣體分開，因為我們現屬乎耶穌的。相應地，在那些跟隨耶穌的人及跟隨世界的人之間，呈現出一道清晰明白的分界，但這分界同時又是有滲透性的（permeable）。馬太福音七章包含了耶穌的指示，教導我們如何處理那種滲透性。

門徒是從人羣中蒙召出來的，但他們這樣被分別出來，是否表示他們擁有特權？是否表示門徒有特別的能力、標準或才幹，好叫他們可以有權掌控那些沒有這些恩賜/禮物（gift）的人？根據潘霍華所言，如果門徒認為他們可以藉一個尖銳的、會引起分裂的審判，來將自己與世界分割的話，上述情況可能就是如此。但若他們真是這樣的話，潘霍華就指出：

> 人們會以為，這是出於耶穌的旨意，叫門徒在日常跟別人的相處中，作出如此引起分裂和非難的審判（divisive and condemnatory judgments）。若是這樣，耶穌就一定會指出，這誤解會危害人作門徒。門徒不可以論斷。如果他們作論斷，他們自己也會受到上帝的審判。他們自己將會被他們用來論斷別人的那把劍所消滅。他們跟其他人之間的隔閡，正如義人和不義的人之間的隔閡一樣，會令他們跟耶穌分別開來。

> 為甚麼會這樣？門徒可以存活，全因他們連於耶穌基督。他們的義只是基於這個連繫，以及他們永不可脫離這個連繫。所以，這永不可以成為一個標準，讓門徒獨佔它，及隨意利用它。叫他們成為門徒的，並不是一套給他們生活的新標準，而是耶穌基督自己，祂本身就是中保，就是上帝的兒子。（Bonhoeffer 2001, 169～170）

門徒不可以論斷，因為一切需要作的斷論，都已經作出了。如果那些跟隨耶穌的人認為，他們自己可以決定甚麼是善、甚麼是惡的話，他們的行動其實是背棄了基督的工作。所以，對於邪惡，那正確的態度就是認罪。除非我們學會看到自己「眼中的樑木」，否則我們真的不可能看得清楚。但因為我們的眼睛不能看到自己，所以我們沒有可能看見有甚麼東西在自己的眼中。那就是為甚麼我們只可以透過耶穌所給我們的視象（vision）來看見自己——這視象得以可能，是藉著我們有分於這個寬恕的羣體，這羣體讓我們說出自己的罪。

奧古斯丁（Augustine）在其《懺悔錄》（*Confessions*）中，形容自己怎樣跟關於邪惡的問題角力。雖然聽來有點弔詭，但奧古斯丁最後發現，邪惡是不存在的，因為「存在」（existence）指定所有被造的東西，而且所有被造的東西都是好的。他注意到，在上帝的創造中有些個別的東西，我們稱之為邪惡的，因為它們與其他東西不一致。但這世界有很多其他東西，是與它們相一致，而這些東西都是好的。例如：天空，可以是多雲的，也可以是多風的，它都配合地的需要，而天就是為了地而存在的。所以，奧古斯丁說：

> 我不應該希望這些地上的東西不存在，即使我只看見這些 86
> 東西，我也應該希望得到比它們更好的東西，但我仍應當

> 單單為這些東西讚美祢⋯⋯因此，我不再希望得到一個更好的世界，因為我想到整個創造，這個洞察讓我理解到，雖然高處的東西比低處的好，但整個創造加起來，仍是比單單只有高處的東西好。（Augustine 1961, 7, 12）

奧古斯丁學會不去批評天上的飛鳥和田間的百合。他也告訴我們，這不過是他學習不作論斷的第一課。他還沒有處理自己的驕傲。要尋找那「樑木」，奧古斯丁需要與維克托利努（Victorinus）和安東尼（Anthony）的故事相遇。維克托利和安東尼的故事，使奧古斯丁面對基督在十字架上的羞辱。惟有在這個時候，奧古斯丁才承認，邪惡並不是「在那裏」（not out there），而是存在自己的意念之中。奧古斯丁承認：

> 我開始時是要尋找一種方法，好叫我能夠享受祢自己，但我不得其門而入，直到我擁抱那在人和上帝之間的中保耶穌基督，祂是人、如人無異（提前二 5），但祂也同時像上帝一樣管理一切，永受頌讚（羅九 15）。祂就是那位把我們肉體聯合起來的那一位，也是我太過軟弱、以致未能接受的那食物。以前我謙卑不足，所以不能接受謙卑的耶穌就是我的上帝，也不能理解祂那肉身的軟弱所要帶出的是甚麼功課。（Augustine 1961, 7, 18）

奧古斯丁明白到，論斷會叫我們變得盲目，因為正如潘霍華所言：「當我作論斷的時候，我就看不見我自己的邪惡，也看不見要施予別人的恩典。但門徒卻可以在基督的愛中，認識到每一種人們可想像得到的罪疚和罪，因為他們認識到耶穌基督的受苦。」（Bonhoeffer 2001, 172）要跟隨耶穌，我們就需要承認，我們想要論斷的那個人其實跟我們一樣——一個領受了在十字架上彰顯出來的寬恕的人。能承認別人跟我們一樣，都需要寬恕，這就能避免那些跟隨耶穌的人，試圖強逼別人去跟隨耶穌。我們必須像耶穌一樣，用所需要的耐性，容許那些被呼召的人拒絕這個呼召。這表示，門徒不是蒙召去逼使世界遵守福音；反之，門徒是要透過受訓練而變得有耐性和非暴力的——這就是說，福音不是一種「攻佔的觀念」(conquering idea)，也不認識、不尊重「抵抗」(resistance)。相反，「上帝的道(Word of God)是那麼軟弱，以致它可以任由人鄙視和拒絕。在上帝的道前面存在的，可以是人的鐵石心腸，也可以是上了鎖的心門。上帝的道接受其所遇見的拒絕，也容許這種拒絕」(Bonhoeffer 2001, 173)。

所以，不作論斷，就是要我們學習子的謙卑。透過學習承認我們不願作受造物——我們已得著與自己和與別人和平相處所需要的一切——那個學習就開始了。所以，我們要是把自己所領受的東西強加別人身上，這對他們也沒有任何好處。耶穌告訴我們，不 87
要將聖物交給那些沒有能力接受的人。耶穌沒有否認，有些人是因為太害怕，才不願意接受祂所提出的生命。祂正正是為了這種恐懼才來到世界——要讓世界知道，它自己就是世界。

尤達(John Howard Yoder；譯按：基督教神學家)認為，新約主要的斷言是：耶穌被差派來統領整個世界。在耶穌職事之前，我們的存在是由那些悖逆其創造主的執政和掌權者所控制的，但透過耶穌的職事，那些執政和掌權者已重新被恢復過來，以服事上帝的國度(林前十五章)。耶穌已經得勝，這意味著：教會的時代，也就是那個由蒙耶穌呼召進入寬恕國度的子民所組成的時代，是以兩個時代共同存在，或如新約所稱的「萬古」(eons；Yoder 1964, 9)為特徵的。

按尤達的說法，這兩個時代雖然並存，卻代表著不同的方向：

「現今的萬古（aeon）的特徵是充滿罪，並以人為中心；那將來的萬古，是一個救贖的實在（reality），這實在藉基督以終極的方法進入歷史。現今的世代既拒絕順服，就拒絕了那惟一可以讓人得著其安好（well being）的可能；上帝的旨意得著成就，這是將來的世代的特徵。」（Yoder 1964, 9）新的世代雖然還未達至圓滿，但它卻已開始取締舊的世代。耶穌勸告門徒不要論斷別人，也指示人不要將聖潔的東西給那些不會接受的人，這些吩咐背後都假設了：國度已經降臨。

耶穌期望和要求一些人回應祂的呼召，跟隨祂，這便分開了教會和世界。但那具決定性的是，這分割不可被理解為在本體上給定的（ontological given）隔閡，也不可理解為一個使教會的見證變得無效的二元論（dualism）。教會和世界之間的分別不是給定的，而是兩個踐行者（agents）之間的分別。教會和世界之間的分別不是在於範疇和層次上的，而是在於回應上的（Yoder 1964, 31～32）。所以，基督徒相信，所有人都可以按耶穌要求我們的方式來生活。世界，只不過是一個名字，用來形容那些選擇趁這個時間花費了上帝的耐性，卻不按耶穌在登山寶訓中給予我們的方式去生活的人。門徒惟一得到的好處就是他們有認罪的能力，而在這承認中，他們可以透過羣體而體現寬恕的生命。

因此，當耶穌吩咐祂的門徒，不要把聖物——具有重大價值之物——給那些只會沾污聖物的人時，我們不用感到意外。耶穌只不過再一次承認，祂所開展的國度是有可能被人拒絕的。反之，那些能接受這國度的人，就是可以祈求、也會有所得著的人。正如耶穌要教導我們禱告一樣，祂也要教導我們祈求開門。我們可以充滿信心地知道，當我們這樣求的時候，門就將會被打開。即使是惡人，也懂得將恰當的禮物給其兒女。所以，我們可以肯定，那些跟隨耶穌的人可以向父祈求，希望父會賜下惟有祂才可以賜予的好東

西。當然，其中的竅門在於學會基於恩賜/禮物來生活。我們害怕 88
領受（receiving），因為這領受本身需要我們承認，我們有依靠性，也需要寬恕。

在我們得著寬恕和乞求寬恕時，我們就創造了一個空間，建立一個學會靠領受而活的羣體。米爾班克（John Milbank；譯按：基督教神學家）看出，早在恩賜/禮物被賜下之前，它就必已經開始被接受（Milbank 2003, 156）。[1] 耶穌藉著登山寶訓來呼召我們來過的生活，就是在那更新的、與上帝團契的生活。父已拒絕讓我們的拒絕來決定我們與祂的關係。所以，我們透過耶穌所宣告的登山寶訓，得著訓練，學習祈求，這祈求是部分的生活方式，讓我們得到上帝和其他人的幫助。這樣的生命可能要我們有所犧牲，但犧牲卻可以幫助建立互相依存（mutuality）的恩賜/禮物，若沒有犧牲，就不可能得到這份恩賜/禮物。[2]

一般人所說的「黃金定律」（Golden Rule），是對那藉寬恕而發現的互相依存的表達。不過，當我們把這定律從登山寶訓的終末背景中孤立出來，那就會相當奇怪的；的確，當我們把它從耶穌的職事中抽離出來，為要使之成為倫理學的基礎時，我們就是使這定律服事一個完全有別於上帝國度的敘事。例如，耶穌教導我們，我們願意別人怎樣待我們，我們就要怎樣待人；這命令常被認為在康德（Immanuel Kant）那著名的「定然律令」（categorical imperative）理論中，已得到最精確的公式：「只依據一些你會希望使它成為普遍定律的格律（maxim）而行動。」（Kant 1959, 39）

不過，康德提出定然律令，是試圖使人不用再需要依靠寬恕，甚至更徹底的，是不用再需要依靠救主。康德希望使我們成為完全
自主的——這正是我們的驕傲所渴求的。[3] 康德認為，自由所需要 89
的是人單單依靠理性（reason）本身。人若依靠理性以外的任何資源，我們就是將自己交給非理性的權威（irrational authorities）。根

據康德，有理性的人不應該相信，人不用作任何需要的工去改變自己的生命，就足以使自己的罪得赦。要領受他者的寬恕，這就迫使我們承認，我們的生命要無憾地依靠那領受恩賜/禮物的能力。從康德的角度來說，這樣領受恩賜/禮物的能力，只會使人不可能有道德的生命。[4]

耶穌對於那被康德稱為「倫理學」(ethics)的領域一無所知。耶穌所說的「己所欲而施予人」，並不是一種倫理學。根據耶穌的看法，這是律法和先知的道理的總綱。康德希望將倫理學從歷史的特殊性(historical particularity)中釋放出來。耶穌卻呼召我們在生活中忠於以色列律法和先知道理的特殊性。耶穌從沒有說，現在我們知道那黃金定律了——那定律被視為比耶穌更早存在的——所以我們就不再需要認識律法和先知的道理。相反，祂指出，我們一**定**要先明白律法和先知的道理，然後才會懂得怎樣與人相處。我們不要忘記，這位耶穌就是那位在登山寶訓前部分中告訴我們，祂來並不是要來廢掉律法和先知，而是要成全。

愛，是律法的圓滿。但這並不是一種濫情的愛(sentimental love)，這種愛反而是一種徹底的政治，要對世界誤用上帝那美善的恩賜，作出挑戰。基督是上帝的愛的體現，這表示門徒除了愛仇敵外，他們就不認識愛了，因為這正正是上帝對我們所作的：我們是上帝的敵人，但祂卻仍然愛我們，甚至願意為我們死。因此，我們不會感到驚訝的是，當律法師起來試探耶穌，提問哪一條誡命是最大的時，耶穌的答案是雙重的：

> 你要盡心、盡性、盡意愛主——你的上帝。這是誡命中的第一，且是最大的。其次也相倣，就是要愛人如己。這兩條誡命是律法和先知一切道理的總綱。(太二十二37～40)

耶穌明明地指出登山寶訓中那黃金定律所暗示的：愛鄰舍和愛
上帝是相互依賴的。如果我們知道如何愛我們的鄰舍，我們就必然
是愛上帝的，因為上帝已經愛我們了。這就是推動律法和先知的前
設。人可以在耶穌的職事中看到律法和先知的道理，而且在祂的職
事中，上帝對我們的愛是強烈地臨在的。不過我們卻害怕這種強烈
程度。我們害怕上帝的愛與我們親近，我們寧可相信我們跟上帝之
間有龐大的空間。但上帝卻藉基督來就近我們和我們的鄰舍。結
果我們發現，我們不用長途跋涉去親近上帝；反之，我們所要走的 90
漫長旅程，其實是我們在接受自己和我們鄰舍的實在上所需要走的
嚴謹道路。（Williams 2002, 35）

那發生在路途上的旅程，被稱為作門徒（discipleship）。耶穌不會為了慫恿我們踏上這條路，而假稱這條路是容易走的，又或欺騙我們說在路上會有很多同伴。門是窄的，路是難行的。再者，路上還會有一些假扮成同行者的假先知，他們會令這條路更難行。潘霍華就坦白地向我們說：

> 窄路，就是見證和宣認耶穌的真理；又同時以耶穌基督那無條件的愛，去愛那些敵擋這真理的人——他是耶穌的敵人，也是我們的敵人。窄路，就是相信耶穌的應許，即相信那些跟隨祂的人必承受地土；又同時手無寸鐵地迎向敵人，寧願因不義而受苦也不作惡。窄路，就是意識到別人的軟弱和過犯，又同時不加以論斷；向他們宣告好消息，又同時不將珍珠丟在豬前。這是一條叫人難以承受的道路。（Bonhoeffer 2001, 176）

潘霍華暗示，我們因看見耶穌在我們前頭行，甚至看見祂與我們同行，我們才可以踏上這條路。可是，如果我們開始考慮到路上

的險阻，如果我們因為怕迷路而注目在地、卻不注目在耶穌身上，我們就一定會迷失。我們一定要注目在耶穌身上，因為祂就是那道門、那條路。耶穌既呼召我們為了上帝的國度而捨棄世界，我們又怎可能別有他想？想必潘霍華會誇張地問，我們何不期望在天國和世界之間有一條又寬又廣的路。

耶穌明顯並不指望在祂必要走上的那條路上，會有很多同伴跟隨祂。耶穌更一早指出，有些人會用錯誤的方式跟隨祂，而更令人憂慮的是，我們很難辨認出這些人是誰。實際上，他們可能一度甚至連自己都騙倒了。耶穌卻告訴門徒，要發現這些人，那惟一的方法就是看他們所結出的果子。當然，如果我們要以我們的果子來認識自己和別人，我們就一定要知道甚麼是好果子。耶穌的講章提出了要點，讓我們知道怎樣分辨真正的跟隨者。

耶穌勸告我們要作辨識，這具有重要的含義：「對於我們視之為基督徒的東西，我們相信它是真的」，這究竟是甚麼意思。近年，基督徒發現，他們愈來愈難向自己和鄰舍解釋，為甚麼我們相信我們所持守的東西是真的。當人們試圖確立自己所信的為真理時，我們往往是嘗試將我們所信的真理，跟自己的生活分割開來。但如果我們要跟隨耶穌，我們就不可以這樣做。

因為我們害怕要負責任，所以我們才試圖將自己所相信的真理與我們的生活分割開來。再者，關於把所信的真理和生活分割，這個觀念也是一個習慣，深深地植根在由文化所確立的基督教中的。「真的」(true)，就是每個人所相信的事情，這意味著人假設了，
91 君士坦丁式的基督教(Constantinian Christianity)那高壓的特徵被認為得到證成，因為基督徒所相信的，就是一個人在反省過後所相信的事情。但耶穌卻宣稱，別人透過我們自己所結的果子而認識我們，這叫我們不可能將基督徒信念的內容和我們所必須有的生活，分割開來。若我們要相信耶穌就是基督，我們就需要成為祂的門

徒。基督論和作門徒是互相包含的，這樣，關於基督徒信念的真實性（truthfulness），任何的記述都離不開我們的生活方式。

所以，單單稱祂為主亦不足夠，奉祂的名宣講預言也不足夠，奉祂的名行奇事並不足夠，惟有那些遵行上帝旨意的人，才可以進到子的國度裏。這表示，在這個處於兩個時代之間的時期裏，我們常常未能分辨真假先知，我們需要有耐性。但耶穌並沒有撇下我們，不給予我們任何辦法。我們認識貧窮人、那些哀慟的、溫柔的、飢渴慕義的、憐恤的、清心的、使人和睦的，以及那些為義受逼迫的人——他們都是記號，顯示按真理過活是甚麼意思。

再者，一個由這些人所組成的羣體，根本不用害怕真理，這樣的羣體也不需要持續的保證，以確認自己所信的是真理。如果他們可以有信心地又喜樂地生活，真理就會自然被看見——成為那一位（惟有祂才是真理）的見證——因為福音的真理只有透過見證才可以讓人知曉，因為這個真理與那些根據耶穌生命而活現的生命，是不可分割的。只有耶穌自己才是真理，因為祂把自己生命與父上帝分享。

除了蒙召跟隨耶穌外，人沒有別的道路可以走向真理。人若聆聽耶穌的說話，又加以遵行，他們的生命就建立在那惟一可以經受世界風雨的根基之上。耶穌沒有應許那些跟隨祂的人、那些成為祂子民的人，不會遇見困難。情況剛好是相反的。耶穌宣告，我們會因祂的緣故而受到逼迫。事實上，那些跟隨耶穌的人將需要面對危險，就是那些不信祂的人可以避免的危險；因為耶穌的門徒正為世界的暴力提供另一個選擇——這個世界的暴力建基於謊言，而這謊言讓人以為在一個由不信任來主導的世界中，它是人生存所需要的。因為這世界不願意自己的謊言被揭穿，所以在這樣的世界裏，真理的子民無可避免地會面對危險。

然而，那些順從耶穌的呼召而跟隨祂的人，即使他們的回應會帶來危險，他們也別無選擇。但是，他們可得著安慰，因得知他們並不孤單，這是因為耶穌的呼召是要他們成為一羣子民的一部分，這羣子民是一羣學會互相依賴的人。耶穌不是呼召他們作英雄。耶穌是呼召他們作門徒，學習活出登山寶訓所描述的生活，這生活使他們依靠上帝和彼此依靠。因此，無怪乎，不論順境逆境，這個羣體都可以從容面對。

92 馬太在講章結束時提醒我們，羣眾也一直在聆聽耶穌的教訓。並且，羣眾也因為耶穌的教導而感到驚訝，因他們看得出耶穌的教導正像有權柄的人，跟文士不同。文士似乎以引述別的權威，來行使權柄。耶穌卻相反，祂的教導如同一位帶有權柄的人，有權決定甚麼是有權威性的。所以，耶穌的言論跟祂的身分、跟祂說出其言論的方式，是不可分割的。我們將會看到，祂的生命就是為祂的講章作註解，而祂的講章又正好成為祂生命的例證。祂所教導的，等同祂自己之所是。[5] 難怪羣眾會對祂的教導感到驚訝。

但耶穌卻不是要那些聽祂的人感到驚訝。耶穌不是要我們的讚美。祂所教導的，祂之所是，是要求我們交上我們生命。我們不可以事奉兩個主。我們以為可以好像雅典人回應保羅的講道那樣，回應耶穌：「我們再聽你講這個吧。」（徒十七 32）但耶穌卻不會讓我們決定我們與祂的關係。祂的教導像有權柄的人。再者，那權柄延伸到一個地步，要求我們因祂的緣故，甘心放棄自己的生命（太十六 25）。只有上帝的兒子才有權要求我們獻上我們自己的生命，而這權柄同樣是登山寶訓每個字背後的權柄。

註釋：

1. 米爾班克（John Milbank；譯按：基督教神學家）用一個較理論化的形式，來表達出對恩賜／禮物的理解。他提出，「只有那**已經**領受上帝所賜的無限恩慈的人，才可以行善，無論那是作為原始的恩賜/禮物，還是作為修復性的寬恕；因為善行並不是空洞的傾向（正如後來所成為的），而是上帝和受造物之間那本體上的連結，由此，受造物只可以領受這神聖恩賜/禮物，卻不可以在領受的過程中回報上帝……因為付出（giving）本身不能讓我們的動機變得純粹，而它只為建立相互性（reciprocity）；所以，付出本身已經是一種領受，這取決於一個超越地先於任何計算——即在付出之前先計算自己可以得到甚麼——的領受。同樣地，寬恕，就是重新確立相互性，這只有在我們藉著有分於神聖無限的和諧關係中，領受了一份奧祕的和諧，才得以可能做到。寬恕別人者，本身也是一個罪人，他自己也必須要重新領受這份和諧，才可以寬恕別人。因此，當一個人寬恕別人時，這就表明他在神聖中蒙寬恕，又或者說，他寬恕別人的這一舉動，其實就是他在神聖中蒙寬恕的例證」（Milbank 2003, 57）。

2. Milbank 2003, 159～160；此處提出，「父母為子女完全犧牲自己，其實是出賣了子女，因為他們未能向子女呈現出，甚麼是人生目標，也未能成為一個模範，讓他們了解怎樣的生命才是活過的、叫人享受的（兩性之間的）成人生命」。
3. 所以，康德（Immanuel Kant）在他的文章〈何謂啟蒙？〉（"What Is Enlightenment?"）中的第一段談到：「啟蒙，是人可以從自我招致的監管中釋放出來。監管，是人不能在不依靠他人的指導的情況下，運用自己的理解力。這個監管如果不是源自缺乏理性，而是源於在沒有別人的指引下，缺乏運用理性的方法和勇氣，那監管就是自我招致的。『敢於運用我們的理解力！』（*Sapere aude!*）——這就是啟蒙的訓言。」
4. 有關康德對贖罪的理解，可參 Kant 1960, 106～107。
5. 潘霍華（Dietrich Bonhoeffer）這樣說：「耶穌……在登山寶訓的說話，是對祂的存在的詮釋。」（Bonhoeffer 2005, 235）

馬太福音八至九章

國度的能力

馬太藉著告訴我們，耶穌「下了山」，從而表明耶穌的權柄那獨特的特徵。耶穌下山，這似乎並不重要——祂當然是要下山的。但馬太藉著描述耶穌下山，巧妙地卻又是重要地令耶穌和摩西相連起來。在出埃及記三十四章29節，我們讀到「摩西手裏拿著兩塊法版下西奈山……」。這是摩西第二次帶著法版下山。在第一次下山時，他遇見百姓趁他不在的時候所造的金牛犢，他就摔碎了法版（出三十二19）。摩西第二次帶著法版下山時，百姓因他的面皮發光而感到害怕。

耶穌也下山，但耶穌卻沒有帶著法版；這是因為耶穌本身就**是**那律法。有一羣人在等待耶穌下來，正如摩西下山的時候一樣。但馬太福音中的羣眾卻不能看到在耶穌身上有上帝的榮光。人羣雖然跟隨耶穌，但卻不明白祂是誰。耶穌就是在肉身體現的律法，祂會好像那寫著律法的首對法版一樣，最終因那些人（祂來為要拯救他們）的不順服而被破碎。摩西在主的山下打破了法版。耶穌將會因被高舉在十字架上而被破碎。對很多人而言，耶穌將要在十字架上被破碎，仍然是他們不能相信耶穌乃上帝之子的原因。

在人羣中有一位痲瘋病人，他來到耶穌面前跪下，並且稱耶穌
為主；這是馬太福音第一次記載有人稱耶穌為主。痲瘋病人受到律
法的諸多管制。他們要接受祭司驗查，讓祭司判斷他們是否有痲瘋
病；如果他們染病，他們就被迫要「到營外」去（利十三46）。馬
94 太對這痲瘋病人的描述不多，他只是告訴我們這痲瘋病人稱耶穌為
主。一個向來被視為不潔的痲瘋病人，能認出耶穌有潔淨的能力，
這並非偶然的；因為當馬太繼續描述關於耶穌的職事的故事時，我
們就會愈來愈清楚看到，那些局外人，那些在以色列中無權無勢的
人，更有可能認出耶穌是主。

在這一次相遇中，我們未能清楚見到，痲瘋病人認出耶穌是主，這有甚麼意義。換句話說，我們未清楚看到，痲瘋病人承認耶穌的主權，是包括他確認耶穌是以色列的彌賽亞。不過，這痲瘋病人仍在耶穌跟前跪下，這舉動暗示他認為耶穌配受敬拜，因為他知道耶穌若願意的話，就可以潔淨他。耶穌不但願意醫治他，祂更透過觸摸他來醫治他——其他人因為怕被傳染，所以是絕不會這樣做的。但耶穌卻願意觸摸這痲瘋病人，而他立刻得著潔淨。

對於耶穌觸摸這痲瘋病人，有些人用濫情的（sentimental）角度來閱讀這故事——我們要像耶穌一樣，準備伸出援助之手，好去觸摸一些人。伸出援助之手並觸摸一些人，這不是壞事，但在耶穌和痲瘋病人的相遇中，所發生的不是一件濫情的事，因為耶穌在這痲瘋病人身上所作的是權力的行動，只有耶穌才有能力作。馬太告訴我們，耶穌已經開始醫治人，作為祂在加利利的職事的一部分（太四23），但現在祂藉醫治所彰顯的能力，會開始吸引那些因這能力彰顯而感到受威脅的人，令他們注意耶穌。

耶穌醫治這痲瘋病人，因為痲瘋病人請求祂的醫治。耶穌不是為了吸引人的注意才施行醫治的。所以，祂禁止痲瘋病人告訴其他

人，他只可以向祭司展示自己的身體，以證明他已得醫治。耶穌期望這痲瘋病人會遵守利未記十四章所要求的，在獲准返回社羣之前，先得到祭司的檢示。祂要求痲瘋病人不把耶穌所作的告訴別人，這暗示了耶穌那醫治的職事所呈現的困難。耶穌在醫治的時候不免會展示祂的能力，但那些只因祂有能力才跟隨祂的人，將不會明白耶穌是怎樣的一位主。關乎醫治的爭論迫使那些得醫治的人承認，也同時迫使我們承認，跟隨耶穌這位領導將不會是一件容易的事情。

當耶穌進到迦百農這個具有希臘名稱的小城時，一個百夫長——羅馬軍隊中的長官——來到耶穌那裏，求耶穌醫治他的僕人。這個非以色列人像痲瘋病人一樣稱耶穌為主。但他沒有像痲瘋病人那樣跪下，卻清楚承認耶穌是一位有能力和權柄的人。百夫長能這樣做，因為他自己也是有能力和權柄的人。即使如此，他拒絕讓耶穌到他的家去醫治僕人，因為他覺得自己不配得。這位外邦人也可能出於對猶太人的規條的尊重，因為猶太人不可進入外邦人的家；不過，百夫長說他「不敢當」，也可能暗示他知道自己的生命和職業，與耶穌的生命和工作是正好相反的。百夫長只請求耶穌發出醫治的命令，他相信這樣他的僕人就會得到醫治。這似乎再一
次顯示出，一個局外人比起那些自以為認識以色列之主的模樣和其 95
行事方式的人，更能夠認出耶穌的身分。

耶穌因為百夫長的宣告而感到希奇，祂說自己在以色列中也沒有遇過這麼大的信心。耶穌所提到在這人身上的信心，似乎是指百夫長承認耶穌可以做到他的要求。對信心作如此的理解，會使一些關於信心的說明變得有問題：有些人認為信心是人內在的狀況，即是說，信心被理解為一種主體性的質素，使人類的生命有意義。有些關於信心的說明，會將信心等同於需要對生命有普遍目的；即使這樣的說明，都顯得太過複雜。耶穌所讚賞的、由百夫長所示範的

信心，就是百夫長相信耶穌就是祂所宣告的那一位，也相信耶穌可以做到祂所說的一切。

再者，耶穌指出，在那些從東從西而來的人的身上將會找到這種信心，他們要在天國裏與亞伯拉罕、以撒和雅各一同坐席，惟有本國的子民卻要被趕到外邊黑暗裏去。這應驗了以賽亞的預言：萬國都要進入那建立在至高山上的主的家中。萬民將要被帶入那個家，因為他們在那裏要領受上帝的道：

因為訓誨必出於錫安；
　耶和華的言語必出於耶路撒冷。
他必在列國中施行審判，
　為許多國民斷定是非。
他們要將刀打成犁頭，
　把槍打成鐮刀。
這國不舉刀攻擊那國；
　他們也不再學習戰事。（賽二 3～4）

耶穌宣告，這預言的圓滿——這也是在彌迦書四章 1 至 8 節所描述的——已在百夫長的信心中開展了。先知們已經預言萬國要聚集在聖殿中一同敬拜，萬國要因遵行律法，而學會和平共處。百夫長以作戰為業，耶穌卻從他的身上找到了以色列的信心，這實在不會令我們感到意外。相比那些熟悉戰爭的人，有誰更能夠認出這位和平者（the one who is peace）？再者，「外邊的黑暗」——人們在其中要哀哭切齒（太二十四 51）——這個帶有天啟意味的語言表示了，我們對耶穌的回應是利害攸關的。

那天晚上，在耶穌治好彼得的岳母後，很多被鬼附的人都被帶到耶穌那裏，耶穌只用一句話就趕出了污鬼，並且治好一切有病的

人。然而，耶穌運用醫治的能力，祂是要付上代價的。馬太使我
們的注意力轉到以賽亞書五十三章 4 節，那裏提及彌賽亞將會擔當
我們的軟弱，背負我們的疾病。耶穌能夠這樣做，因為祂既像我
們，又同時不像我們。祂所展現的能力，是擔當我們的軟弱的能
力，是與我們一同受苦的能力，只是耶穌在受苦時卻不會像我們受 96
苦時那樣，將受苦變成暴力和操控的一種墮落形式，被我們用來對
付上帝，對付我們自己和我們的鄰舍。

教會透過耶穌的生命來理解以賽亞書五十三章，這做法是正確的。事實上，我們從路加福音可見，復活後的耶穌在前往以馬忤斯的路上，曾教導祂的兩個跟隨者該怎樣閱讀聖經。那兩個人轉述了，墳墓是空的，但他們仍然離開耶路撒冷。他們似乎仍不明白，「基督這樣受害，又進入他的榮耀」(路二十四 26)。所以，耶穌「從摩西和眾先知起」幫助他們明白，這位來到的君王本來就是要「被列在罪犯之中」，擔當我們的罪，好叫我們不再受罪的捆綁(賽五十三 12)。馬太福音見證了耶穌在前往以馬忤斯的路上的教導。

有些人開始認出耶穌是與別不同的，他們希望自己也可以分享到這個差異。有一個文士來到，宣稱他已經預備妥當，無論耶穌往哪裏去，他都要跟隨耶穌，但耶穌卻斷然拒絕了他，因為耶穌自己根本「無處可去」。這文士好像其他文士一樣把耶穌視為「夫子」，但他卻不明白這個夫子所傳授的智慧，是要逼使我們放棄我們視之為自己的家的東西。耶穌回答說：「狐狸有洞，天空的飛鳥有窩，人子卻沒有枕頭的地方。」你若跟從耶穌，就不可能安坐家中。

「人子」這個稱號比起痲瘋病人和百夫長所稱的「主」，更令人猜測耶穌會怎樣理解自己將要圓滿的角色。這個稱號早已出現在以西結書(結二 1、3、6)和但以理書(但七 13)裏，它們暗示人子是上帝最後審判的代理人。耶穌是國度的使者，但對祂而言，作為使

者的意思卻不能由「人子」這個稱號來決定的。在以西結書和但以理書中，這個稱號是標誌著天啟時間（apocalyptic time）的開始，但那時間現臨在於耶穌身上。耶穌接受別人稱祂為人子，但這人子卻是以謙卑和受苦為特徵的。耶穌作為開展新的時代的那一位，祂要揭示出，人子那得勝的回歸，有別於我們所能想像的任何一場勝利（太十七 12，二十 18、28，二十六 2、24）。要知道怎樣與這位透過被釘十字架來建立國度的主相處，對門徒或對我們來說都是困難的。

另一位「門徒」來到耶穌那裏，請求耶穌准許他中斷其與耶穌的旅程，為要埋葬他自己的父親。以利亞容許以利沙先回到父家，然後才來跟隨自己（王上十九 19 ～ 21），但耶穌卻要求這門徒撇下自己的家：「任憑死人埋葬他們的死人；你跟從我吧！」（太八 22）要成為耶穌的門徒，似乎需要這樣的委身，因為耶穌之所是和祂的作為，表示要重新設立甚麼是「正常的」（normal）。這一位想成為耶穌門徒的人，雖然與生命本身同在，但他卻仍然受到死亡的控制，想要去埋葬死人。這位將會為我們死的耶穌，要求那些跟從祂的人，不要讓死亡去決定他們自己與活（living）的關係。

97 耶穌遇見文士和那個希望作門徒的人之後，就上了一艘船。上船的意義是大的——人在船上根本無處可躲。門徒很快便發現自己正身陷風暴中，船也快被淹沒了，但耶穌卻像昔日遇見風暴的約拿一樣，睡著了（拿一 4 ～ 6）。門徒恐怕會喪命，就來叫醒耶穌，他們相信耶穌可以為他們出手做點事。耶穌卻責備他們，不是因為他們吵醒耶穌，而是因為他們害怕。他們為甚麼要害怕？他們已經稱耶穌為「主」了。他們認為這稱呼有甚麼意思？他們的信心太「小」了，比不上百夫長的信心。結果，小信一直都是這些門徒與耶穌之間關係的特徵。不過，小信似乎比沒有信心還要好。門徒至少跟耶穌一同留在船上。再者，他們也認定耶穌為有能力拯救他們的那一位。他們請求：「主啊，救我們。」耶穌斥責風和海，海就平靜了。耶穌能夠醫好病人和赦免罪人，他也同樣具有權柄命令風和海。祂「從起初」就與父同在，我們不會減少對祂的期望的。

門徒感到希奇，因耶穌竟然可以向風發出命令。雖然福音書甚少有反諷，但在馬太的記述中，門徒的疑問卻是諷刺的：「這是怎樣的人？連風和海也聽從他了！」我們當然知道耶穌是怎樣的人，因為我們知道這故事的結局。因此，我們常會以為自己要比門徒有更優越的位置。但我們如果想要為耶穌「這樣的人」（sort of man）作見證的話，我們就要學會約束這種形式的驕傲。馬太用反諷來教導我們、也教導教會，不要把我們對耶穌的得勝的辨識，轉化為我們個人的身分地位。

教會像門徒一樣，都需要承認自己也是小信的。教會好像門徒所身處的船，都是身處洶湧浪濤中一葉安全的方舟。我們想要努力划去岸邊，好避開風浪，但當我們朝岸駛去時，我們就未能見證那位和平之君。教會的安全來自我們的認罪，而我們的罪在我們拒絕按耶穌所宣告的身分來生活時就最為明顯。教會惟有透過認罪，才可以為了世界，成為這世界本身所不能成為的那個模樣。即使要去發現我們的信心是何等的小，我們也需要那份在耶穌抵擋那些鬼之時願意跟隨耶穌的心。

鬼認識耶穌。耶穌渡到海的那邊去，來到加大拉人之地，就遇上兩個被鬼附的人。這些鬼認出耶穌就是上帝的兒子，這跟耶穌受洗時從聖靈所領受的描述一樣。鬼認得出耶穌，因為牠們比我們更能知道，誰會威脅牠們。鬼因死亡而存在，所以牠能認得出誰是生命。牠們害怕，因為耶穌在所指定的時候以前就已經來到，但牠們後來會發現，現在就是那指定的時候。當耶穌在船上睡著時，門徒害怕耶穌的不在場；但鬼卻害怕耶穌的臨在。

面對耶穌，鬼就求耶穌把牠們趕進豬羣。耶穌發出了百夫長 98

之前已要求祂說的命令：「去！」耶穌就將鬼趕進豬羣，而那豬羣闖下山崖，投在海裏淹死了。鬼完全遵從耶穌的吩咐。當邪惡不能再寄生在美善之上時，牠們還能作甚麼呢？鬼的自毀表明了罪，由於罪必然會叫我們自毀，因為罪確實就要使我們不再成為自己。

放豬的就逃跑進城，將耶穌給被鬼附的人趕鬼，以及豬羣的損失，都向城裏的人作報告。合城的人都出來迎見耶穌；這些人很可能是外邦人，因為他們飼養豬隻。我們可能以為，他們至少會把耶穌視為一位有能力的人而接待祂。祂已從那些被鬼附的人身上，趕走那些鬼。但這些人一見耶穌，就央求祂離開他們的境界。外邦人似乎像以色列人一樣，不願接待這位能夠叫他們的生命擺脱鬼的糾纏的人。如果我們要在兩者之間作選擇，一方面是我們所熟悉的、卻是被鬼附的和被死亡轄制的生活，另一方則是要耶穌所呼召我們去過的、不穩定的、甚至是因耶穌的名而會遭到危險的生活，我們或者也會像那些人一樣，央求耶穌離開我們的境界。

因此，當耶穌順應他們的要求，任其自行其是時，我們不應感到意外。耶穌在登山寶訓中曾吩咐我們不要論斷，祂告訴我們不要把珍珠丟在豬前，所以祂自己也不會迫令那些未準備好的人去接受福音。這世界的常規是難以打破的。耶穌所要賜下的一切只會改變我們的生命，挑戰我們那些因喜愛或害怕死亡而生出的習慣。正如那些央求耶離開他們的境界的人一樣：

> 我們寧願滅亡、也不願改變，
> 我們寧願死在自己的恐懼中；
> 也不願爬上寶貝的十字架，
> 讓我們的幻想死去。（奧登〔W. H. Auden〕：〈焦慮的世代〉〔“The Age of Anxiety”〕）

耶穌順從別人的要求而行，返到船上，然後回到祂自己的家鄉。人或會以為，耶穌在家鄉可能會受到歡迎和為人理解。但我們從耶穌給文士的回應便可知道，耶穌沒有「枕頭的地方」。因此，我們不會感到意外的是，耶穌回到家鄉的故事，就是祂遭受反抗的開始，而這反抗最終會使祂被釘在十字架上。在這世界裏，耶穌沒有其安身的地方，因為耶穌本身不免要挑戰那些以為安全比真理更重要的人。

耶穌回到家鄉，就立刻遇到幾個人，他們將一個癱瘓在牀的癱子帶來。痲瘋病人和百夫長都是來見耶穌的，但抬著癱子的那些人
卻似乎只是「碰見」耶穌。但這些人也像痲瘋病人和百夫長那樣， 99
相信耶穌有能力治好他們所抬的那一位。耶穌完全從他們所負的擔子，「見他們的信心」。

耶穌可以看到他們的信心，這讓我們明白，人被帶進由耶穌所發起的這場運動、國度中，是甚麼意義。經文不是說癱子有信心，而是說那些抬著他的人有信心。別人的信心似乎可以拯救我們。耶穌看見抬著癱子的那些人的信心，而他們的信心似乎已經足夠叫耶穌行動。代禱就是一種恩典（grace），讓我們可以將別人抬到上帝面前。

耶穌的回應也頗為出人意表：「小子，放心吧！你的罪赦了。」對一個癱子說你的罪赦了，這似乎有點風馬牛不相及。但耶穌沒有將罪和病作徹底的區分。耶穌赦免癱子的罪，並不暗示耶穌認為癱子的病是出於他的罪，或者這病是對罪的懲罰。反之，耶穌的行動只是表示祂已準備好，要赦免罪和醫治疾病。罪和疾病都是邪惡的。[1] 兩者都不屬於上帝那美好創造的一部分。耶穌來要修復創造：醫治疾病、趕鬼、赦罪，全都是修復創造的行動。

對於耶穌行使的權力，有些文士不免會視之為拜偶像的。只有上帝可以赦罪，但耶穌卻赦免了這個人的罪。文士清楚知道，這是

僭妄的話，但他們卻不敢說出來。這些文士看得不錯，如果耶穌不是上帝的兒子，這的確會是僭妄的話。耶穌也看出他們不願說出自己的心聲；祂也看出他們心中的惡，所以挑戰他們：「或說『你的罪赦了』，或說『你起來行走』，哪一樣容易呢？」（太九 5）耶穌沒有等他們回應，就吩咐癱子起來拿褥子回家。

耶穌治好癱子，因為祂是上帝的兒子，是那宣布新時代的受苦僕人；因此，耶穌「在地上有赦罪的權柄」。「在地上」包括了天和地。天上的上帝之子來到地上。羣眾感到驚奇，這是合理的，但他們卻不明白所見到的。他們歸榮耀與上帝，因為上帝將這樣的權柄賜給人。他們不明白，耶穌不是在行使那普遍人類都可以有的權力，而是在行使那只因祂是**那個**人（*the* human being）而擁有的權力。

有一種人本主義被稱為基督教人本主義（Christian humanism），但對道成肉身的人本主義（humanism of incarnation）的稱頌，往往會等同假設了耶穌所呈現的是一般人都有可能做到的人性。可是，耶穌並不是人性的示範。祂就是這人，別無其他（He
100 is this man and no other）。事實上，只有耶穌才是真正的人。巴特（Karl Barth；譯按：基督教神學家）正確地堅持，基督的人性在祂與道（Logos）聯合之前並未存在：

> 那些想以如此關於人性的觀念來理解啟示的人，他們所領受的東西本身，不但是沒有意義的，更是不存在的。對於那些只是將耶穌當作一個普通人，並以之來尋找啟示的人，他們的情況也是一樣的。他們全都必然在黑暗中摸索。這個觀念——即關於人性的觀念——以及這個體現那觀念的個體，都不能有任何一刻被抽離而不在道的位格中被提取的。神聖主體（divine subject）使自己與人性的觀念及那個體聯合，令它們成為啟示。基督的人

> 性本身沒有位格性（personhood）。那人性是「非位格的」（*anhypostatos*）——關於基督的描述以這公式作結。又或者，我們可以用較積極的方式來表達，那人性是「在位格的」（*enhypostatos*）。人性藉與上帝的道聯合，而具有位格性、本質（subsistence）、實在（reality）……馬利亞所懷的不是他者，也不是次品；祂就上帝之子。祂是以人性彰顯，但這人性惟有在上帝之子的位格中，才是真實的。（Barth 1990, 157）

巴特採用新教經院哲學（Protcstant scholasticism）的技術範疇，說明那在馬太福音之始已一直明顯的東西，那就是：耶穌作為人的生命，是不能被任何其他人、任何其他故事所取締的。耶穌不是「基督人物」（Christ figure）的範例。福音書的特徵，反映出啟示（即是耶穌）的品格（character）。我們只可以透過馬太、馬可、路加和約翰所提供的敘事，以及透過教會所宣講的敘事來認識耶穌。可是，好像那些見證耶穌醫治癱子的人一樣，我們也想解釋，耶穌是否在展示那內在於某種被稱為人性的東西中而未被發掘的，甚至受到扭曲的能力。但耶穌可以拯救我們，不單是因為祂跟我們完全一樣，而是因為祂與我們截然不同。祂是終末的救主，祂使一個更新的人性得以可能；若沒有祂，人性就不可能得到更新。耶穌要完全活出馬太所描述的生命，我們的得救才是肯定的。

耶穌的人性是完全屬乎祂自己的，這並不表示祂不是第二亞當，正如保羅在羅馬書五章 12 至 21 節所提出的。亞當的罪叫所有人都被定罪，而基督的義卻叫所有人稱義。但巴特卻仍然主張，亞當和基督之間的互相平行，最好被理解為基督和亞當之間的互相平行：「對保羅來說，耶穌基督是起初作為原初的那一位，而亞當則是第二位，作為『那以後要來之人的預像』（羅五 14），是耶穌基督那先知式的樣式。」(Barth 1936 ~ 1977, 4.41.510 ~ 511)亞當這名字叫這世界的歷史成為一體，但這樣的一個歷史卻要依靠耶穌這個名字，才為人所知。

因為耶穌就是祂的所行和所言，所以，那些看來不太可能是耶穌的使命(耶穌被差遣來要完成的)要徵召的人，都可以認出耶穌。耶穌走過稅吏馬太的身邊，對他說：「來跟隨我。」馬太隨即跟隨，這是引人注目的。正如大多數情況那樣，我們又想再得知更多：馬
101 太認為自己在做甚麼？他會否因為自己是稅吏而感到內疚？他是否覺得自己的生命虛空，並認為只有耶穌可以填補？但我們要阻止自己問這些問題。我們只需要知道馬太跟隨了耶穌——惟因耶穌是有權赦罪人的那一位，這跟隨才有意思。

耶穌不但呼召了一個從事惹人非議的活動的人，祂更與稅吏和罪人一同吃飯。法利賽人在馬太福音中第一次開腔說話，他們便問耶穌為甚麼願意和不潔的人一同坐席。法利賽人所問的問題是與耶穌的職事有關的。耶穌和法利賽人一樣，都關心上帝的子民在一個不由他們控制的世界裏，可以怎樣持守聖潔。法利賽人的想法很正確，上帝的子民應該逃避一切可能令他們成為不潔的事物，因為他們若不潔，就不能敬拜上帝。法利賽人嘗試忠於律法而活，耶穌對這種嘗試也頗予以同情的。

法利賽人渴望活出聖潔的生命，他們的渴求是正確的，不過緊要的議題卻是聖潔的基礎。因此，法利賽人問耶穌的門徒，為甚麼耶穌與罪人一同吃飯，公然違抗那些他們認為律法所要求的東西。對於直接問耶穌，他們似乎感到躊躇，但耶穌聽見他們的查問，並且在回應時表明自己跟法利賽人的差異。耶穌來是要到病人中間，而不是要到康健的人中間，因為有病的人才需要憐恤。聖潔，似乎始於我們承認自己並非康健的。

我們從何西阿書六章6節可知，上帝期望哪些人成為祂的子民：

我喜愛良善，不喜愛祭祀；
喜愛認識上帝，勝於燔祭。

但我們知道有一個祭將要獻上，而它將會是獻祭的結束。如此，我們從希伯來書十章 5 至 7 節可知，當基督回到世界時，祂會說：

上帝啊，祭物和禮物是你不願意的；
　你曾給我預備了身體。
燔祭和贖罪祭
　是你不喜歡的。
那時我說：上帝啊，我來了，為要照你的旨意行；
　我的事在經卷上已經記載了。

所以，有一祭將要獻上，那是「一次永遠的贖罪祭」(來十 12)，「因為他一次獻祭，便叫那得以成聖的人永遠完全」(十 14)。以色列用獻祭來贖罪，尋求成聖和聖潔。不過，人不再需要這些祭了，因為那一位已經來到，祂就是上帝的兒子，惟有祂才可以成為贖罪祭。現在，憐恤就是獻祭所要採用的形式，它成為聖潔的本質，令那些蒙召跟隨耶穌的人與世界區分開來。基督的十字架是完全的祭，它啟示了律法的目的；但事實上，基督的整個生命——呼召馬太、並跟罪人同席——都是憐恤。我們由此可見， 102
為甚麼憐恤人的人是有福的(太五 7)。

法利賽人不需要這位醫生，因為他們的病就是以為自己沒有病。耶穌來，是要拯救罪人。在給法利賽人的回應中，祂觀察到，祂所帶來的國度是由那些能夠認罪的人所組成的。耶穌在登山寶訓中告訴我們，祂來是要成全律法和先知的教導(太五 17)，但這成全是要透過祂的赦罪能力來達成的。按照耶穌對罪人的呼召，我們不需要臆測，耶穌是否知道自己是彌賽亞。耶穌就是祂的所行。祂已經來到（十 34～35，二十 28），要付上自己的性命，好叫我們可以活出我們被造時當活出的生命。

當施洗約翰的門徒問，耶穌的門徒為甚麼不禁食時，這明顯反映人們對聖潔——因憐恤的需要而與世界所作出的分離——感到混淆。施洗約翰的門徒將自己的禁食，等同於法利賽人的禁食。耶穌的回應很清楚；祂的門徒不禁食，是因為耶穌自己。門徒不需要哀慟，因為他們所跟隨的那一位，已經使新時代形成，而這個新時代的標記是建立一羣由門徒開始的新子民。門徒是與生命同在，不用再害怕死亡。耶穌早晚會被捉拿、會被釘十字架，到那時，門徒就會有禁食的理由。但他們現在卻不用禁食；在耶穌的職事期間，門徒只需要享受耶穌祂這份美善的禮物。新（the new）已經臨到，它要重新配置由死亡所決定的時間。

「忽然」，當耶穌在說這些話的時候，有一個以色列的代表、管會堂的人來到耶穌那裏，他好像痲瘋病人一樣跪在耶穌跟前。管會堂的人雖然沒有用甚麼稱號來稱呼耶穌，但卻表現出跟痲瘋病人和百夫長一樣的信心。他只是說，他相信，只要耶穌到他家去，祂就可以叫他的女兒從死裏復活。耶穌和門徒跟著他到他家裏去，但在他們抵達之前，有一個患了血漏十二年的婦人因相信她可以得痊愈，所以她摸了耶穌的衣裳。我們禁不住會驚訝，為甚麼馬太會知道她已經病了十二年——或為甚麼馬太認為，將這資料告訴我們是重要的，但這細節只幫助我們感受到這婦人的境況有多絕望。她的情況意味著她完全與人隔絕，因為她經常處於不潔的狀態。因此，她觸摸耶穌的這一舉動，其實是她一個驚人的、絕望的舉動。再一次，耶穌讚賞她的信心，因為她確信耶穌自己就是祂所宣告的那一位，而耶穌也宣告她已得醫治。她得醫治並不是基於一種普遍的信心，而是因著相信耶穌有能力醫治她。她立刻得到醫治，不再被隔絕。

耶穌到了管會堂者的家裏，趕走了那些哭喪的人，並告訴他們
這閨女不是死了，而是睡著了。哭喪的人就嗤笑他，但後來的發展
證實，耶穌的判斷是正確的。我們或會感到奇怪，為甚麼馬太要告
訴我們這件事？這件事只不過告訴我們，耶穌曾經叫醒一個睡了的
女孩。馬太還提到，關於耶穌叫醒管會堂的人的女兒，風聲傳遍了
那地方。我們無從知道這個故事為甚麼有如此重要，但值得留意的 103
是，耶穌不會因著要彰顯自己的能力，而叫情況變得更壞。人或會
認為，這故事傳遍了那地方，是因為它表明了耶穌不是一個騙子。
耶穌只是說出一個真相：那女孩只不過是睡著了。

耶穌從不會逗留。祂好像狐狸和飛鳥，常常流徙。天國本身就是一個運動，它需要耶穌往那些祂受差遣要接觸的人那裏去。耶穌必須要走到那些有需要的人中間，這證明福音既不是、也不可能是一套信念。福音就是這個人，這個人一定要與真實的男女相遇，為要呼召他們進到新時代的羣體中。傳福音，其實就是與人相遇，以及來認識人。正如我們很快會看到的，門徒將會被差派到以色列人中間。差遣門徒，是無可取代的。沒有使命的教會，就不是教會。使徒行傳也見證著，基督的門徒必須像耶穌一樣，到處奔波。

耶穌不斷地流徙，好讓那些有需要的人可以接觸祂，包括瞎子和啞巴。兩個瞎子跟著耶穌，求耶穌可憐他們。雖然我們不知道瞎子怎麼可以跟著耶穌，但我們每個人在看耶穌時，我們的眼目都是模糊不清的。兩個瞎子不是來求醫治，而是求憐恤。再者，他們稱耶穌為「大衛的子孫」。我們從馬太福音的第一節便知道，耶穌就是大衛的子孫，但在此，這個稱號肯定了祂的王權受吩咐要施予憐恤和醫治。這就是詩篇七十二篇 12 至 14 節的大衛：

因為，窮乏人呼求的時候，他要搭救；

　沒有人幫助的困苦人，他也要搭救。
他要憐恤貧寒和窮乏的人，
　拯救窮苦人的性命。
他要救贖他們脫離欺壓和強暴；
　他們的血在他眼中看為寶貴。

耶穌沒有立刻回應瞎子的要求，但他們隨耶穌進到屋內。耶穌問他們是否相信耶穌可以做到他們所要求的事，而他們回答：「主啊，我們信。」耶穌像醫治痲瘋病人一樣，觸摸他們的眼睛，他們的眼睛就開了。耶穌「切切地」囑咐他們，不可叫人知道耶穌所作的事。可是他們出去，竟把他的名聲傳遍了那地方。耶穌不讓他們把祂所做的事告知其他人，其原因在這件醫好了鬼所附的啞吧的事中，得到說明。啞吧好像癱子一樣，是由別人帶到耶穌那裏的，而耶穌就把鬼趕出去。啞吧就說出話來；雖然我們不知道耶穌說了甚麼，但我們卻知道眾人都感到希奇。實際上，他們開始說，以色列從來沒有見過像耶穌所作的事。但眾人的希奇卻令反對耶穌的使命的人變得激烈。

104 對於耶穌可以治好那些被鬼附的人，法利賽人卻評論說，只有鬼才可以趕出鬼。他們開始對抗耶穌，指耶穌本身是撒但的代表（太十二 22 ～ 32）。耶穌囑咐祂所治好的人，不要將消息傳開，可能是因為耶穌不想人們會有法利賽人的那種誤會。耶穌之所是和所行，都要與祂受差遣來所要成為之所是和所行相符，但耶穌卻不想因自己所不是之原因，而遭到排斥。那些害怕耶穌的人，樂於用各樣的誹謗和流言，詆譭祂的職事。然而，死亡已設定了。我們只可以準備好繼續走下去，以見證耶穌將會遇上的苦困。

耶穌沒有因為愈來愈強的反對，而停止祂的使命。祂走遍各城各鄉，在會堂裏教導，傳講天國的福音，又醫治各樣的病症。耶穌的四周聚滿了羣眾，祂憐憫他們，因為他們困苦流離，如同羊沒有牧人一般。在一個奇妙的時刻，耶穌面對如此的需要，便吩咐門徒求上帝差派人來幫助。教會的使命已開始了。門徒的禱告也得著應允，而他們自己原來就是上帝對這禱告的回應。

註釋：

1. 哈特（David Bentley Hart；譯按：東正教神學家）認為，罪孽和疾病都是邪惡的，因為罪孽和疾病都不應該存在，因為它們不是上帝的旨意。哈特說：「因當我們要尋求安慰時，我可以想像到，最大的快樂莫過於知道：當我看見一個小孩的死亡時，我所見到的不是上帝，而是上帝敵人的面容。」（Hart 2005, 103 ～ 105）

馬太福音十章

差遣

耶穌召集門徒，賜他們勝過污鬼的權柄，並醫治疾病的能力。我們認識到十二使徒的名字，這名單以西門為首，他後來被改名為彼得；又以出賣耶穌的加略人猶大作結。我們對個別的門徒認識不多，但卻知道他們並非一個出類拔萃的小組。他們是「小信」的人，但耶穌卻呼召他們。我們將會對其中幾個門徒有較深入的認識，特別是彼得和猶大，但即使我們對他們的認識愈多，卻不表示我們對他們的信任會愈大。雖然彼得和猶大所用的方式不同，但他們將同樣會出賣耶穌。

馬太預先告訴我們猶大將會出賣耶穌，這表明福音書那引人注目的張力，不包括「將會發生在耶穌身上的事」。馬太描述了當時的人怎樣對抗耶穌，但福音書的作者假設，人人都知道耶穌故事的概要。馬太記述耶穌故事的方式說明了，單單「認識這故事」不足以叫人成為忠心的門徒。我們必須要知道，我們也像門徒一樣，可能會受到試探而出賣耶穌，從這個教訓我們會明白到，成為一個忠心的教會，是甚麼意思。

於是，門徒那非出類拔萃的特徵，成為我們這些承繼他們任務的人的盼望記號，因為教會可恰當地視自己為加入了使徒的傳統之中。要成為一個使徒，就表示要成為耶穌的使者和見證人。耶穌吩咐門徒出去，好像祂和施洗約翰般傳道說「天國近了」；這並不是偶然的。耶穌差派使徒去「醫治病人，叫死人復活，叫長大痲瘋的潔淨，把鬼趕出去」，這也不是偶然的。耶穌要求門徒和我們，做祂已經行過的事。可是，我們必先要看見耶穌怎樣行事，然後才
106 能去行；相應地，教會也要倚賴歷世歷代的見證人，示範耶穌昔日如何教導其門徒去作工。

基督教不是一套哲學，我們不能撇開那些體現此信仰的人來認識基督教。假如真理（即是基督）是一個可以在「原則上」被認識的真理，我們就不再需要使徒了。但福音讓人認識的方法，是要靠人傳講的；為了另一個人，這人本身成為基督的故事。耶穌召集門徒來到祂面前，門徒既蒙召集，他們就為我們而成為見證人，令我們也可以成為上帝國度的使者。這些門徒並不是令人肅然起敬的人，但我們也不是。門徒和我們都有同一個任務，這任務不是要別人注視我們，而是叫人注目於耶穌和祂的國度。

此外，他們總共有十二位門徒，「十二」這個數字表示了，這個新的羣體與以色列民之間有一基本的延續性。以色列由十二支派組成，耶穌也呼召了十二個門徒。這十二個門徒被派到以色列地，而不是到外邦人和撒馬利亞地區去。耶穌受差派是要到「以色列家迷失的羊那裏去」，好應驗上帝的預言：以色列是上帝所愛的，它被召要成為列邦的光。在上文我們已看到，有一些外邦人已經準備好回應耶穌的呼召，他們相信國度臨在於耶穌的生命和工作之中。那些回應耶穌呼召並悔改的外邦人，被嫁接於上帝對以色列的應許中。但上帝卻沒有撇下以色列——耶穌來到它那裏，要它悔改。相應地，耶穌差遣門徒往以色列的子民那裏去，以確保他們不會在

萬國中迷失。惟有在耶穌復活以後，門徒才被派到萬民那裏去（太二十八 19）。

耶穌給使徒的吩咐很仔細。他們作工，卻不可以接受金錢的回報；他們要輕裝上陣，帶很少的金錢和衣服；他們只可以在那些接納他們的城中留宿，要把上帝的平安給予那些接待他們的人。若有人不聽他們或不接待他們，他們也不可以與他們糾纏。這正好給使徒——這些使者——說明甚麼是不論斷人。即使有人不歡迎他們、不聽他們的話，他們也不需要對人下判斷，因為他們自己已經成為上帝對那些人的審判。因為他們自己就是上帝的審判，所以，耶穌需要預備他們好面對逼迫。

耶穌吩咐門徒要放棄那些「不配得」的人，就是那些拒絕他們的信息的人。可是，我們在這裏要小心，因為這樣的審判會容易變成一個叫人自義的公式。我們可能會以為，若別人拒絕我們所作的見證，他們就是邪惡的人。但我們受指示來宣告的福音，卻要求我們在論斷那些聆聽我們的見證的人之前，先看看我們所作的見證是不是適當的。只有在人願意接受福音時，福音才是福音。於是，若有人拒絕福音，這可能是一個記號，表示我們未能好好把福音忠心地體現出來。見證人的品格（character）必須要與其所見證的內容相稱。在差遣門徒時，耶穌用嚴格的規距來教導他們，要怎樣把福音彰顯出來。

例如，耶穌要門徒輕裝上路，這是他們所需要的，為要顯出他 107
們是單單傳講耶穌的。成為耶穌的跟隨者，不會使他們變得有財有勢，或是得到安全。門徒得著指示，除了耶穌給他們的權柄外，沒有任何東西供他們使用。這樣，沒有東西會妨礙他們給福音所作的見證。他們不可以應許別人說，耶穌會叫人富起來、無憂無慮、名成利就，又或者得到世界的任何好處。相反，他們可以應許的是在上帝的國度裏的生命；這個國度已經脫離死亡的權勢。

因此，我們不應感到驚訝，修道主義（monasticism）總是基督徒作見證其中一個最有效的方式，因為修士和修女都要學會輕裝上路，接待客旅，也受人接待，而他們為了能夠生活，他們學習信賴別人。修道主義的建立當然不必然是一個向未信的人作見證的方式，但修道生活的特色是很吸引人的，令修士和修女幾乎不由自主地向陌生人作見證；這是因為喜樂從他們對上帝的真誠敬拜中散發出來，這喜樂對那些未曾聽過耶穌呼召的人，是一個難以抗拒的見證。每個人被造，都是為了這份喜樂。

耶穌差派門徒時所給予的教導，到今天仍然適用於基督徒對傳福音的理解之上。對教會地位的關心常常會誘使人用非常的手法，以保證教會在社會上持有一定的重要性，或者至少是佔社會整體人口的大多數。但教會蒙召並不是要令自己變得重要或龐大。教會蒙召是要成為使徒的（apostolic）。忠心，才是形塑教會的見證的特徵，而不應是數目或地位。實際上，我們現今的情況可能是，上帝正使教會卸下重擔，好叫我們可以再次輕裝上路。

門徒必須要像耶穌一樣，四處奔波。如果沒有人歡迎他們，他們就要像使徒行傳中的保羅那樣，到另一個家庭或另一個城去。上帝的國度似乎是在拒絕中成長的。成功並不是忠心的記號。不過，若有一個城拒絕門徒，那城將會受到審判，這審判並不像所多瑪和蛾摩拉所受的。所多瑪和蛾摩拉的居民沒有接待客旅，他們強逼羅得、他的太太和他的女兒作叛逆的事，上帝因此毀滅這二城。耶穌所開啟的國度，是接待的國度（kingdom of hospitality）。若我們不接待耶穌和那些代表耶穌的人，我們就是在自招審判。

因此，耶穌要預備祂的使徒，以面對別人的拒絕和逼迫。他們好像羊被送進入狼羣之中，但這並不表示他們是蒙召作愚蠢人。相反，他們要靈巧像蛇、馴良如鴿子。智慧和馴良不是常常同時出現的。智慧的人往往都需要失去馴良，但門徒所要體現的馴良，卻像八福中的貧窮、溫柔和哀慟一樣，並不是靠人的努力可以得到的。
反之，這馴良指向那些受差遣進入世界的人那無可避免的脆弱性 108
（vulnerability），他們將要用屬靈的武器來挑戰屬世界的權勢。

斯大林（Joseph Stalin；譯按：蘇聯領導人）問得好：教宗擁有多少個師的軍隊——這問題指出一個假設：歷史是由暴力所建立的。但教會卻可以不靠軍隊而存在。那些教外的人會把基督徒等同於那使用暴力的軍隊。不過，情況依然是：基督徒的見證——在基督裏給國度所作的見證——最能在那些不會殺害別人的信徒身上看得到。教會若用脅迫的手法去見證基督所帶來的平安，那就是否定了使徒的傳統。

耶穌告訴祂的門徒——無疑祂也預期到自己後來的遭遇——會堂的領袖會把門徒拉到諸侯君王面前，為要使他們受鞭打。當這樣的情況發生時，門徒不用思慮要說甚麼話，他們只需真誠地說出聖靈所賜給他們的話。耶穌吩咐門徒不用準備為自己辯白，這吩咐肯定是反常的，但它卻正正反映了，耶穌就門徒面對權勢所作的教導，足以挑戰官長和君王的暴力。官長和君王可以預計有一些人會用暴力推翻他們；他們所不能面對的是，那些因為敬畏上帝而不害怕他們的子民所擁有的力量。子民敬畏上帝，這使他們可以說真話。聖靈所賜的話語，就是那因脆弱性（這是給國度作見證所需要的）而成為可能的話語。對抗壓迫，最強大的力量就是真說話。

那國度已經近了，這是耶穌所帶來的天國，也是門徒受吩咐要去宣講的天國；它更是在由死亡所建立的國度之外的另一個選擇。耶穌告訴門徒，正如彌迦書七章6至7節所說的，弟兄要把弟兄送到死地，父親要把兒子出賣，而兒女要試圖消滅他們的父母；所有受死亡國度所轄制的人，將會恨惡那些見證耶穌之名的門徒。傳講天國所引發的結果，是叫人始料不及的，但耶穌卻事先要門徒作好準備，以面對如此的回應。死亡的國度透過暴力——因人對死亡的恐懼而得到合法化——來管治人，但耶穌卻是要來結束死亡的管治，祂要挑戰這個死亡國度的權勢。

耶穌甚至說，祂來並不是為世界帶來和平，反而是要帶來刀劍。此外，耶穌所帶來的分裂似乎會首先在家庭裏出現。不但官長和君王會憎恨和逼迫門徒，連家庭也會因門徒對耶穌的效忠而遭分裂。因耶穌來而產生的分裂，跟祂交託門徒的使命是同樣真實的。耶穌已帶來一把利劍，這利劍是在世界的和平以外的另一個選擇，它就是十字架的利劍。潘霍華（Dietrich Bonhoeffer）這樣形容：

> 十字架就是上帝在世上的利劍。它帶來分裂。兒子要與父
> 親為敵，女兒要跟母親為敵，整個家庭都要反抗其一家之
> 109 主，而這些分裂都是為了上帝的國度和這國度的和平——
> 這就是基督在世上的工作！難怪世界會指責耶穌為憎恨人
> 類的，雖然祂帶來了上帝對人的愛！誰會夠膽這樣形容父
> 母對子女的愛？只有所有生命的毀滅者，或者是新生命的
> 創造主才可以這樣吧？誰配得人們所有的愛和犧牲？只有
> 人性的敵人，或者是人性的救主才可以吧？誰可以帶著利
> 劍走進人們的家？只有魔鬼，或者是和平之子基督才可以
> 吧？上帝對人的愛，跟人對人類的愛是絕然不同的。上帝
> 對人的愛帶來了十字架和作門徒，但兩者反過來意味著生
> 命和復活。「為我失喪生命的，將要得著生命。」上帝之子
> 就是勝過死亡權勢的那一位，祂給出這個斷言；祂要上十
> 字架並復活，而且要帶領屬祂的人與祂同行。（Bonhoeffer
> 2001, 197）

除了十字架之外，基督徒不會帶任何利劍，這並不表示我們手無寸鐵地被差進世界。希伯來書指出，上帝的道比兩刃的利劍

更鋒利，可以剖開靈與魂，叫人的一切事都在上帝眼前顯露（來四12～13）。經文就是真理的武器，讓跟隨耶穌的人可以藉著揭露當權者的謊言和詭詐，叫當權者失去能力。基督徒不是手無寸鐵，他們有上帝的道，以保護他們免受迷惑——迷惑是我們使用暴力的源頭。

可是，耶穌說得很清楚。人用世界所提供的方式去保住自己的生命，這是註定失敗的。我們似乎要準備好付上生命，才可以找到生命。但是，這不是一個普遍的建議，教導我們學習不自私——即使不自私也會導致我們失去自己的生命——因為我們所願意失去的生命，其實是「為我的緣故」而失去的，也就是說是為耶穌而失去的。人們常常聲稱，以家庭或國家的名義而犧牲自我是值得的，但這種說法很容易就變成一道專制的命令。當權者為求達到他們那醜惡的目標，不時利用這犧牲的語言。耶穌從沒有說犧牲本身是好事。祂要求我們跟隨祂，因為只有耶穌才有權要我們獻上自己的生命。

在我們的時代，基督教大多數會被證成為一種會帶來穩定和有秩序的生活方式。「一起禱告的家庭，一家團結。」（The family that prays together stays together）——如此的意見只會將家庭變成偶像。「愛父母過於愛我的，不配作我的門徒；愛兒女過於愛我的，不配作我的門徒」（太十37），這一節經文並不是一句難以做到的格言，而是清楚表明耶穌為甚麼要預備門徒，使他們能面對逼迫。我們的父母和兄弟姊妹，現在都可見於門徒中間，而不是可見於人們所說的血緣關係之上。讓美國的教會試試在講壇上宣講這信息吧！看看那些傳道人能否倖免不受逼迫？太多東西會受到威脅了。世上列國的暴力，往往以聲稱要保護我們所愛的東西——我們的生活方式——而得到證成。但耶穌給門徒的教導所要挑戰的，就正正是這些忠誠。

110 有一本書談到美國國旗具有那可以激發人民在戰爭中犧牲自己的能力，其中有一點觀察是：

> 我們都知道，在美國這個具有多元宗教的社會裏，教派主義式／小眾主義式的信仰（sectarian faith）是國民的自由選擇。美國人其實甚少為了基督教或其他教派主義式／小眾主義式的信仰而流血、犧牲或喪命。美國人卻總是為了他們的國家而流血、犧牲和喪命。這個事實是一個重要的線索，讓我們窺見其中的宗教力量。美國雖然容許不同教派存在，但卻不容許它們殺人，因為它們的信念不是官方所認許為真的。在任何社會裏，那些叫人值得為之而殺人，或叫國民為此不得不付上自己性命的東西，才是被認為是真的東西。（Marvin and Ingle 1999, 9）

但耶穌卻挑戰那些聲稱為了保家衛國而施行殺戮的人。此外，耶穌所作的事是一個線索，讓人關心基督徒的確信（convictions）。人們總是認為，因著現代科學，人已難以相信基督徒所相信的東西。但對於基督徒確信的真實性（truthfulness），那根本的挑戰其實在於基督徒遷就那些不是由耶穌所決定的忠誠。耶穌當然不容許其跟隨者殺害別人，但祂卻要求他們準備赴死。這正是為甚麼基督教的真理必然是在美國所相信的真理以外的另一選擇。人們常常會質問那些支持非暴力的代表：「若……發生在你身上，你又會怎樣做？」這句子所省略的地方，通常會填上一些場景，就是那些當我們的配偶或子女的生命受到威脅時，需要我們拯救他們的場景。這種場景可能真的會出現在耶穌的跟隨者身上，但耶穌卻叫我們愛耶穌多於愛自己的父母、子女，這就是說，要回答以上的問題，其實比我們所以為的困難得多。要跟隨耶穌，要愛耶穌，這可能意味著我們和我們所愛的人都不能免於死亡——這一種對耶穌的愛是嚴苛的，也是可怕的，但這卻是一種由耶穌的愛所操練出來的愛，惟有耶穌才可以使生命本身得以可能。我們可以肯定的是，如果父不是耶穌的父，那麼，我們要設想自己所愛的人的死亡，就是不道德的。然而，父就是耶穌的父，而耶穌就是父的兒子。

耶穌告訴門徒，若他們在一個城市受逼迫，他們就要逃到另一個城市去。他們要這樣做，因為他們沒有時間，「以色列的城邑……〔他們〕還沒有走遍，人子就到了」（太十 23）——這明顯在提醒，這是天啟式的時間（apocalyptic time）。人子已經來臨，但祂將要透過十字架和復活，來成全祂的工作、祂的生命。這段居間（in between）的時間，是由一個具耐性的見證所構成的。

那情況在今天也依然是真的，因為我們也是活在天啟式的時間中，等候人子的再來。耶穌提醒門徒和我們，要忠心見證耶穌的和平，人就總是要有耐性的。所以，教會像門徒一樣，要從這城走到那城，好叫世界知道，他們是有足夠時間來與人和平共存的，因為耶穌不是要我們去迫使國度存在，祂而是要我們「忍耐到底」（太十 22）。「忍耐」，結果是我們見證基督的國度的惟一方法。[1] 111

耶穌又告訴我們，門徒不是被預期要成為耶穌，但我們要成為「像夫子」的。這種相似性確保了門徒也將會被人誣蔑，不過他們卻可以忍受這一切，因為耶穌在我們之先已經歷這一切，作為我們信心的先驅。我們可以在房頂宣告一切耶穌在暗中吩咐我們的話。這是因為耶穌已呼召我們進入一個職事，就是不能被死亡所勝過的職事，因為我們因那些可以殺身體的人而有的恐懼，已被那由敬畏主——惟有祂決定生死——而生的信心所抵銷了。

基督徒應該恰當地恐懼，但他們恐懼的對象不是死亡：他們要恐懼那位讓他們可以在死亡面前勇敢地存活的主。阿奎那（Thomas Aquinas）把那種由仁愛——上帝跟我們所建立的友誼——而生的恐懼，稱為以孝為本的恐懼（Aquinas 1981, part II ～ II Q. 19）。有些人喜歡用殺戮來迫使人順服自己的意圖，但上帝的愛卻可以叫我們有信心，不再害怕這些人。因此，耶穌吩咐其門徒不用害怕，因為他們比麻雀更珍貴。上帝愛我們，透過祂的兒子來呼召我們；上帝愛我們過於愛麻雀，但這並不表示祂不愛麻雀，因麻雀本來就是上帝所愛惜的。

耶穌在總結給門徒的教導之時應許門徒，那些接待門徒的人，就等於接待耶穌，也是接待那差耶穌的。耶穌自己被差派，現在又親自差派門徒。那些接待使者的人必得賞賜，正如義人必得賞賜一樣。我們接待先知，這似乎跟我們與上帝活出一種怎樣的生命，是有關係的。我們做或不做的事，都會影響我們與上帝的關係。這並不是一種無條件的接納。耶穌告訴門徒，誰在別人面前認耶穌的，耶穌也會在父面前認他。同樣地，若我們不認耶穌，祂也不會在父面前認我們。

因此，我們害怕背叛了耶穌，這是正確的。否認耶穌，就是否認我們自己的命途，相比否認那位可以叫我們認罪的主，沒有一種罪是更大的。門徒和我們都已蒙耶穌所召，又領受了美好的工作。我們的得救，我們的賞賜，我們的義，都在於我們的工作之中。耶穌稍後會告訴我們，若我們餵飽飢餓的人，給乾渴的人水，探望那些被囚的人，我們就是在服事耶穌（太二十五 31 ～ 46）。同樣地，若有人「因為門徒的名，只把一杯涼水給這小子裏的一個喝」，他都會得賞賜。教會其中一個重要的任務，的確可能是要接待那些蒙召作先知的人。

在我們這個時代，很多基督徒都不願意用關於「懲罰」及「賞賜」的語言——它賦予這段經文生命。這種語言暗示，我們與上帝的
112 關係是一種單純的交易——例如，若我們是好的，上帝一定會賞賜我們。我們可以理解到，這種上帝觀會令許多基督徒感到厭惡。

人們不希望要一位施行懲罰的上帝，他們更想要一位單單愛我們的上帝。這觀點的問題，不單在於耶穌明明在談及接待先知時用了關乎賞罰的語言，而且這觀點也否認了福音，就是耶穌已呼召我們有分於上帝的國度。父差遣兒子所作的一切，並不會因為我們的不忠心（unfaithfulness）而被抹殺，福音的重點卻在於父看重我們的忠心。拯救本身是關乎生死的。我們在上帝面前的命途，其實取決於當耶穌邀請我們成為祂的國度的一部分、成為一個門徒時，我們會怎樣回應。當然，沒有人會「為了得到我們自己的東西」而跟隨耶穌，但「跟隨耶穌」表示了，我們可以發現到一個我們從來沒有想像過的「我們的」（ours）。我們獲邀來背起十字架，而這就是一個賞賜。這賞賜叫我們可以不用害怕死亡，也不用害怕那些用死亡來聲稱要「救」我們的人。稱義的意思就無疑是：我們不再需要這世界所提供的拯救。

我們不知道門徒在以色列的使命進行得怎樣。相反，我們只知道，耶穌在教導門徒後，祂繼續「在他們的城中」（太十一1）宣講信息，這就是說，祂往門徒被差遣要去的城中去。我們不知道門徒的工作的成敗，這或許表明他們的任務不是取決於成敗。相反，更重要的事是我們有沒有遵行耶穌的吩咐，以及我們是否按著耶穌所吩咐的方式來做那些要做的事。我們的責任是忠於上帝所派給我們的工作。至於結果，這是上帝的工作。

註釋：

1. 我對忍耐的重要性所作的反省，參Hauerwas 2000, 163～172。

馬太福音十一至十二章

「那將要來的是你嗎？」

福音書的本質，就是要讀者從十字架和復活的角度來回顧閱讀。馬太福音內藏一些回顧的片段。例如，當我們在馬太福音十章中讀過耶穌差派門徒一事後，我們對馬太福音八至九章的閱讀就會顯得不同。馬太福音八至九章描述耶穌趕鬼治病，這是要門徒知道怎樣運用耶穌授予他們的能力。從馬太福音十一章開始，馬太就準備我們去讀在馬太福音十六章中彼得的宣認：耶穌是「基督、永生上帝的兒子」。不過，我們卻要小心，不要太早進入彼得的宣認。我們必須注意馬太耐心地講述那些關於耶穌的醫治故事，也要了解在這些事件背後的爭議，好讓我們曉得彼得在宣告耶穌乃「基督、永生上帝的兒子」的時候，為甚麼他竟會不知道自己所說的是甚麼意思。

馬太為讀者留下了一些被視為用來顯示福音書結構的記號。例如，他用以下的句子來開始馬太福音十一章：「耶穌吩咐完了十二個門徒，就離開那裏，往各城去傳道、教訓人。」馬太先前已經在結束登山寶訓時用了這句子（太七 28），稍後他又將會用同一句說話來為耶穌一系列的比喻作結（十三 53）。馬太也在十九章 1 節和二十六章 1 節都用了這句說話，前後總共用了五次。馬太可能刻意藉此將福音書和摩西五經連結起來。對於馬太來說，藉著頒下律法，摩西預示了耶穌；但因耶穌就是律法的恩賜/禮物（gift），所以祂比摩西更大。

然而，人要看出耶穌的地位，並不容易。即使是施洗約翰，他也要差他的門徒來問耶穌，究竟耶穌是不是人們所等候的那一位，抑或他們要等候的是另有其人。在耶穌受洗時，約翰清楚認出耶穌
114 就是彌賽亞。施洗約翰發生了甚麼事，以致他要重新考慮這個判斷？施洗約翰雖然被囚，但在監裏聽見耶穌在以色列各城中宣講他的信息，他就打發門徒去，問耶穌是不是彌賽亞。約翰和耶穌同樣宣告：「天國近了，你們應當悔改！」但耶穌卻責備有一些城的人不悔改（太十一 20～24），從此看來，當時很多人都沒有回應約翰和耶穌那關乎悔改的呼籲。約翰面對失敗，便自然會差自己的門徒來問耶穌，祂是不是那快要來臨的國度的代表。

耶穌回答約翰的查問，祂將約翰的注意力再次轉移到耶穌職事的果效之上，那就是瞎子看見，瘸子行走，長大痲瘋的得潔淨，聾子聽見，死人復活，窮人有福音傳給他們。正如我們先前所說的，這些都是關於禧年的描述，它們全都發生在耶穌的職事中。我們已見證過耶穌在加利利一帶所作的工，所以我們就知道祂已行了這一切的事。但禧年卻不只是關乎個人的悔改，它其實是關於整個國家的更新。然而，從約翰的角度來看，這更新似乎還未發生。畢竟，對於一位曾宣告耶穌來是要叫被囚的得釋放的人來說，約翰自己卻被人下在監裏，這的確叫人感到奇怪的。

約翰因為要希律遵守律法，所以被下在監裏（太十四 1～11），但耶穌和約翰對律法的理解是否相同，我們就不得而知了。馬太曾指出，約翰好像法利賽人一樣，認為需要經常禁食（九 14～17）。

耶穌卻承認，祂不要求祂的門徒禁食，而且祂會跟稅吏和罪人作朋友。別人見耶穌的門徒不禁食，耶穌自己又跟稅吏和罪人作朋友，就會認為耶穌是貪食好酒的人。約翰不一定覺得耶穌的行逕與自己在曠野所呼籲的悔改相一致。耶穌似乎要解釋一下。

耶穌回答約翰的查問，祂將約翰的注意力轉移到耶穌的職事的果效之上。對於別人說耶穌是貪食好酒的人，耶穌指出「智慧在行為上就顯為是」(wisdom is vindicated by her deeds；太十一 19)。因此，耶穌呼籲人注意祂的行為，並且指出那些不因祂而發怒的人是有福的。耶穌給約翰最好的回應，就是把他的注意力轉向那藉耶穌的職事所釋放出的能力。

然而，耶穌也不只叫人注意祂的行為，祂也幫助羣眾和約翰理解約翰是誰。祂提醒羣眾，他們到曠野去，並不是要聽那只會說他們想聽的話的人，給他們說些安慰的話。約翰明顯不是一個會根據主流意見來宣告信息的人。耶穌又指出，他們到曠野去，不是要看穿細軟衣服的人，那些人應該是在王宮裏才合適的。相反，他們出去要看的是先知，而先知被人認識，並不是因為他們有溫言軟語或一身錦衣。約翰是一位先知，跟他先前的先知站在同一陣線；所以，他被下到監中，這並不會叫人感到意外。

此外，耶穌作出一個惟有祂自己才可以作的宣告：約翰比先知 115
更大。耶穌的論點是很微妙的。約翰比先知更大，因為他是先知瑪拉基(瑪三 1)所宣告要為彌賽亞預備道路的那一位。因為約翰那獨特的職務，就是要宣告以色列的彌賽亞的來臨，所以他比先知還要大。他就是以利亞。在瑪拉基書四章 5 節，我們得知，先前被上帝接走而沒有死的以利亞，將會「在耶和華大而可畏之日未到以前」被差遣到來。約翰就是以利亞，因為耶穌就是彌賽亞。

約翰雖然比先知大，但他在國度裏卻是最小的，因為約翰好像摩西一樣，站在新時代的邊緣上。希律會用暴力來擊敗約翰所宣告的天國，但他卻不會成功。施洗約翰可以被補被殺，耶穌將會被釘受死，但約翰所宣告的國度，會透過耶穌所帶來的和平而臨到。國度不是某些關於和平的觀念，需要以暴力來實現的。相反，國度就是耶穌，祂有能力以愛勝過暴力。

所以，那些不因耶穌而發怒的人，就有福了（太十一6）。耶穌成了八福的形式，祂邀請別人在上帝的國度中分享這些福氣。而且，那些在現行政權中不受危害的人，似乎較容易不因耶穌而發怒。那些無權無勢的人樂意在耶穌吹笛時跟祂一同起舞。他們樂意在耶穌為以色列不願悔改而舉哀時，與耶穌一同舉哀。但那些坐在街市上的人，那些每天在交易世界中賺大錢的人，卻只會覺得施洗約翰是瘋瘋癲癲的，耶穌則是放浪形骸的。

人們假設，事情的現況就是它們必然的模樣（the way things are is the way they have to be），而約翰和耶穌已對此作出挑戰。約翰與耶穌都指出，人們所見的現況是一個錯覺。我們每天所過著的生活，彷彿我們就是自己的主人，是自己的創造者；尤其是若活在市場中，我們就得到獎賞。若有人挑戰我們說，我們的存在不由我們控制時，我們就激烈地抗辯。我們不想被提醒：在一切營營役役之後，我們有的就只是死亡。因此，我們也像那些覺得施洗約翰是瘋瘋癲癲的、耶穌是放浪形骸的人一樣，希望將國度變成一個理想，而不是將國度變成一個藉審判而被認識的實在（reality）。

此外，拒絕約翰與耶穌，這是一個集體性的企劃（collective project）。因為眾城都不悔改，所以耶穌要對那些祂曾在其中行異能的各城，作出斥責。耶穌甚至說，若所多瑪可以見證祂在哥拉汛、伯賽大和迦百農所行的異能，所多瑪也早已悔改，並且得救。但這些城市——集體的墮落常態（collectivities of perverse normality）——卻在面對上帝的審判時毫無悔意，拒絕悔改。因此，審判的日子，就是以利亞所宣告的日子將要臨到，而所多瑪所受的，比它們還要容易受。

耶穌對這些祂在其中行了異能的城市，作出審判，這叫我們
這些當代的基督徒，深深地覺得不安。我們想要的福音是愛的福 116
音，它確保我們在說了該說的話、做了該做的事之後，一切都會安好無事。但我們其實並不是安好無事的。我們好像以色列的各城一樣，我們將自己作為基督徒的存在，變成一個身分，保護我們自己，免於認出誰是那個把我們指向耶穌的先知。我們當然不希望耶穌審判那些祂曾在其中行異能的城市，因為我們不希望承認，我們自己也要受到審判。但福音就是審判，因為惟有這樣，福音才可以是好消息。只有透過審判，我們才會受迫使去發現，那些生命形式可以使我們脫離對罪和死的著迷。[1]

耶穌還感謝父將這些事向智慧人和有聰明的人隱藏起來，卻向嬰孩顯出來，這是在向傷口撒鹽。當門徒稍後問到天國裏誰為大時，耶穌便用兒童來作回答（太十八 1 ～ 5）。我們只有變成小孩子，像小孩子一樣謙卑，才有可能認出天國裏哪些是最大的。聰明和智慧，總是被權力和暴力所採用的名字，叫我們繼續誤以為自己是高人一等的。

在哥林多前書一章 18 至 31 節，保羅告訴我們，上帝選擇用十字架去「滅絕智慧人的智慧」。保羅把哥林多人的注意力轉向他們自己，並指出按人的標準看來，哥林多信徒都是不夠聰明，出身也不夠高尚。他們被揀選不是因為他們夠強，而是因為以世界的眼光而言，他們是軟弱和愚拙的。保羅不是表示，基督徒要刻意成為軟弱和愚拙的，好表明自己是基督徒；保羅乃是說，惟有他們的軟弱和愚拙，才是十字架的忠心見證。此外，十字架是上帝最深層的智慧。

跟保羅一樣，耶穌不是表示我們都要變成嬰孩，祂所說的反而是，我們作為那些被嫁接入國度的人，我們事實上就是嬰孩。我們

只是剛剛起步，要靠耶穌和別人才可以存活；按保羅的說法，我們是「新的創造」。因此，那些聾子、啞巴、瞎子、窮人，以及那些在面對受苦而變得無助的人，可以認出耶穌，這並不是偶然的。成為一個身體有缺陷的人，並不能叫人成為耶穌的忠心跟隨者，但這些缺陷卻的確叫人更接近國度。成為一個身體有缺陷的人，就是使他們有時間，好認出耶穌就是展開一個用禱告來組成的新時代的那一位。成為一個身體有缺陷的人，就是要開始明白，面對耶穌所帶來的國度，成為一個嬰孩是甚麼意思。

耶穌向父禱告，感謝父向一些人啟示那國度。耶穌是三一的第二位格，祂也向祂的父禱告。禱告是三一各個位格之間關係的核心，因為禱告使父——透過聖靈臨在於子——可以臨在。因此，我們有幸可以無意中聽到耶穌向父的禱告；這禱告揭示了父與子之間的親密關係，而這關係那最強烈的表達形式，就是耶穌在十字架上的呼喊：「我的上帝！我的上帝！為甚麼離棄我？」（太二十七46）
117 耶穌禱告，祂的禱告帶我們進入信心那最深層的奧祕——三一（Trinity）。

約翰福音的序言，被認為是高階基督論（high Christology）的一個表達。然而，我們已看到，馬太福音其實也跟約翰福音一樣，是以描述創造的語言來開始的。此外，耶穌在馬太福音裏宣告，除了子之外沒有人認識父；這宣告也跟約翰的宣告一樣：「從來沒有人看見上帝，只有在父懷裏的獨生子將他表明出來。」（約一18）馬太可媲美約翰，他指出，這位耶穌是子，只有祂才可以讓我們認識到，上帝就是父。子會向自己所揀選的人啟示父。

耶穌宣告只有子將父表明出來，祂並不是隨便說說的，因為若我們不知道耶穌是子，我們就不可能知道上帝是父。有些人擔心，耶穌那「只有子可以啟示父」的宣稱，對非基督徒有甚麼含義。他們會問，對於其他宗教的信徒或那些沒有信仰的人而言，「只有透過子才能夠認識父」這個宣告有甚麼意義？這些憂慮及疑問，很多時候反映出「小信」，而這種信心又是由智慧人和聰明的人所組成的建制教會的標記。可是，如果基督的跟隨者在智慧人和有聰明的人——即有權勢的人——眼中只是嬰孩，他們就不需要為非基督徒的身分找一個解釋。反之，他們只需要成為一羣由子掌管其生命的子民，其他人就可能會發覺，他們也受這份喜樂所吸引，而這份喜樂亦是激發著那些屬於耶穌的人的生命的。

作為基督的跟隨者，就是要學習在小孩吹笛時跳舞。威廉斯（Rowan Williams；譯按：英國聖公會前坎特伯里大主教）記錄了如此的一種舞蹈是怎麼樣的，他描述了一位智利（Chile）老師，在澳洲與智力有障礙的人一同創作舞蹈和戲劇。威廉斯透過一套英國電視記錄片《邁步》（*Stepping Out*），認識在澳洲悉尼（Sydney）的霍奇金森陽光之家（Laura Hodgkinson Sunshine Home）的故事。這記錄片是這樣開始的：

> 鏡頭展示著在前台部分，有幾位年輕人，他們不過二、三十歲，漸漸學會受控制地呼吸、協調的動作，他們學會放鬆他們的身體，並「活」在自己的身體之中。然後我們看到的是進階的舞者，他們穿上舞衣，戴上面具，音樂變得更大膽，舞步更精巧；三十一歲的基斯（Chris）出現，他是這羣人中特別有天賦的獨舞者，隨著維拉—羅伯斯（Heitor Villa-Lobos）和普契尼（Giacomo Puccini）的音樂起舞，全心全意地描繪出蝴蝶夫人（Madame Butterfly）之死，基斯的舞蹈表達出禮儀般的悲情，只有少數職業舞者可以做到的。你會看見一位「智障」人士那笨拙、淺薄、腫脹、茫然的面孔，變成悲劇的面具：他身體的每一寸和每一部分，都在以紀律、準確、完全投入，來回應音樂

> 的呼喚。全片的高潮是基斯在悉尼歌劇院（Sydney Opera House）的表演，精彩絕倫，配得全院觀眾起立鼓掌。（Williams 1994, 72）

118 威廉斯承認，他自己跟很多人一樣，在觀看《邁步》時都會因為一羣智障人士嘗試起舞，而以一種屈尊俯就的方式受到感動。當人在看一些叫人感動、卻是可憐的片段時，人有這種態度是無可避免的。威廉斯卻指出，「最後惟一值得作出的回應，是謙卑和充滿敬畏的喜悅。在各種意義上，我們一直所見到的都是恩典。我們一直看見那個老師的愛、忍耐、幽默和深切的關懷，使這些學員知道怎樣尊重和欣賞他們自己的身體，在快要出場之前用說話和擁抱來鼓勵他們每一個」（Williams 1994, 72～73）。

子向那些嬰孩啟示父，就是這個意思。學習隨著笛聲跳舞，表示我們沉醉在這舞蹈中，以致我們不會提出關於那些在舞蹈之外的人的問題。至少，這些問題不會是關於權力的問題。反之，這些問題的出現，只因為我們渴望跟別人分享這美妙的舞蹈。所以，威廉斯建議我們學習留意那個邀請：

> 坐下來吧，所有殘障的、笨重的、空虛的、恐懼的人，以及那些開始感到你也扎根於肥沃、穩定的土地之上的人。在你對面的人似乎不用學習甚麼。他的根扎得很深、很深；他知道自己是可愛的，他也知道自己是蒙愛的。跳舞對他來說是自然不過的事情，他不會癱軟，不會因太過注視自己而懼怕，他不用克服自我保護的意識。所以他開始：他張開其雙臂，盡他所能地有多闊伸多闊。你也這樣作。然後，他站起來，伸手向天。你也這樣作。然後，他拉著你的手，將把你轉出去，令你可以跟著自己的感覺以

> 即興的方式來回應音樂——自己獨立地跳，然後，跟別人一同起舞，又再自己跳舞，之後跟兩三人一起，又跟大家在一起，接著，你又再獨舞起來。（Williams 1994, 73 ～ 74）

這就是耶穌為勞苦的人所帶來的安息。這是祂賜給所有人的、祂心裏的溫柔和謙卑。這是八福所描述的福氣的範例。雖然有極大的痛苦將要臨到耶穌身上，但似乎奇怪的是祂稱這安息為軛。更奇怪的是，耶穌指出我們可以負這軛，也應該負這軛，並學習祂的樣式。然而，那情況肯定是，我們可以負這軛，因為祂為我們負了只有祂才可以負的軛。祂這樣做令我們可以負起祂的軛，而祂的軛現在已變得輕省。這軛是容易負的，因為這軛是一個可喜的另一選擇，有別於我們一向所負的重擔，那些重擔總是叫人得不到安息的。

對於約翰的門徒所提出的問題，這就是耶穌的回答，即是說，祂已啟示了父。祂就是那位將要來的，祂就是以色列的彌賽亞。祂所帶來的國度是溫柔和謙卑的國度，它不得不揭示出世界的暴力。但這國度的溫柔卻會審判那些不接受它的人，因為這些人拒絕相信那在耶穌身上找到的愛，就是那推動日頭和星宿的愛。因此，當耶穌直接說出自己的身分和工作後，我們不會感到意外的是，祂所說和所做的一切會引來爭論和反抗。

耶穌說，祂會給那些擔重擔的人安息；因此，那相稱的是， 119
耶穌馬上捲入關於安息日的爭論——安息日就是為安息而分別出來的日子。「那時」，馬太告訴我們，耶穌和其門徒「在安息日從麥地經過」。祂的門徒餓了，就開始掐起麥穗來吃。法利賽人看見門徒所做的，就要耶穌證成門徒的行為。在法利賽人眼中，在「那時」，在安息日，在休息的時候，門徒在工作。

我們當然會站在門徒那邊。當我們閱讀新約時，我們會傾向用

「好人」和「壞人」來作考量。門徒當然是好人，所以，他們雖被指責於安息日工作，但也一定會被證明為正確的。但重要的是我們不應太早批判法利賽人。我們從創世記便知道，安息日是上帝創造的特質。安息日是一個恩賜/禮物，是用來聖化時間的恩賜/禮物。上帝邀請以色列有分於祂的安息，這其實是給世界的一份恩賜/禮物，叫世界知道我們是在時間中、為時間而被造的。赫舍爾（Abraham Heschel；譯按：猶太教神學家）評論說：

> 安息日有兩面，正如世界有兩面一樣。安息日對上帝、對人都是有意義的。安息日處於上帝與人的關係之中，它是上帝與人立約的記號。這是甚麼記號？上帝聖化了這一日，而人也必須一再聖化這一日，用靈魂的光來照亮這一日。安息日因上帝的恩典而是聖潔的，但它仍然需要人給它增添神聖。安息日對上帝來說是有意義的，若沒有安息日的話，我們的世界就不會有神聖的時間。（Heschel 1951, 53～54）

再者，上帝吩咐以色列人守安息日，為要「記念你在埃及地作過奴僕；耶和華——你上帝用大能的手和伸出來的膀臂將你從那裏領出來。因此，耶和華——你的上帝吩咐你守安息日」（申五15）。所以守安息日明顯是一種政治上的見證。以色列人被擄、失去土地和聖殿，上帝藉此提醒他們，安息日被賜下，就是「在我與你們中間為證據，使你們知道我是耶和華——你們的上帝」，為的是叫子民成聖（結二十20）。所以，安息日是上帝確立以色列方向的方法，它是重要的，叫以色列可以抵抗那些強逼他們活在另一個時間之內的人。

解放奴隸宣言（Emancipation Proclamation）的消息要到

一八六五年六月十九日才傳到美國德克薩斯州（Texas），那時內戰
已經結束了，而且那份宣言已於兩年半前頒布了。從那時開始，德
克薩斯州的非洲裔美國人（African Americans）就視六月十九日為
假期，他們會前往加爾維斯敦（Galveston）——美國陸軍少校葛蘭
傑將軍（Union Major General Gordon Granger）當年就是在那裏宣
讀那份宣言的。白人對這踐行很抗拒，但非洲裔美國人在那一天就
怎樣都拒絕上班。白人可以的話仍想在這天工作，但因他們的工作
大多要依靠非洲裔美國人，所以，他們在那天通常都未能工作。六 120
月節（Juneteenth）——非洲裔美國人和白人也如此稱呼這一日——
最後成為非洲裔美國人和白人一同紀念脫離奴隸制度的日子。[2] 所
以，安息日也是為以色列而設，不管他們正在被擄中還是在外邦人
的管治之下。

法利賽人關注到，耶穌的門徒似乎在安息日工作；他們這個關注看來可能是律法主義的（legalistic），但考慮到那爭論的背景，法利賽人也無疑是嚴格主義的（rigorist），但其中危及的可是一個大問題。此外，耶穌也尊重法利賽人的挑戰，所以祂用他們可以識別的論據來回應他們。耶穌通常會問羣眾：「你們沒有聽過嗎？」但祂卻問法利賽人：「你們沒有念過嗎？」換言之，耶穌訴諸於他們的強項：作為經典的人（as students of scripture）。

耶穌首先使他們留意撒母耳記上二十一章 1 至 7 節，那段經文記述了大衛為自己飢餓的部下，向祭司求了那惟獨祭司才可以吃的陳設餅。大衛認為他的部下分享同一聖職，所以他們可以吃那餅，就是為那些獻給主的人而分別出來的餅。耶穌也同樣認為他的門徒可以掐麥穗，因為像大衛的部下一樣，他們藉著對耶穌這位新大衛的忠誠而已經被分別為聖。耶穌卻不是就此結束祂的爭論，祂進一步要法利賽人留意，祭司需要在安息日工作，為要獻上民數記二十八章 9 至 10 節所要求的祭。

耶穌為爭論提供了一個模範。祂訴諸一些祂和法利賽人都認為是具有權威的經文。但法利賽人如果要好好讀這些經文，他們就要承認，他們認出耶穌正在顛覆聖殿的地位。耶穌作出了那令人驚駭的宣告：「人子是安息日的主。」耶穌的復活將會重新設定時間，令第七日成為新創造的高峯，這新創造就是由耶穌被懷在母腹中的那一刻開始的。

耶穌的辯論方式和其對經文的使用，都讓法利賽人清楚明白，他們所面對的這一位，其存在便是要挑戰他們的世界。耶穌宣告自己完全是要重新描繪創造的時間的那一位，因此，祂自己就成為閱讀經文的鑰匙。馬太福音本身就展示出，耶穌的生命和工作如何成為閱讀以色列經典的詮釋鑰匙。我們很難不同情法利賽人，因他們整個世界都被倒轉過來。要知道，就是二千年後的今天，我們都仍在嘗試領受耶穌對我們世界和生命所作的徹底改變。

耶穌引用何西阿書六章 6 節，宣告著以色列敬拜的核心應是憐恤而不是祭祀。當耶穌一步入會堂，見到有一個人，枯乾了一隻手，耶穌所宣告的就受到試驗。「他們」問耶穌：在安息日治病是否律法許可的？馬太沒有指出「他們」是誰，但這很可能是那些曾聽耶穌說「守安息日的標記是憐恤而非祭祀」的人。若憐恤是需要的，他們就會問，在安息日治病是否律法許可的。耶穌再一次藉著提出一個爭論來回答他們，但這一次，祂用常識來作出辯論。如果
121 有人在安息日會拯救一隻快要掉在坑裏的羊，因為那是他惟一擁有的羊，那麼，對一個人的看顧豈不是更重要嗎？耶穌接著叫那枯乾了一隻手的人，伸出手來（那人一直都將自己的手藏起來），耶穌就醫治他的手。

圍繞安息日的議題，實在叫法利賽人吃不消。馬太記述了，法利賽人開始商議怎樣可以除滅耶穌——由此開始，一個不祥的發展便在馬太所說的故事中成為其中一個重要主題。此外，耶穌察覺

他們想要殺自己，但祂沒有想要與他們搏鬥。反之，馬太告訴我們，耶穌離開那裏，沒有尋求進一步對質。耶穌雖然離去，但卻沒有放棄自己受差遣來要做的事。反之，祂拒絕如法利賽人的陰謀的方式，來作出自我防衛。要對抗謊言的暴力，耶穌那惟一的武器就是祂所領受的真理，這真理就是祂之所是。

可是，羣眾卻一直跟隨耶穌；耶穌醫好了一切需要醫治的人。但祂卻吩咐他們不可以把祂的事告訴別人，為要應驗以賽亞的預言（賽四十二 1～4），那裏提及那位將要向外邦人宣告公義的：

他不爭競，不喧嚷；
　街上也沒有人聽見他的聲音。
壓傷的蘆葦，他不折斷；
　將殘的燈火，他不吹滅；
等他施行公理，叫公理得勝。
　外邦人都要仰望他的名。（太十二 19～21）

法利賽人所意識到的是正確的，耶穌來，是要圓滿那在以色列生活中心的職事；即是說，祂完全是先知、祭司和以色列的君王。但耶穌對每一個職事的圓滿，也會迫使以色列重新考慮，他們自己希望那會來臨的是一位怎樣的彌賽亞，因為在這裏，耶穌是一位拒絕用武力來統治的君王，是一位將會被獻上的祭司，以及是一位「不爭競、不喧嚷」的先知。再者，耶穌要圓滿這些職事，這表示盼望要被帶到外邦人那裏，使公義得著成就。公義的大敵是犬儒主義（cynicism）和絕望，但耶穌卻帶來盼望，因為祂就是終末的記號，指出我們的生命透過新的創造而已得著目標。

耶穌嘗試盡其可能的避開爭端，但祂卻再一次因為醫治一個被聾啞鬼所附的人，而被捲入下一場與法利賽人的爭辯之中。羣眾也開始臆測，任何人若可以醫好這樣被鬼附的人，他就一定是大衛的子孫。但法利賽人卻把這醫治事件視為一個密謀對付耶穌的機會，他們認為只有「鬼王別西卜」才可以趕鬼。他們沒有說出自己的意念，因為他們想用這個機會來密謀對付耶穌，但耶穌卻看穿了祂的敵人，並且回應他們心中對耶穌的指責。

122 耶穌觀察到，沒有一個國可以自相紛爭，即使是撒但的國度也是這樣。法利賽人中間也有趕鬼的人；如果法利賽人不否定自己中間那些趕鬼的人，他們也不能指責耶穌趕鬼。如果法利賽人指責耶穌趕鬼，他們也應該把同樣的測試用在他們中間那些趕鬼的人的身上。因此，耶穌認為，如果法利賽人承認耶穌可以趕鬼——他們也似乎清楚看到祂做到這一點——法利賽人就應該要承認，耶穌能趕鬼，只因祂是透過聖靈來趕鬼的。照樣，若這樣的事已經成就，法利賽人也應該要承認，上帝的國度已經近了。

很明顯，國度已經清楚臨在；耶穌說，除非先捆住那壯士，否則人不可能與撒但對抗。耶穌藉著願意在撒但的根據地受撒但的支配，祂就已經把撒但這壯士捆綁了。耶穌在曠野面對撒但，當時撒但可以用最厲害的手法惡待耶穌，但耶穌卻勝過了撒但。正如以賽亞書四十九章 24 至 25 節所說祂可以做的，耶穌藉著拒絕撒但那所理解的戰事，已奪回那大能的俘擄。透過聖靈的工作，撒但的家不但可以、也實在已經被搶奪一空。這就是說，我們不可以作牆頭草：我們不可以服事上帝，又服事瑪門。我們不可以一面抵抗撒但，一面又引用撒但對世界的看法。

褻瀆聖靈，是一個不得赦免的罪，因為赦免不只表示我們不再因我們的罪而受責怪。反之，赦免，是指出一個在撒但控制以外的另一個羣體。這個羣體臨在於今世，也臨在於那將要來的世代。蒙赦免，就是蒙召聚集到耶穌那裏。不蒙赦免，就是被分散、在迷失的世界中失散。褻瀆，就是否認和拒絕有分於這個新世界，這新世界是由悔改開始，而這悔改是因耶穌這個人身上那由聖靈所賜的能力而得以可能的。

因此，我們所說的和我們不說的，都是同樣重要的。耶穌向那些誹謗祂褻瀆上帝的人說話，他們指責耶穌是靠鬼王趕鬼，耶穌則指責他們說一套做一套。人看一棵樹的果子，就可以知道那棵樹是好樹還是壞樹。但要分辨不同的果子是困難的，因為像毒蛇般的人善於指鹿為馬，因而令人難以分辨善惡。但在審判的日子卻將不會這樣，各人都要為自己所說每一個字詞負責，即使那不過是無心所說的。

在耶穌一切所行和所教的事情中，話語所佔的位置極之重要。祂教導我們在憤怒時要管好自己的舌頭（太五 22～26）；祂不容許人起誓（五 33～37）；祂對空洞的禱告反感（六 7）；祂指責關乎審判的偽善說話（七 4～5）；祂不能忍受那些錯誤的信心認信（七 21～22）；祂鄙視人使用那些明顯否認祂之所是的話語（十二 2）。[3]
祂把我們對話語的誤用，歸咎於我們的「財寶」。我們說錯話，因
為我們害怕失去某些東西，也因為我們自覺必須要保護某些東西。 123
再者，對於我們害怕失去和自覺要保護的東西，往往連我們自己也不清楚那是甚麼。

這全都指出，教會其中一個最重要的任務，就是要好好「管理」話語。對於管理話語，其中一個職事被稱為「神學」。神學作為一個學科，為要幫助那些會跟隨基督而說話的人，讓他們所說的剛好正是見證「基督是真理」時所需要的，一句不多，也一句不少。真誠的語言（truthful language）可以死去了，因為所有語言都需要得到不停的管理。這正是為甚麼教會若沒有謹慎話語的詩歌，它就不可能存活；那謹慎話語的詩歌往往以禱告的形式出現，特別是修士的禱告，這些修士是透過歷代唱誦詩篇來琢磨自己的禱告的。

可是，神學家卻常常受引誘，要說得比可以說的還要多。上帝

的奧祕常叫我們感到沮喪，誘使我們去解釋那些不能被我們解釋的事情。神學家活在一個教會的身分和其信仰會受質疑的時代，他們面對這些誤用時就更為脆弱。聰明的人和智慧人常常以為，信心的語言那有問題的特徵，需要他們用自己的智力來支撐教會的信念。

在如此的處境中——我恐怕教會活在這種處境中已經有好一段日子了——福音的緘默會叫我們感到沮喪。我們希望福音書可以告訴我們更多，多於它們所能說的。我們運用智性的工具、用歷史研究，去解釋一些事情，例如：馬太在描述耶穌與法利賽人就別西卜所作的討論時，他真正想說的是甚麼。我們會假設，如果我們明白多點在耶穌時期的人對魔鬼的了解，我們就會更能明白耶穌說「撒但不能趕出撒但」是甚麼意思。

這樣的研究無疑可以叫我們獲益良多，而我們也不可忽略它們。但這本註釋書對馬太福音所踐行的閱讀，卻嘗試尊重馬太的緘默。我相信這緘默是一個必要的操練，它可以訓練我們在那些我們以為不可或缺的財寶被奪去時閱讀福音書。在閱讀福音書時，那閱讀不挑戰我們作為基督徒所擁有的權力或財富，這實在是困難的。我得承認，這本註釋書只是一個起步。

我們像文士和法利賽人一樣，極度渴望得到一個神蹟（sign；編按：或譯「記號」）。那些求神蹟的人無疑聽過耶穌醫好瞎子、叫瘸子可以行走、醫好癱子、叫聾子可以聽見、叫死人復活、為窮人帶來福音，然而，他們仍然渴望得到一個神蹟。他們稍後甚至要求耶穌「從天上顯個神蹟」給他們看（太十六 1）。我們讀到馬太福音這一段時，我們應要承認我們不禁同情那些求神蹟的人。耶穌對跟隨祂的人要求甚高，他們要求有某種確據，這也是合理的。但我們必須要緊記，魔鬼在曠野也要求耶穌行神蹟。

124 我們不清楚，甚麼神蹟可以滿足文士、法利賽人——和我們。有一位哲學教授曾經說過，如果他看見天開了，有一個宏偉的形象出現，並且宣告：「我是上帝。」那麼這位教授就會相信上帝。但正正是這類證據，叫人不可能跟隨耶穌，因為父並不是這個宇宙中其中一件形而上學的家具，並可以在耶穌這個人身上找出來的。特納（Denys Turner；譯按：歷史神學家）指出，因為我們不能知道上帝的本質（*quid est* of God），所以我們可能稱一個人既是人性的、也是神聖的。他解釋說，只有在我們不能知道上帝的前設下，迦克墩關於基督的教義（Chalcedonian doctrine of Christ）才能成立：

> 如果基督真是「不能看見的上帝的形像」……那麼這同一位基督也正是我們通往那不可見性（invisibility）本身的渠道；如果基督是整個受造秩序的某種摘要，我們可以透過這本書稍為理解背後的作者，那麼作者那不可知的奧祕在基督身上也最能深深地加強了。因此，在基督身上，一切可以關乎上帝的言說，以及言語的不能理解和其失敗，都以最極端的方式被聯合起來及被強化了。在基督身上，我們學習怎樣言說上帝；但同時在基督身上，我們發現那要被破碎的言語，要通往那閃亮的失敗——是我們所知的不知（knowing-unknowing），是「閃亮的黑暗」（brilliant darkness）。（Turner 2004, 59）[4]

所以，耶穌再次藉著把那些求神蹟的人的注意力轉向聖經，特別是約拿書，從而回答他們的要求。正如約拿在魚腹中三日三夜，耶穌指出，人子也要這樣「三日三夜在地裏頭」。可是，即使是復活，對那些想印證他們自己想法的人來說，都是一個不足夠的神蹟。正如示巴女王因所羅門的智慧而來要聽所羅門的話，以色列所沒有預計過會出現的那些人，都會被約拿的神蹟所吸引——這約拿的神蹟要比所羅門的智慧還大。

耶穌用約拿的事迹來預告祂自己的死亡和復活，但即使是復活，也不能保證我們有能力可以使自己脱離不潔的靈。耶穌曾經趕鬼，但似乎那些鬼離開只是為要找另一個落腳的地方。有很多時候，鬼會回到原來的地方，並且變得更多，以致那被鬼附的人末後的景況，比先前更不好了。耶穌説，祂所來到的這個世代，也要如此。耶穌的使命是要叫以色列的子民悔改回轉，但結果可能是他們比現在更抗拒聖靈的工作。「小信」可能就足以讓魔鬼奪去我們的靈魂。

這些關於不潔的靈的描述，既是模糊的又是難以理解的。我們不應該用耶穌對被趕出來的鬼的描述，來發展出一套關乎魔鬼的學説。魔鬼肯定是寄生的。牠們需要一個牠們不能建立的家。可
125 是，耶穌不是要我們反省魔鬼那本體論的身分，祂乃是要再次提醒我們，我們不可事奉上帝，同時又事奉瑪門。所有不支持耶穌的，就是抵抗耶穌的人；其中包括祂自己的家人。

正當耶穌向羣眾説話之時，祂的母親和兄弟就站在門外，要跟耶穌説話。有人告訴耶穌這事，但耶穌卻指著自己的門徒，並説他們就是耶穌的母親和弟兄。凡遵行父旨意的人，就是祂的弟兄、姊妹和母親。耶穌早已經挑戰人對家庭的忠誠：祂藉著對門徒的呼召（太四 18～22），藉著不容許那希望跟隨祂的人回去埋葬其父親（八 18～22），又藉著預言在將來的逼迫中，弟兄會不認弟兄，父親要起來對抗子女，而子女要害死父母（十 16～23、34～39）。如果有人仍然懷疑耶穌所説的是否真的如此，那麼耶穌門徒認作其家人的這個舉動，就説明了祂對家庭的挑戰實在是這樣徹底的。

作為耶穌的門徒，就是作為新羣體的一分子；在這個羣體中，家庭都要被重新組成。我們所有人都是兒女，但在這個已被建立的羣體中，我們所有人都蒙召要作彼此的父母、兄弟和姊妹。在這個

羣體中，不會有一個「沒有人想要的孩子」出生，因為肉身的家庭已經被轉化，用來服事教會。受危及的不是家庭本身，而是那些行父旨意的人。耶穌對家庭既有這樣激烈的態度，這必然令祂與以色列子民之間產生張力。作為以色列的忠心兒子，耶穌應該要結婚生子。但耶穌卻一直獨身。此外，祂的獨身是一個記號，表示上帝的國度不會用生育的形式來發展。反之，上帝的國度卻要靠見證和歸信來開展的。透過這種增長，基督徒將會找到我們本不認識的兄弟和姊妹。這就是基督所帶來的國度那奇妙和可怕之處。

註釋：

1. 我受惠於蘭諾（Rusty Reno）的研究，以致可以用這個方法來清楚表達審判的重要。
2. 德克薩斯州（Texas）在一九八〇年正式將六月十九日定為該州的法定假期。
3. 我要多謝卡特（Warren Carter；譯按：專研馬太福音的新約學者），他的研究讓我注意到這些經文（Carter 2003, 276）。
4. 這段裏的引言是引自波拿文土拉（Bonaventure）所著《通往上帝的心靈旅行》（*Itinerarium mentis in deum*）。

馬太福音十三章

天國的比喻

我們可以把耶穌關於比喻的講論，視為一篇註釋，以說明祂所宣稱的：那些行父旨意的人就是祂的兄弟、姊妹和母親。你不會藉著血統關係而成為耶穌的兄弟姊妹，但你卻可以透過學習成為祂的門徒，而成為祂的兄弟姊妹。我們在下文將會指出，比喻成了耶穌用來訓練其門徒之其中一個方法，為要使他們成為這個新家庭的成員。耶穌特別用比喻來幫助門徒去辨別，天國是怎樣被建立的。因此，比喻就像登山寶訓一樣，一直都是十分重要的，為要令教會想像出自己必要成為哪一類的羣體，以生存在這個世界裏——這個世界往往以為肉身的血緣關係，比我們跟基督的家屬關係更具決定性。在耶穌宣講那篇關於比喻的寓言似的講章時，祂所坐的那條船，就是這些比喻所產生的教會。

馬太沒有告訴我們耶穌在甚麼時候，為了甚麼緣故在一間屋裏面，但馬太只交代了，就在門徒被指控違反了安息日的同一天，耶穌離開了那房子，坐在海邊。耶穌一離開那房子，就有一大羣人跟隨祂。人羣眾多，令耶穌必須坐到船上，才可以跟他們說話；當時眾人站在海灘上，而耶穌則坐在船上指導他們。因此，這個情境跟耶穌宣講登山寶訓時的情境相似。當耶穌宣講時，雖然羣眾聽見耶穌的宣講，但耶穌宣講的對象卻是門徒。同樣地，耶穌透過一些比喻來教導羣眾，但祂卻只向門徒解釋那些比喻，因為門徒必須學習按著比喻所揭示的那個世界而生活。

127 耶穌在其早期職事中已經用過比喻來作比較。祂在登山寶訓裏說到，聰明人會將其房子建在磐石上（太七 24～27）；祂以新布和舊皮袋來說明新舊難合（九 14～17）；又將不潔之靈比作為那些在無水之地必須找尋房子的人（十二 43～45）。但現在，耶穌可說是用一種有系統的方式，來運用比喻和解釋祂對比喻的運用。當門徒問耶穌為甚麼要向羣眾說比喻時，耶穌的回應也似乎是奇怪的。祂引用了上帝給以賽亞的吩咐（賽六 8～13）；他要作預言，為要使眾人「看也看不見，聽也聽不見，也不明白」（太十三 13）。耶穌對比喻的使用，既是先知式的（prophetic），也是天啟式的（apocalyptic）。

耶穌的比喻那先知式和天啟式的特徵，跟耶穌的位格及工作是相符的。這正是為甚麼耶穌引用了詩篇七十八篇 1 至 3 節以表明，祂用比喻來言說，為要將從創世時已經向這世間隱藏的事，揭示出來。以色列的上帝，即那創造這一切的主，卻會在一個童女的子宮裏出現。耶穌本身就是父的比喻，以彰顯那在創世之時早已臨在的東西。要認識這個啟示，我們就需要得到更新，這樣才可以看出，這個人、這位耶穌，是上帝的道成肉身。正如基督的肉身一樣，基督那份甘願走上十字架的心，同時將上帝隱藏和揭示出來，所以，比喻照道理是要揭示出，那些跟隨耶穌的人需要作出怎樣的改變，才可以參與在天國之中——耶穌的任務就是要達到這個目的。

跟耶穌一樣，比喻是以天啟形式出現的。這些比喻使用戲劇般的形象，來清楚展現了它們的天啟特徵，但它們的形式正見證著那始於耶穌的新時代。好像新時代一樣，這些比喻既提供出救贖，同時也提供出那相應於將來的拯救的審判。所以我們會知道，天使會在世代終結時將罪人和義人分別開來，那些行惡的人會被扔到火爐裏，他們要在那裏哀哭切齒（太十三 42、49～50）。這句話說得很重，但它卻是耶穌的提醒，為要呼召我們過一個與耶穌主權相稱的生命。

因此，比喻是一種指引的形式；在宣講福音時，這種形式是重要的，要不然，耶穌又為甚麼叫人注意祂所用的比喻呢？那些比喻可以示範出整個福音的特徵。希尼爾（Donald Senior；譯按：天主教聖經學者）觀察到：

> 從十一章開始，馬太就已集中描述作為上帝統治的揭示者的耶穌，也記下人們對那個啟示的種種不同反應，其中有不少回應是懷有敵意的。出於「比喻」的本性，它們適合用來表達啟示和回應的動態。「比喻」是延伸的隱喻（metaphor）或比較（comparison），原意為要叫聽眾對耶穌所揭示的實在（reality）有一個新的意識，但比喻那巧妙的特質，也對弔詭（paradox）和意料不到的挑戰，增添了一個特別的曲折。陶德（C. H. Dodd；譯按：英國聖經學者）那經典的定義，抓住了比喻的必要元素：「比喻最簡單的形式是隱喻或來自大自然或日常生活的明喻，因為它
> 生動又出人意表，所以它能夠吸引聽眾，它又同時讓聽眾 128
> 對其精確應用有足夠的懷疑，以啟發主動的思維。」正因比喻有這模糊的特徵，所以它們可以成為耶穌位格本身的奧祕的延伸，也有助把比喻的講道安置在馬太福音的這個部分中。比喻有助強化那深奧的基督論，這基督論遍佈於

> 馬太的敘事之中，那就是，上帝的統治藉耶穌而臨到。與此同時，能看透比喻的意義和「明白」它們，或相反地，拒絕或未能明白比喻，這使門徒跟那些長期與耶穌為敵的人，分別出來。（Senior 1998, 148～147）

門徒問耶穌為甚麼要用比喻，耶穌的回答一如既往，引用詩篇來回應他們，祂特別引用詩篇七十八篇。比喻是我們從先祖聽到的謎語，但現在，這些謎語所蘊含的全部意思，都能被人理解。現在，宣講這些比喻的人跟這些比喻本身，已成為一體了。耶穌用比喻來說話，以致我們可能成為天國的文士，能夠從過往的東西中揭示出新東西來（太十三 52）。所以，比喻代表耶穌那不斷的教導——就是馬太忠心地跟隨的教導——好理解耶穌怎樣實現舊約。盧茲（Ulrich Luz；譯按：瑞士新約學者）注意到：

> 我們一再在耶穌的比喻中發現，祂自己的工作及祂對以色列的使命，都是用比喻的形式反映出來的，例如關於邀請前往大筵席的比喻和芥菜種的比喻。後來可作拯救式詮釋（salvational interpretation）的生殖細胞已被置於此處。但我們也一再發現，耶穌的比喻其原意並不是理論性的。它們一再指向日常生活：它們要求人把它們活現出來，而不是單單在智性上理解它們。（Luz 1993, 91）

盧茲無疑正確地提出了，比喻鼓勵人作出勸告式的詮釋（parenetic interpretation），但這些閱讀也只不過是它們所反映出的對拯救的表達。

撒種的比喻不是教人可以怎樣下種，麥子和稗子的比喻也不是教導農夫要怎樣耕種。反之，撒種的比喻是與財富有關的（太十三

22），而麥子和稗子的比喻就是關乎不忍耐，以及關乎因耶穌所產生的忍耐而有的喜樂。屈梭多模（John Chrysostom；譯按：早期教父）認為，那些要解釋這些比喻的人，不要太過按字面來解釋，因為這只會生出荒謬之事。比喻的原意不是要揭示我們早已知道的、關於芥菜子的事；耶穌運用比喻，乃是要用來教導門徒，不但關注祂使用比喻來作教導的原因，也要向門徒解釋每個比喻的意義。我們理解比喻時，要像理解整卷馬太福音一樣，是以基督為中心的。

耶穌用部分比喻來教導羣眾，但祂卻用所有比喻來教導門徒。可是，耶穌只向門徒解釋比喻的意思。我們再一次見到，在耶穌的職事中，基督論和作門徒（discipleship）是不可分割的。上帝恩待門徒，叫他們可以得到作詮釋的恩賜／禮物（gift of interpretation），但這個恩賜／禮物卻是得來不易的。當耶穌問門徒 129
是否明白祂透過比喻所教導的這一切時，門徒都回答「是的」（太十三 51），但這個「是的」只有在十字架和復活後才可以得到圓滿。門徒將會「看見」，但他們卻會因強光而失明。比喻的設計為要叫他們失明，但他們的這種失明並不是絕望的，因為他們將會繼續跟隨耶穌。

門徒是那好土，而天國的種子就被撒在這塊好土之上。我們知道他們是好土，因為若他們不是好土，我們就不可能成為耶穌基督的教會。我們存在，是因為聖靈保守著門徒，叫他們成為適當的見證。但門徒這片土壤是肥沃的，因為他們不怕問耶穌，為甚麼祂要用比喻來教導。耶穌解釋，撒種的比喻是要幫助門徒分辨出他們所領受的是甚麼。他們蒙召作耶穌的門徒，藉此他們可以領受國度的奧祕。這些奧祕是對所有人開放的，但惟有那些回應耶穌呼召的人，才可以知道這些奧祕的內容；這些奧祕就將新時代和舊時代分別開來。

因此，耶穌把撒種的比喻解釋為一個敍述，用來描述因宣講國度而產生的結果。有些人會回應那宣講、卻不明白，這令他們在「那惡者」面前特別脆弱。福音是危險的。我們好像彼得一樣，以為我們可以跟隨耶穌，但當我們面對羅馬的勢力和以色列的領袖之時，我們都難以忠於那位被釘的主。彼得跟我們很多人一樣，迫不及待要跟隨耶穌。迫不及待要跟隨耶穌，其意思是我們未能了解，我們其實不明白耶穌是怎樣的一位彌賽亞。所以，耶穌用這比喻提醒我們，作門徒是會帶來傷害的。在那些仍然被世界的思慮所形塑的人中間，那話語尤其不可能興旺。耶穌已經告訴我們，我們不可既服事上帝又服事瑪門，但這個功課卻是難學的，即使門徒也不一定學得來。

對於那些關注歐美地區教會怎樣喪失其地位及成員的人，他們往往不會考量撒種的比喻，不過，沒有一段經文比這個比喻可以更貼切地描述西方教會的情況。我們正在衰亡，那原因似乎是很簡單的。既作一個門徒，同時又作富有人，這是很難的。當然，我們可能會認為，那並不可能這樣簡單的，但耶穌卻肯定覺得就是這樣簡單。財富的誘惑力，以及我們因財富而對世界的關心，都只會模糊和堵塞我們的想像力。教會因而墮進福音最大敵人的網羅中——濫情（sentimentality）。福音變成一道公式，為要「賦予我們生命意義」，而不帶任何審判。

有些人為要重拾教會那失落的地位及/或那些失落的會友，他們提議一些策略，但這往往只希望吸引人來成為教會的成員，卻不要求他們面對那作耶穌門徒的代價。信徒可能得到一時的「喜樂」，但這喜樂卻不能使他們熬過逼迫。很多復興策略那膚淺的特性都被揭示了；在這範圍內，它們所建立的教會都不能夠理解，基
130 督徒可要如何面對逼迫。這是美國特有的問題，在那裏，基督徒不能想像到，作為基督徒會令他們跟美國的生活方式相阻。不論基督徒的政治立場如何（左派的還是右派的），他們都要面對這個問

題。左派的和右派的基督徒都會誤以為——往往都是以相似的方式——作門徒的必要條件是自由。

因此，我不覺得這個提議很激進：這比喻的確有助我們把美國教會的情況，理解為耶穌對那教會的審判。[1] 美國教會完全不是一塊足以讓根扎得深一點的土壤。財富竟然令那話語不能生長，這看來有點奇怪。我們以為，財富應該會生出權力，叫我們可以做很多好事。但財富其實止息了我們的想像力，因為我們沒有像耶穌的門徒那樣，受逼迫去成為在世界以外的另一選擇；惟有困難，才能創造出這另一個選擇。我們擁有得太多，以致我們被物質所束縛，我們渴望為窮人在世界裏作點甚麼，卻不願意失去我們所擁有的一切。

例如，很多跟隨耶穌的人相信，為了那些無防備能力的人，我們一定要繼續願意用武力去保護他們的利益。於是，他們會覺得和平主義者（pacifists）是不負責任的。不過，人宣告自己是和平主義者，這其實是要製造我們對別人的依賴性，也同時製造出脆弱性，迫使我們要構思出在暴力以外還有甚麼另一個選擇，就是那些我們在別的境況中想像不到的選擇。這就是說，那些委身於非暴力（nonviolence）的人，不敢忘記這個委身會對他們所擁有的財物帶來甚麼含義。他們也不敢忘記，非暴力和財富都是跟教會的特質有關連的。一間會眾數目正在減少的教會，可能正是一間其福音土壤已被預備好，讓根可以扎得更深的教會。

所以，當耶穌告訴我們，連好土都會長出頗為不同的植物時（太十三8），這的確是一個好消息。保羅似乎對耶穌的看法作出了註解，他把哥林多人的注意力聚焦於教會中的不同恩賜／禮物：

> 職事也有分別，主卻是一位。功用也有分別，上帝卻是一位，在眾人裏面運行一切的事。聖靈顯在各人身上，是叫

> 人得益處。這人蒙聖靈賜他智慧的言語，那人也蒙這位聖
> 靈賜他知識的言語，又有一人蒙這位聖靈賜他信心，還有
> 一人蒙這位聖靈賜他醫病的恩賜，又叫一人能行異能，又
> 131 叫一人能作先知，又叫一人能辨別諸靈，又叫一人能說方
> 言，又叫一人能翻方言。這一切都是這位聖靈所運行、隨
> 己意分給各人的。（林前十二 5～11）

教會不但是由具有不同恩賜/禮物的人所組成的，而且在一間教會內是真的東西，對不同教會而言也似乎是真的。上帝無疑會把特別的恩賜/禮物，賜給南半球的各個教會，叫那些教會可以增長。這不是由我們這些在北半球教會的基督徒來說，他們的增長究竟是一百倍的、六十倍的，還是三十倍的。這樣的判斷是需要經過多個世紀後才能量度的；若這些比喻要告訴我們一些事情，那就是耶穌的門徒不需要心急，因為我們大有時間在世界中成為教會。

所以，耶穌用麥子和稗子的比喻來接續撒種的比喻，這並不是偶然的。在這個居間的時代中，我們常常會用這個比喻去證成一間作出妥協的教會。例如奧古斯丁（Augustine）對兩城——上帝之城和人之城——的理解，常被人們用來解釋這個比喻，以及詳細述說耶穌為這比喻而向門徒所作的解釋。有些人提出，奧古斯丁所說上帝之城和「人」的城之間那清晰的對照，只有在終末天使收割和焚燒野草時，才會顯明出來（太十三 40）。但奧古斯丁卻明明說過：

> 在這個邪惡的世代，在這個罪惡的時代，教會透過其所展現的卑微，是要預備將來所得到的高升。藉著受恐懼的刺激、憂傷的折磨、苦困的壓迫、引誘的危害，教會得到訓練；只有在展望未來時，教會才可以喜樂，那時她的喜樂

> 是有益的。在這個情況之下，那些敗壞的人和義人會在教會中混合起來，他們同樣都被福音的網攬住；而在這個如大海般的世界裏，這兩種人都在其中暢游，難以分別，他們都被網圈起來，直到漁船靠岸的時候。（Augustine 1977, 831）

尼布爾（Reinhold Niebuhr；譯按：美國神學家）視自己與奧古斯丁的傳統站在同一陣線，因為他用這個比喻去證成基督徒所應當作出的妥協，他認為這是基督徒在世界中負責任地生活的行動。對於基督徒以所有形式的努力，試圖在生活上完全不犯罪，他用這個比喻去作出指責。按尼布爾的說法，這個比喻並不是說，某種形式的邪惡並不存在；而是指出，好和壞在歷史中是混合的（在教會中尤其是這樣），所以，若我們希望分開它們，那就只會對我們不利。尼布爾承認，基督徒必須作暫時的分辨，但他卻承認我們沒有最終的區分：

> 「容這兩樣一齊長，等著收割。」人是受造物，也是創造
> 者。如果人不能忽略人的境況，以及不能定下一些超乎本 132
> 性的目標和分辨善惡，他就不能成為創造者。他一定要做這些事情。但他也必須記得，不管他的創造力可以提升到有多高，他自己仍是在時間的流動之內，就在他自以為是之時，就在他自以為其智慧是無限而非有限，其德性是清晰而非含糊之時，他就會變成邪惡。（Niebuhr 1986, 47～48）[2]

尼布爾用他對麥子和稗子的比喻所作的解釋來提出，基督徒不能、也不應該委身於非暴力。對尼布爾來說，除了作為墮落的人

類外，若基督徒還裝作其他東西的話，教會就只是背棄了其自己和世界；教會不過是一個充滿罪的機構。所以，麥子和稗子的比喻所教導我們的，主要是謙卑的功課。基督徒必須要承認，不論在教會內或在教會外，愛和自愛（self-love）是「在生命裏摻雜起來的，比一切道德方案所承認的，都要更為複雜。這比喻的簡單用詞，比起所有道德論者的智慧還更深奧的。自愛是存在的，它可以是創造力的發動機。這個理由最終不可能使自愛得到證成，但若我們看看歷史，我們就得承認，自愛可以是創造力的發動機」（Niebuhr 1986, 45）。

雖然尼布爾對於麥子和稗子的比喻的解釋是很常見的，但這解釋的問題卻在於，它不但與耶穌對撒種的比喻的解釋有矛盾，它也不忠於奧古斯丁所提出關於雙城的理解。雖然奧古斯丁的確視教會為一個摻雜的羣體，但這並不表示他認為教會與世界是沒有分別的，也不表示他認為基督徒所行的可以或應該跟非基督徒一樣。例如，在上文所引奧古斯丁關於教會那混雜的特徵的討論之後，他就指出，耶穌揀選那些出身卑微的人作門徒，他們也沒有受過教育，所以若在這些門徒身上有任何偉大之處，那完全是因為基督在他們身上成就的。耶穌甚至忍耐那位在門徒中間的、因邪惡而背叛祂自己的門徒；基督還可以使用他來成就美事，所以……

> 在撒下神聖福音的種子之後——只要那是屬於祂、要透過祂身體的臨在而被撒出去的種子——耶穌就受苦、死去、又再活過來，祂藉受苦而說明，我們要為真理的緣故而應當經受的代價；祂又藉復活而說明，我們對永恆所應當盼望的東西；更不用說的是，藉他流出寶血而洗淨我們的罪，說明了那個玄妙的奧祕。耶穌後來留在地上四十天，跟門徒在一起，並且在他們的眼前升天。再過十天，

> 耶穌按祂所應許的，差遣聖靈來到；而那些相信的人都可
> 以說各國的方言，這成了聖靈降臨那最明顯又最大的記
> 號；如此，這表明了，大公教會的合一可以存在於萬國之 133
> 中，而教會可以說萬人的方言。（Augustine 1977, 832）

奧古斯丁的理解頗為恰當，他認為耶穌不是用麥子和稗子的比喻來證成教會那摻雜的特徵，而是要鼓勵基督徒在一個不承認基督所帶來的國度的世界中要忍耐。[3] 麥子和稗子的比喻跟其他比喻一樣，都是天啟式的比喻，但這個天啟式的比喻所提出的是，教會即使面對邪惡，仍然需要繼續忍耐到底。

正如耶穌忍耐猶大一樣，我們也要忍耐那些認為我們必定要逼使國度實現的人。耶穌的比喻告訴我們國度好像甚麼東西，這表示國度已經臨到。所以，耶穌的門徒不需要用武力去使教會或世界擺脫那些福音的敵人。反之，教會可以有信心和耐性地等候，正如奧古斯丁所說的，教會可以在萬國之中存在。

尼布爾以為可以用奧古斯丁來支持自己的立場，其實這並不正確。[4] 奧古斯丁依然相信，世界那終末的特質內在於耶穌就天國所作的宣告中。對奧古斯丁來說，只因耶穌已使教會成形，人才可以認識世界。這並不是尼布爾的觀點，因為尼布爾認為，福音是人類情況的說明，無論教會有沒有存在，都是人可以理解的。對尼布爾來說，福音已成了一種知識，這知識不需要教會，都可以讓人明白。從這角度看來，像耶穌的天啟式人物，只可被視為瘋子。

作為耶穌的門徒，有一種相稱的瘋狂。要認識這個世界，要明白天國好像芥菜種，這需要一羣拒絕匆忙的子民。緊接在撒種的比喻、麥子和稗子的比喻之後的比喻，可用作為一些註釋，解釋門徒在一個不願面對自己本性的世界裏，可以怎樣堅持下去。天國好像芥菜種或麵酵，因為被吸引進入天國的人，就是有分於上

帝對祂的創造的耐性。耶穌正教導我們看出不重要事物的重要性（significance of the insignificant）。畢竟，耶穌在其職事的這個階段，還沒有得到羅馬政權的注意。從當權者的角度而言，耶穌不過是一個身處於羅馬帝國一個荒僻地方裏，向一羣戰敗的人說話的令人困惑的先知。

134 但當我們聚焦於耶穌在開端所提及的「微小」時，我們必須要很小心，因為如此的注意可以被用來暗示，耶穌就「國度近了」所作的宣告得到證成，因為我們現知道國度在西方文化中所具有的力量。所以，我們願意從小事做起，這被視為合法的，因為我們現會認為，一切事情都會按耶穌所說的軌迹而發展。這樣，這些比喻就不是天啟地被理解；相反，它們會被詮釋為現代人對進程（progress）的信念的示範。這種對比喻所作的詮釋，和對「從小開始」（starting small）所作的證成，就只會扭曲國度的特徵。我們不敢忘記，比喻那終末的特徵是不變的。別人將會從我們所結的果子來認識我們；那些果子依然是八福所祝福的果子。不論基督徒在世界上擁有哪一種成就，那些所謂的成就都只會令教會分心，令教會的任務只淪為一處提供小鳥棲身的地方。

耶穌解釋了為甚麼祂要用像撒種、麥子和稗子的比喻，祂的解釋表示了，二千年的教會歷史都不能確保基督徒有忠心，或不能夠維持基督教的合理性（reasonableness）。不管基督徒擁有他們所謂的甚麼「成就」，國度仍保持其天啟的特徵。基督徒必須繼續活像一切事都要完全繫於我們對這個人的忠心，因為一切事情都繫於國度的實在，也繫於我們對耶穌所宣告的、耶穌本身所成就的國度的回應。

再者，我們的回應是組成耶穌所帶來的國度的部分。國度產生出喜樂。這喜樂有別於那些長在石地上的、因而太快接受國度種子的人所得的喜樂。地裏寶貝和珍珠的比喻都清楚地告訴我們，如果我們要得著天國的喜樂，我們就要付出不少的代價，因為關於天國的發現似乎需要我們變賣一切，為要能買得那塊藏有國度寶貝的田地，或是那一顆價值連城的珍珠。耶穌只是向門徒講這些比喻，為要提醒他們，耶穌要求他們撇下他們之前的生活來跟隨祂。他們稍後將會明白到，當耶穌帶領他們踏上前往耶路撒冷的旅程時，耶穌對他們的要求將會更多。

耶穌也清楚指出，門徒被「網住」，他們是幸運的；因為國度的網子一旦滿了，其中就會裝滿好魚和壞魚。然而，門徒已經受訓練要忍耐，這忍耐是需要的，為要繼續讓國度得到天使的照顧。教會的任務，是要堅決地忍耐。耶穌問門徒是否明白「這一切的話」，他們都回應説：「我們明白了。」但我們都知道，「我們明白了」這個回應是太早的，因為門徒只是剛開始認識到這位要從庫裏拿出新舊東西來的家主。

門徒回應説：「我們明白了。」這個帶有反諷意味的回應，給了我們一個教訓，我們以為因我們現在已有了整全的福音，所以我們的回應就會比門徒的更好。的確，我們不但有馬太福音，還有馬
可、路加和約翰福音——更不用説，我們還有保羅的書信。我們 135
也有那些已讀過福音書和保羅書信的人，給我們留下他們對新約所作的註釋書。若我們輕視這些恩賜/禮物，這就是錯誤了；但若我們回應耶穌説「我們明白了」，這個回應就一定是一個應許的回應，而不是一個結果的回應。我們仍然有掙扎，要持續花力氣了解教會和猶太教的關係——這也是文士的掙扎——這清楚表示出，我們所提出的任何「我們明白了」的回應，都是表示我們仍在努力中，而不是説已經得著了。

但得以成為那掙扎的一部分，其實也是一件美事。天國的比喻清楚説明，天國並不是「高高在上的」，而是一個創造出時間、建構出空間的國度。那國度所構成的時間和空間，要求人存在於時間

之中，並佔用那個空間。耶穌透過這些比喻來教導我們，以致我們可能為世界而成為天國的有形實在（material reality），因為我們從耶穌身上看到和聽到的是，許多先知和義人一直希望看到和聽到的東西。確實，祂就是父的**那個**比喻。

耶穌宣講了祂這篇比喻式的講章後，就離開那裏，返回祂的家鄉去。祂之前返回拿撒勒時，祂行過一些神蹟。這次回去，耶穌先在會堂中作教導，那些聽見的人都驚訝祂的智慧，也驚訝祂的神蹟。但他們又同時覺得希奇，因為他們知道耶穌是木匠的兒子。他們會問，祂的母親不就是我們所認識的馬利亞嗎？祂的弟兄們不就是叫雅各、約西、西門和猶大嗎？祂的妹妹們也是在我們這裏。所以他們問：「這人從哪裏有這一切的事呢？」因此，馬太告訴我們，耶穌的同鄉「就厭棄他」。或許，他們發現祂的教導比祂的醫治更令人感到不快。

馬太沒有向我們説明他們厭棄耶穌的原因。我們知道，耶穌的教導充滿權柄，這可能得罪了那些自以為熟悉耶穌的人。他們可能覺得，耶穌沒有專業資格去作教導或行神蹟。這也使人有興趣地認為，耶穌因著這種引起輕視的熟悉（familiarity）而受苦。但馬太沒有向我們説明，這兩個為人所熟知的機制中哪一個在起作用。我們只是知道他們厭棄耶穌。

我們確實知道，好像耶穌的同鄉所知的一樣，我們對耶穌的熟悉，會使我們不能在祂口渴時、陌生時、赤裸時、被囚時認出祂來。我們對耶穌有某些形象，而我們被這些形象所負累，沒有甚麼比這些形象更具破壞性：耶穌只會單單愛我們、幫助我們愛家人，以及關心那些比我們更不幸的人。在馬太福音裏，我們只可以模糊地瞥見這樣的耶穌。對我們而言，那問題依然是：當耶穌似乎不只是滿足我們的需要，而是有更重要的事情要去做之時，我們是否仍然會接待祂？

耶穌看出（約翰福音四章44節也有此記載）：「大凡先知，除了本地本家之外，沒有不被人尊敬的。」於是，耶穌將自己列在以色列先知那偉大的陣營之中，這些先知的任務本是要作先知去服事那些百姓，但他們卻遭百姓所拒絕。耶穌好像以賽亞、耶利米和以西結，為以色列而成為那預言的體現。先知成為那被宣講的話語， 136
要實現上帝的救贖。耶穌是預言的終結，因為祂就是眾先知所預告那將會臨到的上帝的話語。因祂在本地、本家不受尊重，所以，這並不只是對一個理想主義者（idealist）的另一個拒絕那麼簡單。那些人所拒絕的是以色列惟一的救主。

耶穌雖被拒絕，但這拒絕仍是在上帝的照管之下的。我們在回顧舊約時可見，那看似是災難的事情，往往都是上帝的照管（providence）。約瑟告訴他的兄弟：「上帝差我在你們以先來，為要給你們存留餘種在世上，又要大施拯救，保全你們的生命。這樣看來，差我到這裏來的不是你們，乃是上帝。」（創四十五7～8）耶穌被自己人所拒絕，但這拒絕卻容讓外邦人有機會被帶進那約之中（羅九～十一章）。我們不可帶著希望而作出這樣的判斷，彷彿我們可以預期上帝的照管；反之，那些判斷可以回顧地被作出，它們可以是信實（faithfulness）的一個形式。

馬太告訴我們，耶穌「因為他們不信，就在那裏不多行異能」。這不是說，他們的不信限制了耶穌的異能，彷彿說若他們有信心，耶穌就可以行多些異能。那問題不是那些在會堂裏因耶穌的教導而感到希奇的人的主體性。反之，耶穌在家鄉只行了很小的異能，因為任何的異能都只會惹來更多的誤解和反抗。馬太清楚表明，耶穌的命運就是要被誤解和遭拒絕。但即使是這樣，耶穌仍然希望在祂的家鄉——甚至是在耶路撒冷——得到明白和接受。

註釋：

1. 近期有不少與性有關的爭論纏繞著教會，這叫不少人感到失望。但拉納（Ephraim Radner；譯按：歷史神學家）的看法很正確，他暗示，上帝在懲罰教會，而這對教會來說是一個好消息：「當然在福音的救贖背景之下，我會視這樣的懲罰為矯正性的，而且這懲罰包含著盼望……雖然我不抗拒這觀點，但我至少必須要嘗試相信，我自己也是這個矯正的一部分，那臨到我百姓的事，也是我應得的……聖經提供了很多指引，以教導我們可以怎樣忍受這個實在——不論是君王或聖徒、先知或平民。我們也有一位主，祂已列舉出對我們的要求。」（Radner 2004, 203）
2. 我感謝卡爾萊特（Michael Cartwright；譯按：基督教神學家）的討論，叫我留意到這個比喻對尼布爾（Reinhold Niebuhr；譯按：美國神學家）的含義（Cartwright 1988, 44～60）。
3. 有些人覺得，我既是非君士坦丁主義（non-Constantinianism），我這樣表揚奧古斯丁（Augustine），就會是很奇怪的。奧古斯丁常常被視為證成的根源，使後來君士坦丁主義式發展可以得以合理化。有些人的確會這樣運用奧古斯丁的理論，但奧古斯丁本身的立場卻是很模糊的。奧托挪文（Oliver O'Donovan；譯按：基督教倫理學家）的主張很正確（O'Donovan 2004, 61～63）；他指出，奧古斯丁認為，只有當政府是由基督徒經營，對公民政府而言，公義才是已實現的德性。奧托挪文又指出，《上帝之城》（*City of God*）不是一本主要關乎公義的著作，這本書所說的其實是饒恕。
4. 尼布爾對奧古斯丁所作那最為人討論的論述，可見於 Niebuhr 1953, 119～146。

馬太福音十四至十五章

約翰之死、耶穌的神蹟和爭論

馬太在述說耶穌故事之時，突然中途插入關於施洗約翰之死的記載。關於約翰之死的記載就好像一部微型小說（mininovel），讓我們明白耶穌所進入的世界是怎樣的一個世界，而祂就是這個世界以外的另一個選擇。在馬太福音裏，這是惟一一個沒有耶穌參與的故事；正因如此，這個故事是非常重要的。關於施洗約翰被殺的故事，正是一個關於充滿權力、性和陰謀的世界的故事。這個故事是關於我們的世界——這就是耶穌來要挑戰的世界，祂也要為它而成為另一個選擇。

馬太只是告訴我們，在「那時」，分封的王希律開始聽聞關於耶穌的事。馬太似乎覺得不用告訴我們多一點關於希律的身分。我們知道，這不是那個在伯利恆一帶殺嬰孩的希律，因為約瑟要等到那位希律死後，才可以帶著家人從埃及回來。現在的這位希律，是耶穌出世時掌權的那位希律的兒子。馬太稱他為「分封的王」，這暗示這位希律的權勢比不上他的父親，但他已有足夠的權柄去捉拿施洗約翰。他好像其父親一樣，受過好的訓練，懂得死亡的政治

（politics of death）。

希律打算娶他兄弟腓力的妻子希羅底，約翰因此而指責希律，所以被希律下在監裏。利未記十八章 6 節和二十章 21 節都禁止人娶其兄弟的妻子，因為這樣的婚姻被界定為亂倫。約翰來要呼召以色列悔改、遵行律法，約翰明顯認為，那些在上位者也應該遵守那將臨的國度的要求。可是，希律顯然不喜歡被約翰責問，所以把約翰拘捕。馬太告訴我們，希律本想殺死約翰，但他卻害怕羣眾而沒
138 有這樣作，因為羣眾都視約翰為先知。希律後來聽見關於耶穌的消息，就以為耶穌可能是復活過來的約翰。他的懷疑表示了，希律可能都相信約翰是一位先知。

希律恐懼百姓，這顯示出他管治的特質，這也是許多聲稱代表我們來作管治的人的特質。很多在位者的行逕，都似乎在表明他們的權柄是絕對的，但他們卻害怕他們沒有能力維持自己的權柄。希律存在於一個不真實的世界，這個世界是由那些在位者創造出來的，為要打算維持這個幻想：他們只是負責滿足他們自己的慾望。如此的一個世界，就在希律的生日派對上得到清晰的示範，希羅底的女兒跳舞，令希律開心到一個地步，起誓答允這女兒所提出的一切要求。這個女兒在母親的教唆下，要求取得施洗約翰的頭。希律可能不敢殺約翰，但希羅底卻矢志要置約翰於死地。

馬太描述，希律根本不喜歡希羅底女兒所作出的這個要求。但希律已經起了誓，他怕若自己不守承諾的話，派對上賓客就不會尊重自己。所以，他只好吩咐人把施洗約翰的頭放在盤子裏，拿來給女兒。馬太用了幾句說話，就描寫出在位者的不安全感；那些在位者依仗其身邊的人對他的推測；這就是說，在某程度上，他們的行事就是要令那些被他們統治的人，甚至是令統治者本身都相信，他們擁有他們所裝作擁有的權力。掌權者根本沒有作為掌權者的權力，這表示，他們的生活是具破壞性的絕望的生活。此外，這絕

望，往往是要別人為他們的不安全感而付出代價的。

耶穌與希律之間形成完全的對照。耶穌也是統治者，祂四周也圍滿了那些被祂的權柄所吸引的人。但耶穌的統治是基於父所賜給祂的權柄，好要求那些跟隨自己的人捨棄一切，正如祂犧牲自己一樣。耶穌行使權力，卻從不會顯得不安全；反之，當祂統治時，祂深知自己被差遣是要來作甚麼。祂是王，但祂不是來殺戳的。祂邀請我們加入祂那和平的國度，好叫我們得著生命。耶穌展示出這樣的統治，這表示那些如希律般作統治的人，不禁會把耶穌視為一個威脅，祂會危及他們那聲稱自己擁有的權柄。

約翰死了，但他的門徒卻沒有撇下他。約翰的門徒來取去約翰的屍首，將他埋葬。他們到耶穌那裏，把已發生的一切告訴祂。耶穌聽到約翰的死訊，就獨個兒上船退到曠野去，正如祂聽到約翰被拿時所做的一樣（太四 12）。不過，耶穌逃不過那些從四周城邑來跟隨祂的人。耶穌在餵飽五千人後，仍然希望可以有獨處的時間，好去禱告。馬太沒有告訴我們為甚麼耶穌在這個時候希望獨處，但約翰的死象徵了耶穌那將要面對的掙扎。我們知道耶穌在客西馬尼園祈求上帝撤去那已給祂的苦杯（二十六 39）。我們有理由相信，耶穌於客西馬尼禱告的那份痛苦，在祂這次獨自祈禱的時候也會出現。

可是，當耶穌回到岸邊，祂看見那些已跟隨祂的羣眾。祂就憐 139
憫他們，治好了他們中間的病人。人對耶穌所施的憐憫作了很多的解釋，但人常常把那些關於憐憫的泛論，無理地歸因於耶穌。耶穌對羣眾的憐憫，最好是在跟希律的筵席作對比的情況下來被理解。耶穌把食物給那些沒有食物的人，單單因為他們是飢餓的。希律把食物給那些有食物的人，為要表現他的權力。耶穌餵飽五千人，因為祂憐憫他們。因此，耶穌這樣餵飽羣眾，就成為另一種政治，有別於這世界的諸希律所不能避免的那種妒忌和貪婪的政治。

所以，基督徒那餵飽飢餓的人的方式，與那些為了別的原因來餵飽飢餓者的人，可以區別出來。耶穌憐憫羣眾，所以耶穌完全是基於祂對羣眾的愛，才渴望去餵飽他們。因此，那些想作耶穌門徒的人，也要學習耶穌餵飽飢餓者的方式，以致施捨不會成為一個手段，以從受助者身上攫得權力。在餵飽飢餓的人這一事上，存在著暴力的方式，也存在著非暴力的方式。

耶穌知道怎樣餵飽那些飢餓的人，因為祂是上帝的兒子，祂好像摩西一樣，可以餵飽那些在曠野上抱怨的百姓（出十六章）。耶穌像摩西一樣，將會餵飽那些跟隨祂到曠野的人。門徒請耶穌叫眾人散開，因為門徒知道那地方附近沒有城市或村莊，他們沒有可能讓羣眾吃得飽。但耶穌說那些伴隨祂的人不用散去。祂反而吩咐門徒餵飽羣眾。門徒抗議說，他們跟本沒有足夠的食物去餵飽這許多人。的確，他們只有五個餅和兩條魚。耶穌吩咐他們將魚和餅取來給祂；祂祝謝了，就擘開餅，遞給門徒，門徒又分派給眾人。所有人都吃了，並且吃得飽，他們把剩下的零碎收拾起來，裝滿了十二個籃子。

在餵飽五千人這件事中，如果將婦女和小孩也計算在內，受惠的人就會相當多；餵飽五千人這件事，再現了上帝在曠野怎樣照顧以色列。再者，這件讓人吃飽的事件的細節暗示了，食物和經典（scripture）是不可分割的。五塊餅，相應著摩西五經，兩條魚則代表律法和先知。食物和經典是正確地緊緊連在一起的，因為身體和靈魂也是不可完全分割的。經典的話語，就是生命的道，每一口都是我們得以活著所不可缺的，正如餅和魚一樣。

可是，餵飽五千人不但叫我們注意到以色列人在曠野得餵飽，也叫我們注意到耶穌用自己的身體和血來餵養祂的門徒（太二十六26～29）。耶穌擘開餅，預視著祂的身體也會被擘開。耶穌用門徒所提供的餅和魚來餵飽五千人，但祂自己將要成為我們的糧食。正

如那用來餵飽五千人的餅，是多於這五千人所需用的，需要把剩下
的撿起來，裝滿十二籃子，為以色列的復興而預備；所以耶穌的身 140
體也將不會被那些蒙召作祂的新以色列的人所耗盡。

馬太希望我們知道，耶穌所餵飽的不只五千人，因為婦女和小孩並沒有計算在內。婦女和小孩並沒有計算在內，這可能表示他們的地位不及男性，但在由耶穌的身體和血所構成的新以色列中，情況卻不會這樣。耶穌不用數點祂所餵飽的人——祂要做一些比數點人數更為重要的事情：祂要餵飽他們。

耶穌用五餅二魚神奇地餵飽了五千人以上。更神奇的是祂繼續用自己的身體和血來餵養教會，叫我們可以得生命。祂所行的神蹟挑戰我們看世界的方式，但那挑戰我們的卻不只是祂的神蹟。祂的生命本身就是對我們的挑戰。祂所行的神蹟跟祂受差遣來要作的事，是不可分割的。不是祂所行的神蹟令人難以相信祂。叫人難以相信耶穌的，是我們不願捨棄我們那高傲的假設，以為我們是自己的創造者。

我們那些寓居於這個被稱為現代性時期的人，不能容易地認出神蹟，因為我們對生命中的神蹟，已經失去了任何意識的能力。貝理（Wendell Berry；譯按：美國作家）認為，我們看不出生命中的神蹟，因為我們用了錯誤的言語，來言說這世界和其受造物。我們採用分析語言（analytic language），這種語言賦予專家權柄，卻未能表明那要被描述的事情。結果，這世界被重新分類，由生物變成機器，叫我們不再認識我們自己的生命。貝理總結出：「人類在相當大程度上，藉著積累更多的資訊、更好的理論，或藉著在其科學研究和工業中得到更準的預測、更多的告誡，都不可能減少或緩和那內藏於他們生命中的危機。如果不將生命視作一個神蹟，那就是放棄生命。」（Berry 2000, 10）

馬太告訴我們，在耶穌餵飽羣眾之後，祂即時「催門徒上船，

先渡到那邊去」。祂叫眾人散開，之後像摩西上山求主寬恕百姓拜偶像一樣（出三十二 30～34），祂到山上去禱告。祂晚上大部分時間都是獨自一人，但當快天亮時，耶穌就回到門徒那裏；那時，門徒的船離岸甚遠，並且被浪搖撼。當門徒看見耶穌行在水上時，他們都很驚慌。人是不會行在水上的。所以他們用上一切可以叫他們的世界回復正常的解釋——那一定是鬼。

耶穌回應他們那害怕的聲音，祂在說出自己是誰後，就叫他們不要害怕。正如上帝在燃燒的荊棘中向摩西說明自己的名字一樣，耶穌稱自己為「我是」(I am)。這就是詩篇七十七篇 19 節的「我是」，這個「我是」要在海中開道路，在大水中開小徑，留下不能看見的腳蹤。彼得請耶穌讓他到海中與祂相遇，耶穌只是說了一個字：「來！」彼得走向耶穌，但他自己卻注視大風，於是他就開始
141 下沉。彼得求耶穌救他。彼得不是因為下沉而害怕，他是因為害怕而下沉。看不見耶穌，這意味著彼得跟我們所有人一樣不禁會感到害怕，表示我們不能生存。耶穌一如既往會伸出手來拯救彼得。

彼得很多時被人批評為太衝動、「小信」、疑惑，但這些批評都不應掩蓋一點：他求耶穌下令讓他可以來到耶穌跟前。當彼得開始踏上水面走向耶穌的時候，他知道這並不是一些靠他自己可以做得來的事。彼得請耶穌下令讓他可以走前來，他知道他自己沒有能力來到耶穌面前，他只可以靠那從耶穌而來的力量，才可以做到。彼得的信心是小的，但他至少開始明白到，信心就是順服。

我們當然同情彼得，因為我們都同樣會疑惑。我們疑惑，因為我們像彼得一樣感到害怕。我們的恐懼不是基於我們對上帝的敬畏，因為我們與希律一樣，懼怕別人對我們的看法，過於懼怕上帝。所以，我們受到自己的慾望所壓而下沉，我們希望其他人覺得我們是正常的。但跟隨耶穌的人，就是那些不願意在一個沒有神蹟的世界中存活的人，不可能是正常的。我們要像門徒那樣敬拜這位

耶穌，他們現在知道這位耶穌就是上帝的兒子。

耶穌很快便會為西門改名作彼得，並且宣告耶穌的教會將要建造在這「磐石」上，這使整個故事達到成熟，滿有教會論的含義（ecclesiological implication）。教會是國度的方舟，但教會卻常常發覺自己離岸太遠，又受強風和大浪的威脅。那些在船上的人很多時都不明白，他們是注定要遠離岸邊的，而且受風暴威脅是意料中事。教會如果是忠心的話，就將會常常離岸很遠。此外，有些人甚至會蒙召離開那艘安全的船，行走在水面上。

但是，他們的任務是要見證那位命令他們離開船的主。無論是那些在船裏的，還是那些蒙耶穌吩咐離開船的人，都不可企圖把注意力聚焦在他們自己身上。他們要叫人注意耶穌。當代教會大多數時候會向世界解釋「那是一隻鬼」，而不是見證那位可以重塑教會任何解釋的主。

一間會挑戰這世界權勢的教會，不是一間需要解釋耶穌是誰的教會。這樣的教會只需要敬拜耶穌。敬拜耶穌，表示我們因遠離岸邊和受風浪衝擊而產生的恐懼不會支配我們的生活。當我們以為我們的任務是要保住自己的性命，又或是拯救教會，恐懼才會支配我們的生活。但我們的任務卻不是要存活，而是要作忠心的見證人。如果我們有善工（good work）要作，恐懼就不會支配我們的生活。「有善工要作」（good work to do），其實就是敬拜的另一個名字。

自從耶穌受洗後，我們都已知道，祂是上帝所愛的兒子（太三17）：魔鬼嘲笑耶穌，要祂證明祂是上帝的兒子（四3、6），加大拉那被鬼附的人認出耶穌是上帝的兒子（八29），而耶穌也說祂就是子（十一27）。現在門徒宣認祂就是上帝的兒子，但更重要的 142
是，他們敬拜祂。在較早前，當耶穌平靜了那快要把船隻淹沒的風暴時，門徒都希奇耶穌是誰，連風和海都聽祂。現在他們知道，這位耶穌就是祂自己所宣告的那一位，所以「他們敬拜祂」。門徒正在學習，但他們用口所宣認的，要一些時間才可以進到他們的內心。

耶穌和門徒去到革尼撒勒，祂就立刻被人認出來。耶穌來到的消息，傳遍了那一帶地方。人們開始帶病人到耶穌那裏，並且求耶穌准他們摸祂的衣裳繸子，因他們相信那摸著耶穌的人都會得醫治。那些摸著耶穌的人都得到醫治。但耶穌那不太好的名聲卻惹到法利賽人和文士的注意，這些人從耶路撒冷到來，要挑戰耶穌的工作。他們仍然沿用早前的策略，質問耶穌的門徒為甚麼他們會有那些表現（太十二 1～8），卻不是查問關於耶穌本身所做的和祂所沒有做的。他們現在要問的是，耶穌的門徒為甚麼在吃飯前不洗手。

在利未記十五章 11 節有一段勸告，任何人的雙手若被沾污，他就必須先用水洗淨雙手，然後才可以參與禮儀。但法利賽人和文士都認定這「律法」是古人的遺傳，因為利未記沒有說清楚，這個飯前洗手的要求不單是給祭司，而是給所有人的。但耶穌卻認定，這個問題只不過是他們的詭計，所以祂以一個反論據來作回應，祂指出法利賽人和文士也用古人的遺傳，來逃避律法的要求。

這些命令是清楚的：當孝敬父母，咒罵父母的，必治死他。但耶穌卻觀察到，法利賽人和文士學會如何逃避孝敬父母。他們沒有供養父母，有些人甚至宣稱已經將一切都獻給上帝，藉此逃避供養他們那有需要的父母。可是，為了個人的利益，這些人卻繼續享用一切他們已聲稱獻給上帝的東西。

耶穌藉著指控那些想控告耶穌的人，指出他們為私利而以傳統來操控律法，從而把局勢扭轉過來。耶穌引用以賽亞書二十九章 13 節，指出法利賽人和文士的偽善，因為他們想用他們的話語來榮耀上帝，也想藉操控律法來榮耀上帝，但當他們這樣作之時，他們其實並不是敬拜上帝，因為若我們要敬拜上帝，我們就不可以將我們之所是和我們的工作分別開來。耶穌為了闡明這一點，祂就叫了眾人來，並告訴他們，吃進口中的不能污穢人，惟有出口的才能污穢人。問題不在於門徒有沒有洗手，而是在於他們是否過著忠心的生活。

門徒擔心，耶穌給法利賽人的回應，以及祂向羣眾所說的話，已得罪了法利賽人。門徒才剛剛敬拜耶穌，以祂為上帝的兒子，但現在他們卻擔心耶穌得罪了那些代表宗教合法性的人。為了某些原因，門徒似乎認為他們需要成為面面俱圓的外交官員，但耶穌在面對偽善的人時，絕對不是外交官員。確實，祂說到，法利賽人和他 143
們的跟隨者，若是瞎子領瞎子的話，人最好就不要理會他們，因為他們將要自毀。

彼得請耶穌解釋這個「比喻」，雖然它並不清楚表明它是一個比喻。正如當耶穌禁止人起誓（太五 33）時所作過的，祂觀察到，言語常常會顯露出我們空洞的內心，因為從心裏發出來的——我們很多時候都不認識我們的心——是那些「凶殺、姦淫、苟合、偷盜、妄證、謗讟」。這些東西沾污我們，要比我們不洗手吃東西，還更要嚴重。耶穌給門徒的回應暗示了，法利賽人只是注意律法的細節，他們可能甚至好像夏娃，為律法加鹽添醋，卻忽略了律法的真意。

耶穌跟法利賽人、文士和門徒的交流，是一塊棱鏡，反照出在我們這時代裏，教會所要面對的眾多爭議。很多人希望教會對同性戀者採取更開放的態度，因為他們認為，各人的性生活不是那麼重要的。此外，他們也可以恰當地指出，一些同性戀者的道德水平其實是值得讚揚的。因此，他們不禁會把那些在教會裏不接納同性戀者的人，視為「法利賽人」。

可是，這些如此的類比所蘊含的問題是，那些關注同性戀的論據並不明白我們的生活是具有互相連接的特性（interconnectedness）的。耶穌指責姦淫和亂倫。祂這樣作，因為祂要我們過忠心和信靠的生活。要忠心、要彼此信靠，就表示著我們一定要是真誠的，要避免誹謗別人。在我們的生活中，沒有任何一個部分可以被割裂開來，沒有任何一個部分可以不影響到我們其他部分的生活，也不影響我們弟兄姊妹的生活。對那些活著要作基督門徒的人來說，性不是一件私人的事情。性一定是公共的，但這卻不是要決定同性戀者在教會擁有甚麼地位；反之，這只是說，哪一類的羣體必須要存在，好使那種用來建立羣體的必要論點和衝突，可以在那羣體中發生。耶穌清楚表示，那些關於兇殺、姦淫、苟合、偷盜、妄證、謗讟的禁令，都不能跟那些習慣（habits）分別開來，那些習慣是支撐一個能形塑子民德性的羣體所需要的。

當然，那要緊的是，這羣體有誰能具有論點，以決定甚麼是污穢的。耶穌從與法利賽人和文士的爭論中離開，進到推羅和西頓，這個行動帶出一個問題，就是耶穌呼召而形成的子民羣體，究竟包括了甚麼人。推羅和西頓不是以色列的城市，耶穌自然有可能遇上一個迦南婦人；這個婦人認耶穌為大衞的子孫，她懇求耶穌將那折磨其女兒的鬼趕出來。但是，耶穌的回應跟他給百夫長的回應（太八 5 ～ 13）不同，祂沉默不語。門徒因這婦人持續地向他們呼喊，所以求耶穌趕走她。耶穌嚴厲地——至少在我們看來是嚴厲的——告訴她，祂「奉差遣不過是到以色列家迷失的羊那裏去」。耶穌一直吩咐門徒只往以色列的城邑去，但這卻是耶穌第一次提
144 到，祂自己奉差遣是要到以色列的迷羊那裏去。但是我們從一開始就已看到，那些非以色列人都可以得到祂的醫治和指引。不像大部分的以色列人，外邦人認出耶穌能作一些其他人所不能做的事情。

耶穌甚至被一個迦南人認出。迦南人雖受以色列人攻打，但

卻仍然存留，這是值得我們注意的。但這一次，以色列的約書亞(譯註：「耶穌」這名字是希伯來文「約書亞」這個名字的希臘文翻譯)沒有殺戮，卻反而治好了一個迦南小孩。同樣值得我們注意的是，這迦南人是一名婦人，她竟然可以認出耶穌就是大衛的子孫。耶穌的沉默並沒有嚇倒她，她反而繼續祈求耶穌的幫忙。耶穌用了一種更嘲弄的方式來作出回應，祂用了以色列人那用來貶抑外邦人的稱呼，來告訴她不應把本來給兒女的餅丟給狗吃。但這婦人是一位非凡的婦人，她看得出，連狗也獲准吃牠主人桌子上掉下來的碎渣兒。

耶穌好像稱讚百夫長的信心一樣，誇獎這婦人的「大」信心。她對耶穌的苦苦哀求，並不是「小」事。信心，似乎可以藉著我們的樂於祈求，而得到示範。於是，耶穌好像幫助百夫長的僕人一樣，宣告她所求的都要給她成全，而那婦人的女兒立刻就好了。這位無名的迦南婦人不但為我們這些外邦人成為我們信心的先驅，她給耶穌的回應，也教導我們應該怎樣說話。我們得了教導，學會在領受基督的身體和血之前禱告，這不是偶然的：

> 慈愛的主啊，我們不相信憑著我們的義可以來到你的桌前，我們可以憑藉的，只是你那多而又多的大慈愛。我們連拾起桌下的碎渣兒也不配。但你就是那位常常滿有恩惠的主。所以，恩慈的主，求你讓我們可以吃你親愛兒子耶穌基督的身體，讓我們可以喝祂的血，以致我們可以住在祂裏面，也叫祂在我們裏面。阿們。

耶穌離開推羅、西頓，來到靠近加利利的海邊。祂似乎來到祂開始傳道時的那一帶。祂甚至可能很接近那個祂宣講登山寶訓的地方，因為馬太告訴我們，祂上山坐下，而羣眾就再一次來到祂那裏，帶著瘸子、有殘疾的、瞎子、啞吧和好些別的病人。耶穌這一次沒有講道，祂只是治好所有被帶到祂跟前的人。眾人都希奇，因為他們看見啞吧說話，殘疾的痊愈，瘸子行走。他們就歸榮耀給以色列的上帝，他們知道在這人所作的一切中，他們所期待已久的國度已臨近了。

他們與耶穌在山上足足三天，這表示，他們的糧食都耗盡了。耶穌憐憫他們，並且對門徒說，如果要他們餓著回去，恐怕他們會在路上昏倒。耶穌是從天上來的彌賽亞，但我們卻可以清楚看出，祂也是我們的一員，因為祂頗清楚察覺到我們每天所需要的飲食。畢竟，祂也已經教導我們為每日的飲食禱告。但門徒卻反對，因為
145 曠野裏沒有地方可以買到足夠的餅，來餵飽這許多的羣眾。這些門徒曾經見證耶穌餵飽五千人，但他們仍然不理解耶穌是誰，或不明白耶穌可以作甚麼事。

這一次，他們告訴耶穌，他們有七個餅和幾條小魚。祂吩咐羣眾坐下，祝謝了，擘開餅，遞給門徒，門徒又分派給羣眾。在場的有四千人（不包括婦女和小孩），他們都吃飽了。此外，正如耶穌餵飽五千人的時候一樣，他們還有剩下的糧食，這一次裝滿了七個筐子。這一次的神蹟也像餵飽五千人的神蹟一樣，預視了耶穌在逾越節要給門徒的餵養。但在這一次，我們知道，耶穌在擘餅前祝謝，就好像祂與門徒進食時所做的一樣。與耶穌同吃，就表示我們得以成為在祂國度裏那持續的聖餐的一部分，也表示我們參與其中。

有些人或者會疑惑，馬太為甚麼要把餵飽四千人的事告訴我們。餵飽五千人一事，不是足以帶出所有我們需要知道的信息嗎？又或者，馬太為甚麼再一次告訴我們，耶穌醫好瘸子、有殘疾的、瞎子、啞吧？此外，關於耶穌跟文士和法利賽人的爭辯，也開始顯得重複。但馬太重複這些故事，因為在聖靈的帶領下，他知道我們將需要讀到所有我們可以找到的故事。

關於餵飽四千人的細節，正如馬太福音的其他細節一樣，都可以引起我們作出那對教會有作用的反省。例如，七個餅和兩條魚，常被解釋為我們作為基督徒所需要的七個德性。兩條魚當然就是律法和福音。有反對的人説，文本中沒有暗示到，耶穌用七條魚來代表我們對勇氣、節制、公義、踐行的智慧、信心、盼望和善行的需要，但經文也同樣沒有否定這樣的閱讀。這樣的閱讀，總是有可能成立的。那關鍵的問題是，這樣的一個解釋是否可以建立教會的身體。

早前，我反對那些將寬恕仇敵或不可起誓的吩咐限制於「私人」範疇的人，因為如此在公共和私人之間的區分，並沒有在經文中出現。但關於以七個餅來餵飽四千人的記載，也同樣沒有提到那些德性。在兩種閱讀經文的進路之間，那差異卻是，前一種閱讀在整卷馬太福音中都找不到證成。相反，那些德性卻可以在整卷馬太福音中被找到，因為勇氣、節制、公義和踐行的智慧，都是構成作門徒所需要的習慣。但它們的內容卻被信心、盼望和善行這三個神學德性（theological virtues）所轉化。此外，我們也需要這些德性，才能忠心地閱讀關於餵飽四千人的記載。

馬太福音十六章

「你是彌賽亞」

很多人會覺得，跟隨耶穌、作祂的門徒的要求，是太沉重了。
他們只是想認識耶穌多一點。法利賽人和撒都該人像魔鬼一樣，要來試探耶穌。正如魔鬼想試探耶穌一樣，法利賽人和撒都該人同樣要求耶穌給他們一個來自天上的神蹟(sign；編按：或譯「記號」)，好證明祂是上帝所喜悅的。他們希望耶穌確實地證明祂的身分。但正如耶穌拒絕了魔鬼的要求一樣，祂也拒絕按法利賽人和撒都該人所要求的去行。

自從撒都該人和法利賽人來到約但河，接受施洗約翰的洗禮後，這是我們第一次再讀到他們。撒都該人和法利賽人本不是盟友，但他們卻因為要反對耶穌而聯手起來。他們以不同的方式來作為宗教建制(religious establishment)的代表，即是那些認為「怎樣設法維持現狀」對他們自己是有利害關係的人。他們想要試探耶穌，所以撒都該人和法利賽人質疑耶穌所行使的權柄——祂所擁有的權柄是在以色列中從未見過的。因此，他們要求神蹟，這反映出他們有多無知。

耶穌回應說，他們懂得看天上的預兆來預告天氣，卻不懂得解釋這個時代的神蹟。簡單來說，耶穌暗示，即使他們得到一個來自天上的神蹟，他們也不會懂得如何解釋。他們求神蹟，這不過表示出他們是邪惡淫亂的世代。他們是淫亂的，因為他們雖然假裝與律法立盟約，但他們自己的生活卻背叛了他們所聲稱相信的東西。耶穌說整個世代都是邪惡的，這說法似乎是很嚴厲的，但它卻真實地觀察到，我們如何促成我們那共有的敗壞。

約翰福音是神蹟的福音。例如，耶穌叫拉撒路從死裏復
147 活——我們相信這是一個推動信仰的神蹟。可是，我們得悉，其
中一些相信的人選擇去到法利賽人那裏，警告他們要防避耶穌（約十一 45～46）。約翰對神蹟的理解是一個註釋，說明了耶穌為甚麼會這樣回應法利賽人和撒都該人那求神蹟的要求。他們所想要的神蹟，是既可以確認耶穌的身分，又不會同時要求他們的生命作出改變的神蹟。但約翰福音要我們注意的神蹟，卻是像先知的「神蹟行動」（sign-acts），惟有在以色列人忠於主時候，他們才會真正明白這些神蹟的意義。耶穌拒絕法利賽人和撒都該人那求神蹟的要求，因為他們不能明白到，任何一個神蹟的價值都在於它們可以如何指向耶穌自己。

事實上，要知道如何閱讀「這時候的神蹟」，這確不容易，但對那些跟隨耶穌的人，這樣的一種閱讀卻是有需要的。可是，基督徒常常認為，藉著閱讀《紐約時報》（*New York Times*），我們就知道如何閱讀這時候的神蹟（譯註：神蹟一字本意為「記號」或「兆頭」，因此讀報可以讓人了解這時代事情的兆頭或趨勢）。但要如此閱讀這時候的神蹟，卻受到一個假設所迷住，那假設就是：事情現在的模樣，就是它必須有的模樣。法利賽人和撒都該人就是憑閱讀日常報紙來作出調節的。跟隨耶穌的人也一定會閱讀同一份報紙，藉以顯示出為甚麼耶穌對這個時候要提出另一種閱讀，是有別

於《紐約時報》所提出的。面對那樣令人畏縮的任務，耶穌的跟隨者會開始同情法利賽人和撒都該人。

要恰當地閱讀這個時候，是需要一間能批判現今那些被人認同的故事的教會。美國基督徒常常認為，如果我們曾遇過一些如希特拉（Adolf Hitler）那樣的人物，我們便能夠看出他是邪惡的。可是，在很多方面，德國教會在神學上都比歷代的美國教會都要表達得清楚有力；但德國教會仍然未能看出自己可以怎樣反對希特拉的興起。教會失敗了，因為在德國裏的基督徒假設了，他們是德國的基督徒，正如美國基督徒假設了，他們是美國的基督徒一樣。受國家肯定的教會，將難以忠心地閱讀這時候的神蹟。耶穌責備法利賽人和撒都該人未能閱讀這時候的神蹟；即是說，到了今天，要認出「一切曾經是的、一切現在仍是的東西，都必須在約拿的神蹟下被閱讀」，這仍是給我們的挑戰。

耶穌早前已批評法利賽人言行不一，未能做到他們所承認的事情。不久之後，耶穌將會勸告羣眾，應當謹守遵行那些「坐在摩西的位上」的人所吩咐的一切；「但不要效法他們的行為，因為他們能說，不能行」（太二十三 2～3）。正如我們在登山寶訓所讀到的一樣，耶穌要求我們有一致性／整全性（integrity）的生活。要發現真理，即要認出國度的神蹟，我們就需要被那些因跟隨耶穌而得到的德性所形塑。要認識真理，我們所需要的是要得到真誠的習慣（habits of truthfulness）。知識和德性是不可分的。

耶穌拒絕給法利賽人和撒都該人行一個神蹟，這對於基督徒如何理解真理，有極深的含義。我們相信，福音的真理與某種生活是不可分割的，要認出那真理，就需要那種生活。因為我們察覺到，我們對基督的忠心是多麼的不完全，所以我們會嘗試將我們所相信
的真理，跟我們的生活分割開來。但耶穌不容許我們把我們的認 148
知，抽離我們的生活。福音不是一堆資訊，而是一種生活方式。

貝理（Wendell Berry；譯按：美國作家）作出這判斷：「那主導我們這個世代的故事是關於姦淫和離異的故事。」對於那些想要跟隨耶穌的人來說，這判斷因而是嚴重的：

> 這話是真的，不論那是照字面意思的還是象徵性的：那主導我們這世代的趨勢，就是信心的崩潰，以及在那些以往連結在一起的東西中間所出現的分裂。這個故事肯定要由人去傳講⋯⋯但以往人們怎樣傳講它？這故事該怎樣被傳講？⋯⋯這個故事被傳講的方式，可以是闡明那受苦及那些代價，使人能想像和同情那受苦及那些代價；也可以是似乎讓人給姦淫和離異授予輕易的容許和原諒。（Berry 2000, 133～134）

因此，我們不應覺得奇怪，在這個淫亂的世代中，我們中間有很多人會像法利賽人和撒都該人一樣，要耶穌行一個天上的神蹟。我們希望看到一個可被認出來的，卻又不需要使我們的生活顛倒過來的神蹟。除了約拿的神蹟外，耶穌拒絕給我們其他神蹟。那神蹟是死亡的神蹟，也是戰勝死亡的。約拿被大魚吞下，在黑暗的魚腹中過了三天。大魚不能消化約拿，牠把約拿當作不願行上帝旨意的先知而吐了出來。耶穌也要受死，但死亡好像那條吞下約拿的大魚一樣，並沒有能力去消化這位死亡之主，因為這位死亡之主忠心地遵行父上帝的旨意。

耶穌曾經用約拿來暗指自己要被釘十字架（太十二 38～42），但耶穌現在提出，法利賽人和撒都該人將不能認出祂那復活的神蹟，因為這神蹟會像耶穌出生的神蹟一樣，是從天上來的，而我們的生命要首先被改變，才可以看見這個世界怎樣因十字架而被拯救。我們不可能一面跟隨耶穌，一面像法利賽人和撒都該人那樣繼續依戀一個充滿謊話和暴力的世界——這世界會故意蒙蔽我們，叫我們看不到自己的罪。

耶穌離開了法利賽人和撒都該人，只是祂卻要面對一班忘了帶餅上路的門徒。耶穌剛剛面對過法利賽人和撒都該人，所以祂警告門徒要提防法利賽人和撒都該人的酵。門徒，尤其正如我們從約翰福音所知道的一樣，不能立刻明白耶穌所說的話。在約翰福音裏，當耶穌宣告「我是生命的糧」(約六 35)或「復活在我、生命也在我」(十一 25)時，門徒的回應，跟他們在馬太福音中，當耶穌警告他們要提防法利賽人和撒都該人的酵之時所作的回應一樣，都以為祂的教訓是一些關乎食物的建議。因此，門徒以為耶穌關心的是他們是否有餅在身。門徒像我們大部分人一樣，都沒有耳朵去聽耶穌的語言。他們嘗試按舊的時代來理解耶穌的話，但因他們拚命要去控制他們所身處的那個世界，以致他們不明白耶穌的話所要給他們的是甚麼挑戰。

耶穌知道他們的困惑，所以祂指責他們的「小信」。他們是少 149
信的，這似乎是因為他們不明白，跟隨耶穌，是要怎樣改變我們自己說話和聆聽的方式。耶穌提醒他們，他們已看過耶穌怎樣用少許的餅和少許的魚，便餵飽了五千和四千人。他們也見過那些在羣眾吃飽後所剩下來的食物。他們怎可以不明白當祂提到「法利賽人和撒都該人的酵」時，祂所指的並不是餅，而是這些人的教導？馬太告訴我們，門徒這才明白，耶穌是要他們防備法利賽人和撒都該人，但門徒仍有很多事情要學習，因為耶穌要開始告訴他們，跟隨耶穌是甚麼一回事，即耶穌要宣告，他們必要跟隨耶穌到耶路撒冷，而在那裏，耶穌自己將會被殺。

從馬太福音十一章開始，馬太便帶我們跟隨耶穌，一起走遍以色列的各城各地，讓我們可以見證耶穌的醫治、神蹟、教訓，以及祂的工作所帶來的爭議。當耶穌進到凱撒利亞·腓立比地區之時，我們與耶穌同行的旅程現在便到了那個部分的高峯。「凱撒利亞．腓立比」這個名字透露了，這是一個在以色列和外邦世界之邊界上的城市。耶穌在這裏問門徒：「人說人子是誰？」

門徒回應時便指出其他的說法：有人說是施洗的約翰；有人說是以利亞；又有人說是耶利米或是先知裏的一個。這些回應都有相同的假設——這假設也不是明顯的錯誤——那就是耶穌位列在先知傳統之中。所以，門徒所複述的意見，其實就是那些作為以色列傳統之一部分的人的意見。那特別有趣的是有些人認為耶穌是耶利米；耶穌很快便會前往耶路撒冷，祂要像在耶路撒冷被毀時作先知的耶利米一樣，向耶路撒冷表達那份相同的悲哀。

耶穌聽過門徒的匯報後，再問：「你們說我是誰？」有些人擔心，當耶穌第一次問門徒人們說祂是誰時，祂只說「人子」這個身分，祂會不會是指著第三身的人子。但耶穌其後問門徒的問題便顯示出，當祂問及關於「人子」的事情時，祂所問的是關乎祂自己的事。再者，耶穌的問題是向門徒發出的，因為他們是祂所呼召的門徒，也是那些曾聽過耶穌解釋比喻的人，他們甚至是那些看過耶穌平靜風浪和在水上行走的人。西門回答說：「你是彌賽亞（Messiah），是永生上帝的兒子。」當耶穌和西門回到船上時，門徒就曾認祂為上帝的兒子，但現在是門徒首次認出耶穌是彌賽亞，是以色列長久盼望的那一位，是惟一有能力叫以色列從敵人手中得自由的那一位。耶穌稱讚約拿的兒子西門，因為他認出耶穌是彌賽亞——是一位王，但人要認出耶穌卻並不是容易的。耶穌宣告，西門——像八福所描述的那些人一樣——是「有福的」。

當耶穌受洗時，有聲音從天上說，耶穌「是我的愛子，我所喜悅的」（太三17）。在這一次，子的聲音宣告，彼得是有福的，因
150 為屬血肉的不能向彼得揭示出耶穌為彌賽亞，「乃是在天上的父指示他的」。西門知道祂所做的是甚麼事，因為他得到啟示。但那重

要的是，彼得那關於「耶穌是彌賽亞」的知識，並不可以用來建立一個關於啟示的普遍理論。西門不是透過某種直覺的或神祕的認知，來認出耶穌就是彌賽亞。反之，西門是因為遵行耶穌那作門徒的吩咐，所以才認出耶穌的身分。

耶穌是上帝的啟示。在耶穌以外，上帝沒有別的啟示。馬太福音並不是啟示。反之，西門和馬太是耶穌的啟示的見證人。他們的見證確是無可替代的。若沒有西門和馬太，若沒有這些經典（scriptures），我們就不可能認識耶穌。但見證卻不是啟示，他們只是指向他們所見證的那一位。西門和馬太可以說是有分於他們所見證的那一位，但他們之所以可以在其中有分，是因為耶穌是彌賽亞，是上帝的兒子。

西門認出耶穌，這經歷改變了西門。於是，耶穌給西門起了一個新的名字：彼得，就是磐石的意思。耶穌告訴彼得，祂將要「在這磐石上」建立祂的教會。彼得成為首批門徒之首，這不是因為他是第一個被呼召的，也不是因為他特別出眾，而是因為他認出耶穌就是彌賽亞。但他的新身分卻並不暗示，其他門徒的地位被貶低了。相反，彼得的任務是要服事，好叫教會將不會失去任何恩賜／禮物（gift）。

有人說，耶穌來是要宣告天國，但我們得到的卻是教會。人對福音的理解常假設了，耶穌來是要宣告一個新時代將要來臨，但當這時代遲遲未到，祂的跟隨者就創作出一個耶穌從沒有想過要建立的機構。但耶穌的宣告明顯從一開始就顯出其天啟的特徵。國度的接近所需要的是耶穌要聚集一羣人，他們能活出新時代的生命，而這新時代是透過耶穌的出生、生命、死亡和復活來建立的。馬利亞是新創造中的第一個成員。彼得就是她的僕人。

耶穌要使彼得成為那磐石，而且要將教會建立在其上，耶穌藉此要指出，教會將需要如此被建立，因為陰間本身會嘗試摧毀耶穌所建立的。彼得的任務不是要確保教會的安全，也不是要保證教會可以存在。反之，彼得要做的是令教會忠於其使命，那就是見證彌賽亞。這見證是蒙召成為神聖的，它要求我們願意在我們被得罪時，作出互相對質（太十八 15）。教會惟有透過從事認信、懺悔和復和的踐行，以之作為暴力以外的另一選擇，才可以成為一間和平的教會。

彼得所領受的鑰匙，就是教會所領受的鑰匙；透過這些鑰匙，教會常在上帝的審判之下變得脆弱。彼得並不是遠離門徒，也不是遠離教會的。反之，彼得是在教會之內的，他受吩咐要看守教會，
151 使教會忠於其對耶穌所作的見證。再者，見證成為眾基督徒合一的根源。

「你是彼得，我要把我的教會建造在這磐石上」，這宣告顯然叫人聯想到羅馬主教那特殊的地位。歷代以來，關於馬太福音十六章 18 節的討論，多得不可勝數。這麼多的討論卻辜負了耶穌所交給彼得的責任。彼得的任務不是叫人注意自己，而是見證彌賽亞。但我們也要承認，當我們看到耶穌指彼得為那塊祂要把教會建在其上的磐石時，我們不可以忽視關於教皇的問題（papacy）。在幫助我們明白福音一事上，彼得後來的重要性，不遜於教會對道成肉身的教義的發現。

彼得領受合一的職事，是透過時間、跨越空間而被確立的職事，它為教會提供途徑，讓我們可以看待各人，以致陰間的權柄也不能勝過我們。彼得不是蒙召去「維護和平」（keep the peace），而是保證教會為了其聖潔而有那需要的衝突。沒有這樣的教會存在，人就不會有拯救。彼得這個名字必然是要提醒基督徒，我們曾有一個、現在仍有一個見證，是跨越時空的見證，他從未失敗地使教會和世界轉向這個實在（reality）：耶穌就是彌賽亞，就是基督。那問題從不應在於耶穌是否建立彼得，好叫他可以如此服事教會；而是

彼得的服事可以在何處、可以怎樣被人認出來。

當基督徒出賣其合一，背叛其要聖潔的呼召、互相殘殺的時候，那情況就肯定是，教會和彼得都未能成為其蒙召要成為之所是——因為耶穌所帶來的國度是和平的國度、復和的國度（太五21～26），它在這世界之中，為這世界而創造出另一個選擇。彼得的任務是要呼召基督徒，正如耶穌呼召門徒一樣，要他們作一個教會的忠心國民，而這教會的存在並是不靠軍事力量的。

耶穌替西門改名為「彼得」（即磐石），並說要將教會建立在其上，之後祂嚴嚴的囑咐門徒，不可對人說祂是彌賽亞。耶穌這樣做是因祂快要啟示的事實，那就是，耶穌一定要去耶路撒冷，受長老、祭司長、文士許多的苦，並且要被殺，第三日復活。耶穌之前曾經吩咐門徒要背起十字架來跟從祂（太十38）；但現在耶穌解釋清楚，祂對十字架的指涉，並不是一個隱喻。耶穌清楚地說出，人若要明白對耶穌而言彌賽亞是甚麼意思，他就要願意跟隨祂到耶路撒冷，而那命運在耶路撒冷正等待著祂。耶穌不是要求我們相信祂，祂而是要求其門徒跟隨祂——以至於死。

但彼得並未準備好，我們也不相信其他門徒已經準備好要跟隨
耶穌，以至於死。彼得仗著自己新的身分，便將耶穌拉到一旁，並
開始斥責耶穌。我們常以為公共關係是現代的產物，但彼得卻取了
一個好像那些受吩咐要粉飾壞消息的人一樣的角色。於是，彼得嘗
試幫助耶穌去「傳遞正確的信息」。他這樣做是因為他認真看待自 152
己那個作為磐石、讓教會在其上建立的新責任。他似乎以為他的任
務是要確保耶穌的職事產生成功的結果。彼得是關心耶穌的，但他
也擔心，耶穌那關於祂自己死亡的宣告，會令那些跟隨祂的人灰心
失望。

因此，彼得——耶穌將教會建立在其上的磐石——就成為第一個斥責和背叛耶穌的人。耶穌曾斥責風和海，但現在，充滿由耶

穌所賜、新得到的權力的彼得，就來斥責耶穌。彼得——教會要在其上被建立——像我們的先祖亞當和夏娃一樣，以為自己比上帝更清楚上帝的心意。對於教會，這是一個嚴肅的開始，但這開始卻會在整個教會生命中不斷地被模仿。教會從彼得身上學會，我們的忠心是要由認罪開始的。我們相信，上帝永不會離棄教會，而這相信是正確的，因為耶穌已告訴我們要相信；世界也將不會缺少忠心的見證人。但我們這建立在彼得這磐石之上的教會，也必須有能力承認，我們自己往往是第一個把我們所得到的東西出賣的人。

彼得完全不可以相信耶穌將要被長老和祭司長所擊敗，並且在羅馬的協助下被殺。彼得已宣認耶穌為以色列的彌賽亞、新的大衛，但耶穌卻宣告祂會受挫敗和被殺，對彼得而言，這不像是得勝的。此外，耶穌還清楚說出，祂在第三天要復活，但耶穌的復活不像一些能叫彼得安心的事。復活，似乎並不是彼得心目中所預期的那類得勝。

耶穌嚴厲地斥責彼得，並且指彼得是撒但。彼得好像法利賽人和撒都該人一樣，都成了那等人，他們只是想耶穌按這個世界的模樣來接受它。彼得，這個本來是教會要在其上被建立的磐石，現在就成了耶穌的絆腳石。彼得像魔鬼一樣（太四 3、6），想要耶穌將石頭變成食物，或想要耶穌救祂自己免於死亡。耶穌指責彼得不體貼上帝的意思，只體貼人的意思；這不是說彼得不夠屬靈；耶穌是個靈，祂是神聖的。彼得雖然承認耶穌是「彌賽亞，是永生上帝的兒子」，但他的失敗卻在於他未能認出，耶穌的人性就是祂的神性。奧古斯丁（Augustine）對彼得的評論指出，彼得為驕傲所控，以致未能夠「謙卑地設想謙卑的耶穌基督為我的上帝，〔彼得〕也不明白祂那軟弱的人性所要帶出的功課。這功課就是，祢的道，那永恆的真理，是超越祢一切的受造物，即使是那較高的受造物也不及祢的道，祢的道可以叫一切服於祂的東西，升高到祂那裏去」

（Augustine 1961, 152）。

對於彼得不能認出耶穌，我們不禁予以同情。道成肉身並不是日常事件。在彼得於凱撒利亞．腓立比作出認信之後的二千年，教會仍然未能認出，這位耶穌就是永活上帝的兒子。我們未能認出，因為我們好像彼得一樣，希望耶穌可以確認我們的假定，即以為只有我們活像上帝並不存在，我們就可以明白世界的運作方式。
我們不希望日常生活被打亂，但我們若希望每天忠心地生活，耶穌 153
就必會打亂我們的生活。

因此，耶穌告訴門徒，若他們要是跟隨耶穌，他們就要背起他們自己的十字架。如果他們想要用由世界所提供的、用以確保他們存在的方法，去保住他們自己的生命，那麼他們就會喪掉生命。相反，他們若要得著生命，就一定要願意「為我的緣故」而喪掉生命。耶穌不是告訴門徒，若他們學會無私地過活，他們將可以過更滿足的生活。祂反而在說，門徒所作的一切犧牲，都是必須要為祂而做的。他們所背的十字架，必須是由祂的十字架所決定的。

若耶穌不是祂自己所宣告的那一位，祂對門徒的要求就會變得沒有意思。若你不是上帝的兒子，你就不會叫那些跟隨你的人，跟隨自己直到十字架上。若你不是彌賽亞，你就不會叫兄弟和姊妹凝視那些他們所愛的人的死亡。若你不是帶來新時代的那一位，你就不會使彼得成為那塊教會要在其上被建立的磐石。但耶穌正正就是這一切，而且比這一切更多，祂要求其門徒要活出不受死亡操控的生活。

但耶穌給門徒的要求，並不是新的要求。自從祂呼召他們來跟從祂，他們就已經開始失去自己的生活。但在凱撒利亞．腓立比這個重要的時刻，耶穌清楚說明那從開始就已經發生的事情。祂帶領門徒走遍以色列的各城各鄉，但現在祂將要帶他們回耶路撒冷去，面對那些要密謀殺害耶穌的人。耶穌清楚指出他們所要踏上的是怎麼樣的旅程。祂沒有強迫他們要跟隨祂。他們是自願追隨耶穌的，但他們卻會在最後撇棄祂。

耶穌在總結這次與門徒所作的特別交流時用了一句話，這句話明顯帶有他們所身處的時代那天啟的特徵。人子，那惟一有權柄作審判的公義官，已經來到。耶穌將會面對和承受死亡，但祂的死亡是對這個由死亡之恐懼所組成的世界所作的審判。國度沒有遲延，反之，國度已經臨到了。這時候是重新創造的時候，它要求人對一切時間，作重新詮釋。在那些站耶穌面前的人中，有些人在沒嘗死味以前，就看見人子降臨；這確認了馬太在福音書開始時所作的宣告：這就是新時代的「開始」。因此，我們也可以恰當地宣告：「基督已受死，基督已復活，基督將會再來。」

馬太福音十七章

改變形象

人子已來到了。在改變形象中，我們見到祂的榮耀。在凱撒利 154
亞．腓立比那戲劇性的對話之後六天，耶穌帶著彼得、雅各和約翰上了高山。祂在那裏變了形象，臉面明亮如日頭，衣裳潔白如光。摩西和以利亞顯現，與耶穌同在，並且跟祂說話。彼得變得不知所措，建議要為耶穌、摩西和以利亞起三座棚，但正當彼得在說話的時候，天上有一朵雲彩遮蓋他們，且有聲音從雲彩裏出來，說：「這是我的愛子，我所喜悅的。你們要聽他！」

這是一個多麼奇異的經歷！耶穌不久前才告訴門徒，祂要到耶路撒冷，被長老和祭司長所擊敗，更要被殺。但現在，我們卻有幸在山上見證耶穌所得的榮耀。這是那位容讓自己兒子受死的父的榮耀。這就是那位平靜風浪、趕出污鬼、醫治瞎子、啞巴和癱子的主，這就是那位公義審判的主，但這也是那位為我們受死的主。

「過了六天」，這讓我們想到創造本身。耶穌是在第七日改變形象，那是上帝安息的日子，是完成六日創造工作的日子。這個安息的日子是完全活動（perfect activity）的日子，我們在其中獲邀可以完全和諧地享受上帝。在安息日這光明的日子裏，耶穌好像白日一樣照耀，這豈是奇怪呢？此外，那同一樣的光明預視了約翰在啟示錄所見的新天新地。那終局（the end）預視了那開端（the beginning），圓滿了那臨在於創造中的榮耀。耶穌改變形象，我們
155 也開始看見上帝的榮光在可朽壞的人中間，祂寓居在我們中間，令我們成為祂的子民，又會擦乾每一滴眼淚，死亡也不再有了（啟二十一 1～4）。

彼得、雅各和約翰見證了這榮耀，而這榮耀與人子臨到祂國度的勝利是相稱的。他們害怕得要俯伏在地，這有何奇怪呢？誰可以抵得住主的榮耀？門徒的害怕是恰當的。他們和我們都應當敬畏上帝。若我們不敬畏上帝，我們的生命就會被那由我們的財產所產生的畏懼所操控。耶穌吩咐門徒不要害怕，但這所需要的是，我們要好像他們一樣：不見別的，只見耶穌。看見耶穌、跟隨耶穌，表示他們自己也將要被披上殉道者的白袍（啟三 5），他們因被祂十架上的寶血所洗淨，才有可能為主殉道。

在改變形象時，門徒窺見人子的榮耀——這人子在父創造的第七天與父同在，也將會在最後一天與父同在。尤達（John Howard Yoder；譯按：基督教神學家）觀察到，「上帝將彌賽亞置於宇宙和世界文化之上，而不是在其中」，這認信意味著，宇宙在彌賽亞的主權下將找到它自己的真正意義和連貫性（coherence）。在歌羅西書中，所有的權柄都被確切地理解為不只會被打敗，更會被召集起來，以達成它們原初的目的，那就是要讚美上帝。在約翰的啟示錄裏，那道（*logos*；編按：或譯「洛各斯」）——宇宙和歷史的合理性（rationality）——不但被罷免了，還要被用來照耀殉道者的工作。尤達還說：

> 知道被殺羔羊配得權柄，這不單賦予門徒能力在必要時面

> 對殉道；這也賦予門徒能力，以從事他們的日常工作，可以履行他們作父母和鄰舍的責任，而不受到對宇宙的疑惑所困擾。這個破碎世界在主第二次再來之時可得以完全，但在這之前，信徒對主第一次臨到所作的見證——透過他們宣告基督高於一切的勢力、子高於天使——能叫人繼續預期創造的得救。只有這種福音派的基督論（evangelical Christology），才能真正找到文化的轉化主義式進路（transformationist approach）。我們仍未見到世界得到撥亂反正。我們仍不能證明正確的事是正確的。我們仍未找到那道橋或那條路，可以讓人從歷史的不確定性，跨到更穩固的基礎上，迫使人相信或更確定我們所相信的。「只是如今我們還不見萬物都服他。惟獨見⋯⋯耶穌，因為受死的苦，就得了尊貴榮耀為冠冕」（來二8下～9）。（Yoder 1984, 61）

當門徒聽到父的聲音而害怕得俯伏在地的時候，耶穌觸摸他們，並叫他們不用害怕。耶穌的觸摸是重要的。耶穌透過觸摸來提醒他們，天上聲音所宣告的子，正是一位有血有肉的人子。天與地在這人身上得以連接起來。因此，地會得到改變，變得光明耀眼、「充滿上帝的威榮」，正如霍普金斯（Gerard Manley Hopkins；譯按：英國十九世紀詩人）所描述的一樣。改變形象預告了新的創
造，它不但重新建構我們的生命，也重新建構了存在（existence） 156
本身。既然如此，雖然我們還未看見一切東西已圓滿，但我們卻可以跟門徒一起看見耶穌。

「過了六天」，不只把耶穌安置在創造的第七天，也把祂與摩西置於摩西領受關於會幕和約櫃的指示的那座山上（出二十四15～18）。上帝告訴摩西要帶亞倫、拿答和亞比戶同來，但只有摩

西可以接近主（二十四 1～2）。在這個背景下，彼得、雅各和約翰可以有幸見證耶穌的改變形象，這就變得更有意義。耶穌在客西馬尼園也將要吩咐彼得、雅各和約翰要跟祂在一起，但在那裏，當耶穌非常痛苦的時候，他們卻難以與耶穌同在（太二十六 36～46）。他們仍然需要被觸摸。

摩西，正如他常得到上帝邀請去作工一樣，進到那朵把山圍繞著的雲彩之中。那雲彩是主的榮耀，當摩西離開雲彩時，他臉上發光（出三十四 29～35）。門徒也在山上被雲彩環繞，但耶穌的臉面明亮、耶穌的改變形象，是在雲彩遮蓋那座山之前出現的榮耀。摩西的臉因反照上帝的榮光而發亮，而保羅告訴我們，摩西臉上的這榮光最終是退去了（林後三 7）。但耶穌的榮光卻不會退掉的，因為耶穌本身就是上帝的榮耀。在山上那雲彩圍繞著耶穌，那是上帝同在的雲彩，為要讓門徒可以聽到上帝的聲音。在耶穌受洗時，有聲音從天上說話，又認定耶穌是子，是上帝所喜悅的，但我們卻不知道，除了耶穌以外，當時還有甚麼人聽到這個聲音。這一次，在登山變像之時，門徒不但聽到天上的聲音，他們還聽到：「要聽祂！」

耶穌在山上會見摩西和以利亞，這顯示耶穌繼承了人透過律法和先知已學會的一切事。上帝透過律法和先知來看顧以色列，因為以色列要透過律法和先知，學習怎樣敬拜那位呼召他們出埃及的主。摩西在山上受指示，知道要怎樣建造會幕和約櫃，好敬拜那位不可見的上帝。耶穌現在改變了以色列的生命，也更新和轉化了上帝透過律法和先知來對以色列所作的看顧。

改變形象並不是、也不可能是取替。若沒有上帝給以色列的應許，耶穌所帶來的國度就是莫名其妙的。耶穌好像其他先知經常作的一樣，與以色列的過去和現在，是既有延續性，又有不延續性。耶穌已告訴門徒，祂自己必要到耶路撒冷，被交在以色列的管治者手中。這總是以色列的先知的命運，但這一位先知的命運卻有別於以色列以前任何一位先知。這位先知耶穌是上帝所膏立的——祂把上帝那與百姓同在的生命具體化，好叫上帝給以色列的應許可以臨到萬邦。

彼得因為先前被耶穌責備，所以變得謙卑，這一次他正確地聽從耶穌：「你若願意，我就在這裏搭三座棚：一座為你，一座為摩西，一座為以利亞。」但彼得的建議卻暗示了，他並不明白，上帝
的好僕人摩西和以利亞現在都來敬拜耶穌。彼得希望搭三座棚來紀 157
念這件盛事，但耶穌的身體就是上帝臨在的棚。因此，耶穌不可以像彼得所盼望的一樣，被局限於一個地方，祂反而必須前往耶路撒冷，門徒也一定要跟隨祂上路。

我們對於彼得的提議，即建三座棚來榮耀耶穌、摩西和以利亞，都會予以同情。我們像彼得一樣，希望將上帝國度那活潑的靈固定——若非限制或馴化的話——在一個地方。我們不希望再一次面對上帝的臨在所帶來的挑戰。我們想要把以往的成就據為己有，而不需要擁有那些跟隨耶穌進入未知的人所擁有的勇氣。但如果教會用過去的成就來忽視父那「聽從祂」的命令，教會就是死的，或是不忠心的。

在彼得後書中，彼得訴諸耶穌的改變形象事件，以向其聽眾清楚表示，他的信息並不是基於「乖巧捏造的虛言」。他是基督榮耀的見證人，親耳聽到父的聲音在宣告：「這是我的愛子，我所喜悅的。」（彼後一16～18）彼得因此鼓勵收信的人：「有了信心，又要加上德行；有了德行，又要加上知識；有了知識，又要加上節制；有了節制，又要加上忍耐；有了忍耐，又要加上虔敬；有了虔敬，又要加上愛弟兄的心；有了愛弟兄的心，又要加上愛眾人的心。」（一5～7）我們若要忠心地「要聽祂」，彼得就給我們列舉出那些必要的特質。

當他們下山的時候，耶穌告訴門徒，在人子還沒有從死裏復活

之前，他們不要將在山上所看見的告訴人。既然文士說以利亞要先來，門徒便想要問他們為甚麼仍要保持沉默。他們剛剛豈不是已看見以利亞跟耶穌說話嗎？耶穌回應指出，以利亞確實已經來了，只是人不認識他。他們——意指那些有權柄的人——反而按自己的心意來對待以利亞。耶穌告訴他們，他們剛才所見證其形象改變的人子，也會以相似的方式在不義的人手下受苦。門徒就明白到，正如耶穌先前已告訴他們的（太十一 14），施洗約翰就是再來的以利亞。

門徒可能終於開始明白耶穌之前所說那關乎耶穌自己的命運，這也可能幫助門徒了解，約翰作為以利亞，復興萬事對他有何意義。「復興萬事」，不是說所有東西會按著我們所想的方式而發展。以色列的復興反而是萬物的一個完全重新定位，這包括我們對權力的定義。彌賽亞的臨在所開展的國度，藉著建立了一羣子民，他們的生活成為世界以外的另一個選擇；從而使那些失去了的東西可以歸回。這一羣人的存在，可能似乎是一個重要的線索，以顯示出以利亞和約翰所宣告的國度已經臨到，但這正是（如尤達所說）為甚麼我們能看見耶穌是這樣重要的。

耶穌再次遇上羣眾。這一次，有一個人從羣眾中走出來，在
158 耶穌面前跪下，請求耶穌憐憫他的兒子，因為他兒子害癲癇的病很苦，屢次跌在火裏，屢次跌在水裏。這人又解釋說，他曾帶兒子到耶穌的門徒那裏，他們卻不能醫治他。耶穌厭煩地作回應，祂驚歎祂對這個又不信、又悖謬的世代，要忍耐到何時。祂之前曾因這世代要求看神蹟，而表達過類似的厭惡反應。這一次，他的批評所針對的是門徒，因為門徒將耶穌給他們的權柄與趕鬼連結起來，其目的就是要給人提供這樣的神蹟。門徒誤用了權柄，所以他們不能醫好這人的兒子。

耶穌叫人把小孩帶到祂自己前面；祂斥責那鬼，那孩子就立即

痊愈了。門徒暗暗地到耶穌跟前，問耶穌他們為甚麼不能趕出那鬼。耶穌就像以往所作的一樣，稱他們為「小信」的人。他們的信心是小的，因為他們不明白，對耶穌的忠心，並不是那個給他們權柄去用神蹟叫人刮目相看的信心。趕鬼的權柄是芥菜種的信心。正如耶穌在芥菜種的比喻裏所說的（太十三 31），那信心可以長出大樹，甚至可以移山。

當他們聚集在加利利時，耶穌再次告訴他們，人子將會被賣、被殺，但會在第三天復活。而像彼得所預計的那樣，門徒都因這個消息而大大地憂愁。他們不能明白耶穌會被賣和死亡，與他們不能趕出那叫孩子害癲癇害得很苦的鬼，是互相關連的。他們仍然以為，耶穌得勝在某程度上將要是一個給世界的神蹟。「第三天復活」，這聽來並不像是一個得勝；「被舉在十字架上」，就更不像與勝利有關。但這是包裹在芥菜種裏的勝利 —— 足以移動大山。

耶穌所代表的那種勝利，在祂到達迦百農時，就變得更加明顯；我們知道，耶穌曾在迦百農居住過一段時間（太四 13），彼得也是在那裏居住的（八 14）。收殿稅的人來問彼得，他的老師是否要納稅。這似乎繼續是那個策略，即嘗試透過耶穌的門徒來試探耶穌，但這也有可能只是因為迦百農的人都認識彼得。耶穌和彼得，像所有猶太男子一樣，都要每年納稅，以支持聖殿的運作。彼得回答說：「納。」但我們卻一點不知道耶穌曾否納稅。

在他們回到家後，耶穌與彼得有一段吸引人的對話，談及彼得給收稅的人所作的回應。祂問彼得，世上的君王向誰征收稅項？是向自己的兒子呢？還是向外人呢？彼得回答說，世上的諸王是向外人收稅，而非自己的兒子。耶穌說，兒子因此是可以免稅的；這就是說，耶穌和彼得不用納殿稅。他們不用納稅，因為他們是上帝的兒子，只有上帝才有權向受造物收稅。在耶穌後來被問及關於王所收的稅項時，這個立場將有徹底的含義。

但這稅是為了維持耶路撒冷聖殿的運作的。耶穌對彼得說，為
159 了不冒犯那些收稅和納稅的人，漁夫彼得便應該往海邊去，捉一尾魚，並在魚口中找到那足夠納兩個人殿稅的金錢。彼得的捕魚技巧，為了國度的需要，現以新的方式而被徵募。彼得和門徒將會為國度而成為得人漁夫，而他們可以用上自己日常運用的技巧，這是重要的。耶穌後來因為預告聖殿被毀而受指責（太二十四 1～2，二十六 60～62），但祂現在卻偶然地得到那用來支持聖殿的金錢。這個得到納稅錢的方法，顯示出上帝的豐富。祂的付款，就是芥菜種的信心的模樣。

基督徒希望做大事來服事上帝，服事世界，這都是恰當的意願。但很多時候，基督徒以為，這樣的服事一定確保得到那預期的結果。我們只是不相信，我們可以冒險去捉一尾口中會有錢幣的魚。但若我們不相信上帝可以幫助我們、並將會幫助我們捉到一尾有錢幣在口中的魚的話，那麼，任何關於基督徒渴望與鄰舍（可能也是我們的敵人）和平共處的解說，都變得難以理解。任何關於基督徒的非暴力的解說，都需要神蹟，也要仰賴神蹟，才會是可理解的解說。基督教的作門徒（Christian discipleship），必使我們相信，上帝已經賜下、並且會繼續賜下我們要成為忠心的人所需要的一切。

馬太福音十八章

教會

彼得已經宣認耶穌為彌賽亞。耶穌現在已經兩次告訴門徒（太 160
十六21，十七22），祂必要上耶路撒冷受苦、受死，並在第三天復活。在前往耶路撒冷的路上，祂會再次告訴門徒，祂會被判死刑，被交在外邦人手中，受鞭打，被釘，並在第三天復活（二十19）。這些宣告在門徒中間引起了不少疑問和討論，這些疑問和討論不只立刻叫人感到驚訝，也是塑造門徒的重要元素。在耶穌改變形象之後和在祂到達耶路撒冷之前，祂會教導門徒，以致在某程度上他們開始明白，按照耶穌的被釘和復活，他們必要成為怎麼樣的一羣人。

馬太告訴我們，「當時」門徒進前來問耶穌，在天國裏誰是最大的。這個問題叫人感到意外，因為耶穌已經宣告祂正要去受死。如果你跟隨著一個快要死的人，為甚麼還會關心在天國裏誰是最大的？門徒既預視到耶穌的死亡，他們是否開始猜想，在耶穌離去後誰會領導他們？馬太沒有告訴我們答案。我們只知道，門徒提出關於誰最大的問題，而稍後，西比太兒子的母親也將想要知道，她的兒子會在耶穌所帶來的國度裏身居甚麼職位——她以為耶穌所帶來的國度必然有一個階級制度。

耶穌叫一個小孩子來，好回答門徒的問題。祂告訴門徒，若他們不回轉，變成小孩子的樣式，他們將不得進天國。小孩子引起我們思索，他們有甚麼特質，以致成為耶穌國度的模範。例如，很多
161 人認為孩童擁有單純的心，這是成人所缺乏的。但是，這種臆測可以叫人以為耶穌的工作是濫情的（sentimental），這會抹去了國度的嚴厲。耶穌對於那些能接待這小孩的人所發的命令，是一點也不濫情的。

耶穌頗清楚地說出這小孩子所代表的東西：我們若不謙卑像這小孩，我們不可能有分於上帝的國度。在關於階級制度的議題中，「天國裏誰是最大的」，似乎取決於那些願意接待、會付出時間去接待一個小孩的人。一個小孩沒有得到任何地位；小孩子是要完全依賴他人的。馬利亞生了彌賽亞，但她首先證明，她是接待小孩的人——她從沒有預計過這個小孩會出現的。

馬利亞的孩子耶穌告訴我們，小孩子將要因祂的名而受到接待。這個世界是如此的黑暗，就連小孩都要殘殺，耶穌因此告訴門徒，他們必須接待小孩子。在這個覺得沒有時間接待小孩的世界裏，耶穌呼召其跟隨者來成為耐心的子民（people of patience），用時間接待小孩、養育小孩。因為國度已經來到，時間要被重新配置，所以我們可以這樣做的。

因此，耶穌告訴門徒，若有人把一塊「絆腳石」（不要忘記耶穌在馬太福音十六章23節中指彼得是一塊絆腳石）安置在一個小子面前，倒不如把大磨石拴在這人的頸項上，沉在深海裏。「小子」當然是小孩子，但也同時是指任何謙卑地跟隨耶穌的人。耶穌不是從精英中呼召門徒，而是向那些沒有地位的人發出呼召的。那些蒙召的人像我們很多人一樣，都希望將作門徒的這份恩賜／禮

物（gift），變成一個地位。那些追求地位的人問：「在天國裏誰是最大的？」但這問題本身就是一塊絆腳石，它暗示出人對地位的需要，但那卻不是由國度所引起的。

但耶穌也是注重實際的。祂告訴門徒，絆腳石是一定會出現的。國度已經臨到了，祂也已經呼召門徒，但祂亦預視到門徒不能打破這世界的習慣。門徒像我們一樣沒有安全感，他們會想要知道「我們在世界裏身處甚麼位置」。我們日常的說話習慣會反映出，我們嘗試叫別人承認我們的地位。例如，韋爾斯（Samuel Wells；譯按：聖公會神學家）觀察到（Wells 2004, 88～89），我們的對話常常像蹺蹺板，我們希望抬舉自己，踩低別人。他提出了以下的例如，而方括號內會顯示出地位的互換：

甲：若是你有空的時候，你喜歡讀甚麼書？〔抬舉乙，認為乙很忙，所以地位較高。〕

乙：我近來努力在看托爾斯泰（Leo Tolstoy）後期的作品。〔抬舉自己，承認自己沒有時間，又選擇了一個以長篇書籍出名的作者，並暗示自己對這作者的其他作品有深厚認識。〕

甲：啊！我清楚記得小時候讀過的《戰爭與和平》（*War and Peace*）。〔抬舉自己，踩低乙，暗示出乙那高等文化，甲在小
時候早已吸收了。〕我的爸媽讓我在晚上看電視的連續劇。〔再 162
次踩低自己，抬舉乙。〕

這種交流清楚說明了，要不虛偽地成為一個小孩，並不是件小事。正如人覺得難以「嘗試成為謙卑的」，要作這位謙卑的耶穌的跟隨者，也實在不容易。耶穌責備彼得，因為彼得怕耶穌受辱，但若沒有羞辱，我們就不太可能找到方法，成為耶穌的其中一個小子。羞辱，是一個恰當的名字，以指我們對自己的罪的承認。因為

孩童要依賴其他人才可以生存，所以他們不能不謙卑地過活。耶穌門徒的任務是要學習怎樣返回而成為謙卑，從此我們開始成為上帝的兒女。

謙卑像其他德性一樣，是一份恩賜/禮物，我們要透過成為羣體的一分子才可以得到它，因為這個羣體是不需要虛偽的。一羣子民惟當為善事忙得沒有時間爭權奪位的遊戲時，虛偽才可以被打敗。較能夠說明這樣的善事的模範，就是范尼雲（Jean Vanier）所創立的方舟羣體運動（L'Arche movement；譯按：方舟羣體運動由退役海軍范尼雲開始，是一個服事智障者的團體）。在方舟羣體裏，人要學習跟那些被世界稱為智障的人相處。那些與智障者相處的人，是希望可以幫助智障者成長，但按范尼雲的說法，在：

> 「為他們作事」之前，我們想要「與他們同在」。智障者那異常的痛苦，跟其他在社會上被邊緣的人一樣，就是感到被排拒、自覺無價值及不被人愛。智障者要透過在羣體裏的日常生活，以及在生活中所具體化的愛，才可以開始發現他們自己是有價值的，才感到他們是被愛的，也是可愛的。（Vanier 1979, 3）[1]

這樣的一個羣體可以製造時間，但也需要時間。在方舟羣體裏，生活是緩慢的，因為正如范尼雲所見，邁向愛和智慧的成長是緩慢的。因此，范尼雲暗示，那些在這樣的羣體中的人必定是時間的朋友，他們會學習到，只要給予時間，很多問題都會自行解決的。有時因出於對仁慈和真理的關注而太快解決一些衝突，這會是一種錯誤。我們不會假裝以為方舟羣體之內沒有衝突，但我們也不該嘗試立刻解決其中的對質或分裂。如范尼雲所提出，我們必須「跟時間做朋友」（Vanier 1979, 80）。

當門徒問耶穌誰是最大之時，耶穌的回答就清楚地指出，他們
的問題在否定祂所呼召而建立的那種羣體。一羣對小子有耐性的子 163
民，也必然能夠驅除身體某些使小子跌倒的部分。保羅在哥林多前
書十二章所寫的，可以被視為一個註解，解釋了耶穌為甚麼要我們
砍下那叫我們跌倒的腳：

> 就如身子是一個，卻有許多肢體；而且肢體雖多，仍是一個身子；基督也是這樣。我們不拘是猶太人，是希臘人，是為奴的，是自主的，都從一位聖靈受洗，成了一個身體，飲於一位聖靈。
>
> 身子原不是一個肢體，乃是許多肢體。設若腳說：「我不是手，所以不屬乎身子；」它不能因此就不屬乎身子。設若耳說：「我不是眼，所以不屬乎身子；」它也不能因此就不屬乎身子。若全身是眼，從哪裏聽聲呢？若全身是耳，從哪裏聞味呢？但如今，上帝隨自己的意思把肢體俱各安排在身上了。若都是一個肢體，身子在哪裏呢？但如今肢體是多的，身子卻是一個。眼不能對手說：「我用不著你；」頭也不能對腳說：「我用不著你。」（林前十二12～20）

保羅希望教導哥林多人明白，他們每一個人都是互相需要對方的，如此他們才可以成為完全的。耶穌教導門徒明白，有時他們會發現，如果教會因某些成員而不能抓或不能行，教會可能要「砍下」一隻手或一隻腳。耶穌再一次用戲劇化的意象來幫助門徒明白，他們一起生活的方式，對於那個透過耶穌的職事而來的拯救，是很重要的。但正如他們一定要正視處理那些使他們絆倒的手、腳和眼，他們也同樣必須不願失去任何一個可能成為迷羊的小子。

在以西結書三十四章11至19節，主上帝曾應許會尋找祂的羊，這些羊在密雲黑暗的日子被分散到不同的地方，主上帝應許要從那些地方救牠們回來。牠們將要從萬國中被帶回來，並且在以色列那美好的草地上得到牧養。主上帝宣告：「主耶和華說：我必親自作我羊的牧人，使牠們得以躺臥。失喪的，我必尋找；被逐的，我必領回；受傷的，我必纏裹；有病的，我必醫治；只是肥的壯的，我必除滅，也要秉公牧養牠們。」

耶穌一直都是好牧人，但現在祂告訴門徒，他們要作彼此的牧人。作為牧人，耶穌會撇下九十九隻羊去尋找迷路的那一隻。門徒也要像耶穌一樣去尋找迷羊，因為這是天父的旨意，沒有一個小子是應當迷失的。沒有事情，是比花時間照顧那迷失的更為重要了。尋失那迷失的，將界定了門徒的職事——要尋找那些願意被找到的人。

失羊的比喻和耶穌對小子的看重，並不是關乎現代對平等尊嚴的假設。反之，它們都顯示出父特別眷顧那迷失的。韋爾斯記述了在一個星期日發生於英國諾維奇（Norwich）聖伊利莎白教會（St. Elizabeth's Church）的故事，這間教會的會眾正掙扎求存。聖伊
164 利莎白教會在每個主日都會守聖餐，所有人都會參與——包括嬰孩、小童、年輕人和成人。但在守餐之前，他們有一個習俗，就是主禮人要跪在地上，用放在地面毛氈上的木製人像，來展示一段聖經經文。主禮人會注視這些木製人像，溫柔地操作它們，希望令說故事的過程成為會眾的默想。韋爾斯記述了：

> 有一次，他們要展示好牧人這課題。他們將詩篇二十三篇、路加福音十五章和約翰福音十章的主題串連起來，呈現出安全的羊欄、美好的草地、使人抖擻的水和可能會使羊走迷的危險地方。會眾分享他們對教會和社區的經歷，

> 以及各人是否感到安全、美好、抖擻或危險。對一個孩子來說，教會好像使人抖擻的水，因為他的家是危險的地方。一個成年人說教會是危險的地方，因為她和其他人在崇拜後離開時，曾經有人向他們擲石頭。最後，注意力落在羊身上。羊用不同的木造成。講故事的人說：「我想，如果羊是以不同顏色製成的，會不會有甚麼不同。」一個比較年長的孩子立即堅定地回應：「那完全沒有分別——我們對這些羊都應該一視同仁。」沉默了很久。在場的大約三十個人都沒有任何回應。最後，靠近後面的一個六歲小童低聲地說話。她指向講故事的人肩頭上的一隻木製的羊塑像，說：「因為它們都有同一位牧羊人。」（Wells 2006, 171；編按：譯文取自塞繆爾．韋爾斯：《上帝的同伴——基督教倫理再想像》，陳永財譯〔香港：基道，2011〕，頁 221～222）

失羊的比喻不是在說我們的；它是在說，上帝堅定地愛以色列和那些被召作上帝兒子的門徒的人。耶穌所呼召的人不得不拒絕那種「為大多數人的好處而犧牲某些人」的邏輯。耶穌的職事、祂對門徒的忍耐，都體現了上帝極其渴望那小子可以得著照顧。正如上帝拒絕忽視他們，我們也不可以對他們視而不見。

所以，我們將不會互不相屬，耶穌把指示給了門徒，要他們成為一個迷失者的羣體、一個小子的羣體，能夠互相照顧。祂告訴我們，我們可以怎樣避免成為絆腳石。如果我們相信教會裏另一個人得罪了我們，我們就要單獨跟那個成員見面，並指出那人的錯誤。耶穌不是說，如果我們覺得被人得罪了，我們可以考慮見一見對方。反之，耶穌告訴我們，我們有責任去見那個我們相信他/她得罪了我們的人，與那人對質。

對於耶穌的指示，我們第一個反應——自然的反應——就是覺得，對於我們大部分的瑣碎衝突，這做法太過極端。我可能會惱怒某人，但如果我可以等候，我可能會發現自己可以克服它的。誰會希望讓別人覺得自己是易怒的？無論如何，這些回應都不能正確了解，如果我們不要成為小子的絆腳石，耶穌認為所需要的是哪種
165 羣體。再者，我們其實也屬於小子的一員，而迷失的羊就是那些在崇拜時坐在你旁邊的弟兄姊妹。一個可以保護小子的羣體、一個關心迷羊的羣體，就是一個不能忽視彼此的罪的羣體，因為若忽視在這羣體中的罪，這就使羣體不能體現那充滿恩典的生命——這生命是由上帝透過自己兒子的犧牲而賜下的寬恕所決定的。

另一個成員所犯的罪並不單單是得罪了另一個人，而是得罪了整個羣體。在利未記十九章 17 至 18 節，主吩咐摩西要告訴以色列：「不可心裏恨你的弟兄；總要指摘你的鄰舍，免得因他擔罪。不可報仇，也不可埋怨你本國的子民，卻要愛人如己，我是耶和華。」我們若覺得有弟兄姊妹得罪我們，卻不跟他們對質，這不是單單一種調解衝突的建議，它更顯示了耶穌所建立的是哪一種羣體。這是一羣彼此相愛的人，他們之間的愛深到一個地步，令他們不願意失掉任何一個走迷了的成員——更不願意在懷怒中迷失了我們自己。

這樣，耶穌告訴祂的門徒，若他們認為那人得罪了自己，而他/她又不聽他們的話，他們就要帶一兩個人同去，要憑兩三個人的口作見證，句句都可定準。若那人依然不聽他們，門徒就告訴教會；若那人依然不聽教會，他們就看他/她為外邦人和稅吏一樣；這就是說，那人不再享有成為耶穌所呼召之羣體的成員這個身分。耶穌清楚地指出，正如祂所說關於手和腳的比喻一樣，祂的新子民必須把這人逐出教會。

有人會覺得這跟耶穌的其他吩咐不一致：我們要愛敵人（太五 43～48）、願意人怎樣待我們，我們也要怎樣待人（七 12），我

們要愛人如己（二十二 39）。但把人逐出教會，其實是一個愛的行動。把人逐出教會，不是將某人扔出教會範圍，而是嘗試幫助他們明白，他們自己已經成為絆腳石，所以，他們早已經在教會之外。把人逐出教會，是透過懲罰來呼籲別人重回教會。[2]

耶穌在馬太福音十八章所說的程序，讓門徒知道他們可以怎樣彼此和平共處，也帶出了和平共處的意義。耶穌設想到，那些跟隨祂的人會彼此得罪，後來他們也會陷在一些看來不能解決的衝突之中。問題不在於人能否除去這些衝突，而是在於祂的門徒如何處理這些衝突。祂設想到，衝突不可以被忽視或否認；相反，衝突可能牽涉罪，它必須被公開出來。基督教的作門徒（Christian
discipleship）需要進行對質，因為耶穌所建立的和平，並不是簡 166
單地等於沒有暴力。基督的和平是非暴力的（nonviolent），因為這和平的基礎是真理和言說真理（truth-telling）。正如沒有真理的愛，這只會是可咒詛的，耶穌的弟兄姊妹之間的和平也應該是不帶假象的。

但我們要承認，我們最不想知道的就是關乎自己的真理。我們的口可能會說真理可以拯救人，但事實上，任何的真理，特別是耶穌的真理，雖是叫人圓滿的，但也會叫我們不安。正因如此，耶穌才堅持那些跟隨祂的人不可以容忍罪，而不對之予以挑戰。如果我們不再指正彼此的罪，我們其實就是將對方交給罪了。我們如果拒絕從事復和這項困難的工作，我們就顯出自己對我們的弟兄姊妹的愛是何等的少。

彼得——那塊絆腳石——明白耶穌所要求的事的含義。他問：「我弟兄得罪我，我當饒恕他幾次呢？到七次可以嗎？」我們不禁會贊同彼得的問題，因為無限的寬恕似乎是違反良心的。如果要永遠作出寬恕，那麼，哪一種羣體才可得以持續運作？

彼得的問題假設了，他自己是被人得罪的那個人。他假設，他有權處理那個得罪他的人。但耶穌的回答卻提醒彼得，他要學習被寬恕。耶穌告訴彼得，不是七次，而是「七十個七次」。父透過子所賜下的寬恕，是沒有限量的。如果父的寬恕是有限量的，那麼彼得就不可能是門徒了。基督徒要學習彼此寬恕，這個要求預先假設了，我們是一羣首先得到寬恕的子民。

「七十個七次」，呼應著利未記二十五章 8 節及禧年的確立。在教會裏，寬恕可得以行使，因為在耶穌裏，禧年已經來到了。因此，作為教會標誌的寬恕是一個政治，在那建基於嫉妒、仇恨和報復的政治之外，提供了另一個選擇。當耶穌教導我們祈求「免我們的債，如同我們免了人的債」之時，祂所教的正是這種政治。新的時代為這世界帶來了一羣新造的人，這新的政治運作方式名叫教會，就是由耶穌所帶來的寬恕所建立的。

耶穌給彼得的回應所蘊含的政治特質，由耶穌那個關於僕人的比喻清楚地表明出來：在比喻中，那個已得到王免債的僕人，卻不願意免去一個同伴的債項。這個僕人的王知道他的行逕之後，就把他拷打，直等到他還清了所欠的債。所以，我們得知，「各人若不從心裏饒恕你的弟兄」，我們的「天父也要這樣待你們」。若我們要成為締造和平者，能與彼此的罪對質，我們就必須記得，我們已經先被寬恕，所以我們是一個蒙赦免羣體的成員。

167 比喻說得很清楚，那會締造和平的寬恕是帶有審判的。問題並不在於我們是否要向彼此負責，而是在於這樣作的基礎是甚麼，以及我們可以怎樣去作。被人得罪或知道自己得罪了別人，都要求我們擁有一個言說的習慣，讓我們可以知道怎樣才算是一個罪人。我們惟有在這個基礎上，才能避免隨意地作出判斷——這樣的判斷是由於我們以為自己是創造主。教會能持續地注意那用來稱呼罪為罪的語言，這之所以是如此的重要，正是這個原因。說謊、姦淫、偷盜，不只是錯誤或過失。它們是罪。

在耶穌整個職事中，祂教導我們明白，作門徒是甚麼意思。我們的任務是要學習怎樣在彼此面前示範出祂的這些教導。這包括我們能在愛裏言說真理，而只有在我們不用遮掩罪的時候，我們才可以在愛裏言說真理。耶穌現在要上耶路撒冷。在途中，祂會繼續指示門徒怎樣處理關於離婚、財物和階級的問題。祂會這樣做，我們不用感到驚訝，因為祂已呼召、產生了一個羣體，這羣體能夠活出真誠的生命，因而是復和的生命。[3]

註釋：

1. 范尼雲（Jean Vanier）後來提出，在方舟羣體，忠誠的焦點是「本著福音和八福的精神，來跟智障者一起生活。『與他們一起生活』跟『為他們而工作』是不同的。一起生活，並不是單意味著同桌吃飯和睡在同一屋簷下。它意味著，我們創造出那餽贈、真實和互相依賴的關係，我們會聆聽殘障人士，我們也會看到他們的恩賜／禮物，並因而感到驚訝」（Vanier 1979, 106）。
2. 對於在治療學上就寬恕所作的說明，以及「寬恕的技術」（craft of forgiveness），我們所能得到最好的批判，參 Jones 1995, 3～70, 207～240。
3. 以上有些段落修訂自 Hauerwas 2001, 89～100。

馬太福音十九至二十章

婚姻、財富和權力

當耶穌前往耶路撒冷時，一大羣羣眾跟隨祂到猶大地，祂也在 168
那裏醫治他們。雖然耶穌從未曾擺脫那些要挑戰祂的人，但現在祂來到猶大地，這表示祂不能避免面對爭議。法利賽人來要試探祂，因為他們認為耶穌有必要去證明祂自己。

當法利賽人問耶穌，人是否可以在任何緣故下休妻，第一次的對峙便開始了。問題背後的假設是人可以離婚；離婚是男性專有的特權——惟一的問題是，人是否無論甚麼緣故都可以用任何理由去休妻。貫穿整本妥拉（Torah），摩西指導百姓說，男人雖然可以休妻，但卻不可以娶離婚的婦人。這立場在申命記二十四章 1 至 4 節變得最極端，那裏的吩咐是人因為「見她有甚麼不合理的事，不喜悅她」而休妻，若那婦人離開夫家後另嫁他人，不管她的第二任丈夫死去或把她休掉，原本的丈夫都不可以再娶那婦人。若這樣做，就是耶和華所憎惡的。耶利米後來用了申命記的這個形象，來描述以色列與上帝的關係——在以色列追隨假神之後，上帝還怎可以再接納以色列？

法利賽人的問題是要逼使耶穌接受他們的世界觀，但耶穌卻拒絕接受那個作為他們問題基礎的假設。取而代之的是，祂要他們想到那開端，也就是上帝的創造——上帝「造男和造女」（創一26～27，二18～24）。上帝承認，亞當獨居是不好的，所以祂從亞當身上取了一條肋骨，並用這肋骨造了女人，亞當也承認這是他骨中的骨、肉中的肉。此外，這個認知就是為甚麼「人要離開父
169 母，與妻子聯合，二人成為一體」。耶穌在創造時與父同在，因而祂又加上了這吩咐：「因此上帝所配合的，人不能分開。」

我們被造為男和女，耶穌對這意義的評論是根據瑪拉基書二章14至16節的：

> 耶和華在你和你幼年所娶的妻中間作見證。她雖是你的配偶，又是你盟約的妻，你卻以詭詐待她。雖然上帝有靈的餘力能造多人，他不是單造一人嗎？為何只造一人呢？乃是他願人得虔誠的後裔。所以當謹守你們的心，誰也不可以詭詐待幼年所娶的妻。耶和華——以色列的上帝說：「休妻的事和以強暴待妻的人都是我所恨惡的！所以當謹守你們的心，不可行詭詐。」這是萬軍之耶和華說的。

上帝創造男女，因此也同時創造了丈夫和妻子的關係，這關係後來也反映出，上帝呼召以色列作為祂新婦。上帝甚至要先知何西阿娶一個「淫婦」，作為以色列的不忠和上帝那堅定的信實的記號。耶穌因此提醒法利賽人，婚姻其實不只關乎婚姻，也關乎以色列對那位信實之主的忠誠的特徵。婚姻和關於離婚的問題，並不能抽離婚姻對上帝子民而言所具有的目的。

法利賽人向耶穌發問的問題，其措辭跟現代基督徒那關乎婚姻和性的討論是相似的。在我們知道自己在談論甚麼之前，我們就

想問及「無論甚麼緣故」。在我們知道甚麼是婚姻、如何看待婚姻之前，我們就想問關於同性戀的事。但這樣開始討論，是大大錯誤的。耶穌給法利賽人的回應提醒我們，我們不可抽離「教會必要成為哪一種羣體」這個問題，來思想關於婚姻的事——在這種羣體中，人蒙召而進入婚姻，卻不會成為小子的絆腳石。

耶穌的回應以創造來開始，這指示出婚姻是上帝賜給所有人的恩賜/禮物（gift）。婚姻是給定的，以致我們就可以明白，作忠心的人是甚麼意思；這個發現也是我們獲得的知識，而我們也可以由其他的渠道得到這知識，例如從上帝給以色列那成為世界之光的呼召。婚姻是上帝賜給所有人的，但要辨別出婚姻的目的，就要透過上帝給以色列的恩賜/禮物。上帝令所有人都可以渴望生養眾多，但如果我們的孩子不能被一個知道自己要依靠恩典而活的羣體所接納，這份渴求就可以被魔化（demonic）。

我們生來是蒙召作為男性和女性而彼此渴望。藉著恩典，這份渴望可以被造成給予生命的（life-giving）。婚姻可以修正我們情慾的罪，但奧古斯丁（Augustine）確切地主張，亞當和夏娃即使在犯罪之前也可能已經有性交。不然，他們怎樣能滿足上帝要他們生養眾多的命令（創一28）？按奧古斯丁所說，亞當和夏娃即使沒有墮落，他們也可能有進行性交，但他們的性關係卻可能不受性慾 170
（lust）約束；只有在我們墮落後，我們的性關係才受到驕傲和貪婪所扭曲。[1] 耶穌要嘗試將法利賽人帶回故事之中，祂訴諸於上帝那創造的目的，這是需要的——如果我們要正確地明白和踐行彼此在婚姻中的恩賜/禮物的話。

但法利賽人並不滿意耶穌對婚姻目的所作的提醒。他們接著問，若上帝不容許離婚，為甚麼祂又在申命記二十四章容許人立休書？耶穌回答說，摩西只是因為以色列心硬才這樣做。除了為淫亂的緣故，耶穌是禁止離婚的，而任何人若跟那離婚的人結婚，都是犯了姦淫。這個禁令在早前的登山寶訓中亦被提出（太五31～32）。

耶穌在這個處境下禁止離婚和再婚，這禁令卻清楚闡述了「除了淫亂」這個子句。我們不能憑空來指明，淫亂所指定的是甚麼事。但我們現在可以看到，若我們試圖用耶穌那容許離婚的例外情況，以提供方法去避開耶穌那不容許離婚的禁令，我們的問題就會像法利賽人問耶穌「無論甚麼緣故」的那個問題一樣。如果我們關於婚姻的問題是以「嘗試指明甚麼是『除了淫亂』」為開始，那我們的問題就很多時候是法利賽人式的，即試圖將婚姻和婚姻的目標——為了建立上帝的子民而在創造時已被給定的——分別開來。

耶穌給法利賽人的回答，並沒有要求他們放棄自己的準則。祂的回答忠於以色列所蒙召的一切所是。但門徒明白耶穌給法利賽人的回答所蘊含的徹底含義——那含義對男性來說尤其是徹底的——所以他們問耶穌，不結婚是不是更好。耶穌沒有試圖勸阻他們；他們已得出正確的結論。祂反而坦白承認，雖然不是所有人都可以接受這個教訓，但有些人會得著恩賜/禮物，可以為天國的緣故而成為閹人。我們不要忘記，耶穌本身就是一個「閹人」。因此，不是所有跟隨耶穌的人都會認為他/她需要結婚生子的。

耶穌表揚那些為國度的緣故而被閹的人，這其實是在直接冒犯以色列的。任何其睪丸被毀或陰莖被切斷了的人，都不容許進主的
171 殿（申二十三1），也不能當祭司的職分（利二十一20）。無疑，在以色列中人對閹人有這些態度，我們可以對此有很多不同的解釋。閹人常常會使人聯想到那些形形色色的崇拜，而以色列會視之為偶像崇拜，也會視其相關的行為為不道德的。但對於閹人，以色列所關注的核心是拒絕讓那些逼害以色列的人，使以色列絕後。瑪拉基清楚表示，上帝希望有「敬虔的後裔」。

但耶穌——以色列的彌賽亞——告訴門徒，那些得到獨身恩

賜／禮物的人，構成了天國的特徵。為天國的緣故而蒙召成為閹人，或許是在新時代裏這個羣體那最明確的標記。跟隨耶穌的人不需要結婚，或生出跟隨耶穌的後裔，因為國度不是透過生理的繁衍來增長，而是透過見證和歸信的。

我們被造為男性和女性，這實在是一份大恩賜／大禮物。上帝的原意是叫男女互相吸引，透過性交成為一體，並且要生育後代，這實在是一份大恩賜／大禮物。但有些人擔心，「男性」和「女性」這兩個名詞只不過是在贊同男性和女性那墮落的形式——在這些形式中，女性長久以來都是失敗者。有些人擔心，婚姻和家庭可以、也確實在贊同那帶有權力操控的關係，這些關係只會為所有相關的人帶來傷害。有些人因此建議，基督徒要避免採用男性和女性的分類，也避免進行任何證成婚姻和家庭的嘗試。

保羅在以弗所書五章 21 至 33 章建議我們要彼此順服，很多人都認為這建議尤其是有問題的：「你們作妻子的，當順服自己的丈夫，如同順服主。因為丈夫是妻子的頭，如同基督是教會的頭；他又是教會全體的救主。教會怎樣順服基督，妻子也要怎樣凡事順服丈夫。」但保羅也命令丈夫要愛他們的妻子，正如基督愛教會一樣，這命令挑戰著我們對性別所具有的固定形象，而這些形象假設了，我們離開基督和教會，也可知道男性和女性之意義。

俄利根（Origen）說到，那位在起初按著自己的形象創造人的上帝，又將救主造成男性，而將教會造成女性，並按祂自己的形象，給兩者賜下相同的人性。主成為了人，由於祂的新娘——教會——而離開了父。俄利根又說，我們的救主也離開了祂的母親，為要成為我們的弟兄姊妹（Manlio 2002, 89）。不論在文化中，甚麼假設在決定著男性和女性的角色，這些假設都不禁要受到上帝子民的挑戰，因為他們相信，不論男女，他們都同樣是新時代的子民的一員。

可是，耶穌給門徒的回應並不表示，不結婚是件好事。相反，婚姻得到一份新的尊嚴，因為那些跟隨耶穌的人不用透過結婚來逃避孤獨一人，如亞當那樣。婚姻不是必要的，但現在卻是一個為建立基督身體而有的呼召。一個羣體因其忠於基督所賜下的恩賜/禮
172 物而被創立。那些組成這個羣體的成員由此受託而有一份能力，作出終生忠誠的承諾。正如保羅所寫的：「為這個緣故，人要離開父母，與妻子連合，二人成為一體。這是極大的奧祕，但我是指著基督和教會說的。」(弗五 31～32)

耶穌按手在那些被帶到祂面前的小孩身上，並且為他們禱告，藉此祂肯定了婚姻的尊嚴。門徒斥責那些帶小孩來到耶穌面前的人，但耶穌卻堅持要讓小孩子到祂那裏。正如門徒之前曾問誰為大時，耶穌的回應是要他們注意小孩子(太十八 1～5)；耶穌在這裏也再次確認，天國是屬於這些小孩子的。

耶穌一面讚揚那些得著恩賜/禮物而不結婚的人，另一方面又確認天國是屬於小孩子的，兩者並置在一起，啟發出耶穌的職事那天啟的特徵。天啟，是把一直隱藏起來的事、現透過新時代之始而揭露出來的啟示。這樣的宣告是戲劇化的，也是無可抗拒的，但那已臨近的國度，讓我們的日常生活有轉化的可能。耶穌是天啟的，祂令一些人可以不用結婚，但又同時令教會可以為小孩子付出他們所需要的時間，給予他們空間。天啟，就是時間的瓦解，這是使正常變成非凡所需要的。

此外，只有在這個背景下，教會的性倫理(sexual ethic)才可以得到理解。教會在將來和現在都是由獨身和已婚的人組成的。兩者都蒙召過忠心的生活。兩者都蒙召作父母，好叫所有小孩子都可以在信中被恰當地養育成人。兩者都蒙召作朋友，抵抗那威脅獨身者的孤獨感。這樣的孤獨感在我們的社會裏，尤其是一個威脅；在我們的社會裏，我們被告知，我們在自己所選擇的關係之外，要

完全獨立於所有關係。此外，在這樣的社會裏，婚姻就可能會變得太重要，以至一個程度，婚姻確定了我們那惟一的保護手段，以對抗孤單。結果，太多人發現他們寧願孤獨地跟別人一起生活，也不願意自己孤獨地生活。

因此，這樣的子民要能夠分辨出友誼和婚姻，這就變得重要了，為要使那在其中一種關係中合宜的東西，不會跟在另一種關係中合宜的東西，混在一起。很多時候，那些要求接納同性關係的呼籲，會將婚姻和友誼混為一談。在一個混亂的文化中，如我們現所身處的文化那樣，要記得自己作為基督徒的任務就是要為小孩提供一個安全的地方，這是一個好的方法，讓我們可以思考婚姻和獨身的意義。

但道德混亂並不是我們這個時代獨有的情況。馬太告訴我們， 173
有一個年輕人來到耶穌那裏，問祂：「夫子，我該作甚麼善事才能得永生？」在教宗若望保祿二世（Pope John Paul II）的教皇通諭《真理的光輝》（*Veritatis splendor*）裏，他稱讚這個發問的年輕人，因為教宗認為這年輕人正確地意識到，道德上的美善與我們的命途是有不可或缺的關連的（John Paul II 1994, 88）。耶穌給提問者的回應是：「你為甚麼以善事問我呢？只有一位是善的。」祂由此把提問者的注意力，轉到那個產生答案的源頭——轉向上帝。

當然，這個問題的發問方式本身也有些問題。耶穌被稱為「夫子」，而不是美善的源頭。再者，問題是要作甚麼「善事」才能得永生。發問的人似乎不明白耶穌一直以來所批評的，就是那些按律法的要求而行事的人，其行事的態度往往只是為了贏取別人的肯定。但發問的人是認真的，因他確實問到關於永生的問題。耶穌因此回答：「你若要進入永生，就當遵守誡命。」

年輕人為自己的問題辯護，他問耶穌他應當守甚麼誡命。耶穌的回應便列出那些常被喻為十誡的第二法版的命令：「不可殺人；

不可姦淫；不可偷盜；不可作假見證；當孝敬父母；又當愛人如己。」這位來要接受耶穌教導的人，宣稱他已經遵守了這些誡命，但他問自己還缺少甚麼。

這追求永生的人問他還缺少甚麼，這反映出他並沒有「遵守誡命」。他怎可能又有錢，又忠於這些誡命？巴特（Karl Barth；譯按：基督教神學家）評論說，這個尋求永生的年輕人並不明白，耶穌的揀選和這些命令的聯合，是有多重要：

> 上帝那為人所知的命令，在這富人面前只是外在的範圍——別人從這些範圍可以看到他有沒有具體地做。這不是說這些命令排除了其他的命令：要愛上帝和敬畏上帝，過於其他的一切；不可製作和敬拜偶像；守主名為聖；也要守主日——正如十誡的「第一法版」並不是排除、而是包括了那些在上帝的「第二法版」裏出現的具體形式。按新約的意思，若人不先愛上帝，就不可能愛鄰舍；或者，人也不可能愛上帝，卻不接著愛鄰舍。我們可以確切地說，上帝的命令是這樣的統一，這在耶穌基督的位格的奧祕中得到反映——永恒的道與我們的血肉的聯合，上帝的兒子與大衞之子、馬利亞之兒子的聯合。（Barth 1936～1977, 2.2.616）

174 正如巴特所指出的，耶穌清楚知道這富有人所欠缺的是甚麼。他所缺乏的就是他已擁有的一切。耶穌告訴他：「你若願意作完全人，可去變賣你所有的，分給窮人，就必有財寶在天上；你還要來跟從我。」但當年輕人聽到這話，他就離去了，而且甚憂愁，因為他的產業很多。巴特認為，耶穌給這位年輕人兩個條件，即他要變賣他所有的，以致他可以為上帝而成為自由人，以及他要把變買所得的分給窮人，以致他可以為其鄰舍而成為自由人；巴特指出，這「兩個條件的意義和力量都是從衍生自這個最後的要求，即是他要來跟從耶穌。跟隨耶穌，是這兩重自由的踐行，在這個意義上，那跟隨耶穌的生命，便是那作為與上帝立約的伙伴的生命，這樣的人是不可與其鄰舍分割的」(Barth 1936～1977, 2.2.622)。

教宗若望保祿二世附和著巴特的看法，他提出：「跟隨耶穌是基督徒的道德性那必要和根本的基礎：正如以色列跟隨那位會帶他們離開埃及、並進到應許之地的上帝(出十三 21)，所以每一個門徒都要跟隨耶穌，因他被父所吸引而來到耶穌面前(約六 44)。」(John Paul II 1994, 98～99)跟隨耶穌，不表示要捨棄律法，反而是表示律法所要求的現已圓滿了。但這也同時表示著，我們並沒有一種脫離「跟隨耶穌」所蘊含的意義而有的抽象道德。

在年輕人離去後，耶穌清楚向門徒説明剛才所發生的事情，即是説，富有人要進天國是難的。耶穌確實説，駱駝穿過針的眼，比財主進上帝的國度還容易。門徒接著問了一個問題，而這問題確切假定了，我們中間有些人比別人更富有：「這樣誰能得救呢？」馬太告訴我們，耶穌做了一個(據我們所知)很少有的行動，就是祂「看著他們」，並説，對於那些會死的人而言，這是不可能的，但「在上帝凡事都能」。

我們的試探是我們會認為，耶穌的回應是要「讓我們脱身」。我們可能想，富有是一個問題，但上帝會保守我們這些富有的人，只有上帝才可能這樣做。但這樣的回應未能讓耶穌對財富所作的觀察，完全發揮其應有的影響。我們不能又事奉上帝、又事奉瑪門(太六 24)。耶穌的回應不但挑戰著我們的財富，也挑戰著我們對拯救的概念。得救，藉受洗加入教會，表示了我們的生命不再屬於我們自己的。我們在其他人面前變得脆弱，這樣在某程度上，那些屬於我們的東西，都可以屬於別人。這可能難以叫人相信，但耶穌卻清楚指出，得救會使我們的存有因要捨棄財物而變得脆弱。

使徒行傳五章亞拿尼亞和撒非喇的故事便清楚表明了耶穌所說的話的意思。亞拿尼亞和撒非喇是教會的成員。他們賣了一塊田產，但把價銀留下了一點給自己，並拒絕告訴教會他賣田產得了多
175 少金錢。當亞拿尼亞將賣地的一部分金錢帶到教會，彼得質問亞拿尼亞為甚麼要欺騙教會。亞拿尼亞聽到後就仆倒斷氣，其後不久撒非喇也在同樣的情況下死了。要小心留意：我們所擁有的財物鼓勵我們說謊，它令我們不能有信，但這信卻是作門徒的必要條件。我們要得救，要成為基督身體的一部分，就要有分於一個羣體之中，而這個羣體不單是一個有可能彼此說真話的地方，更是一個必須彼此說真話的地方。

但彼得在耶穌面前維護自己。他提醒耶穌，他自己和其他門徒都已經撇下所有的來跟從祂。耶穌並沒有反駁彼得的自我評價。巴特認為耶穌沒有作出反駁，是因為：

> 耶穌的門徒和那位富有人的分別，以及那使耶穌的門徒勝過那位富有人的，即那可以區分順服與不順服的，就是門徒可以給這神聖可能性（divine possibility）作見證。他們實際上已經撇下所有的跟從耶穌。這事是怎樣發生的？這是因為門徒擁有的像耶穌一樣少，但卻可以善用所擁有的，把之視作從上帝而來的恩賜／禮物和臨在。這是因為他們承認、宣告和挪用：雖然他們自己所缺乏的不會比祂少，但在耶穌裏他們會一無所缺。（Barth 1936～1977, 2.2.625）

耶穌接著清楚說出，門徒因為跟隨了耶穌，所以將會坐在十二個寶座上，審判以色列十二個支派。他們適合作為以色列支派的審

判官，因為他們撇下了家人和田地，來跟隨那位應驗了上帝給以色列的應許的耶穌。因此，他們將會得到的，會比他們付出的更多，他們可以得到永生。他們是最後蒙召的，但在耶穌帶來的新時代裏，他們將會是首生的。「在後的將要在前」，暗示了耶穌所代表的是一個非凡的轉化，一個顛覆。

先知常將以色列比作葡萄園：

我要為我所親愛的唱歌，
　是我所愛者的歌，論他葡萄園的事：
我所親愛的有葡萄園
　在肥美的山崗上。
他刨挖園子，撿去石頭，
　栽種上等的葡萄樹，
在園中蓋了一座樓，
　又鑿出壓酒池；
指望結好葡萄，
　反倒結了野葡萄。（賽五 1～2）

以色列和猶大明確地被稱為上帝所喜愛的農作物，上帝「指望
的是公平，誰知倒有暴虐；指望的是公義，誰知倒有冤聲」（賽五
7）。因此，我們不用驚訝的是，耶穌接著會説到一個關於葡萄園
的比喻，以說明「在前的，將要在後；在後的，將要在前」是甚麼意 176
思，因為這是一個關乎上帝的公義的比喻——門徒將要坐在十二
個寶座上，審判以色列十二個支派，他們所行使的就是這種公義。
這些寶座——那可畏的審判之寶座——仍然是以色列的寶座。上
帝對以色列的審判，顯明上帝對其子民那不離不棄的愛。

耶穌說，「因為天國」，好像一個家主，在清早、早上稍後的

時候、正午及下午，以及在稍晚的時候，都出去雇人進他的葡萄園作工。他雇用的所有人，若不是獲他聘用進葡萄園的話，那天都不會有工作做。第一批受雇的人答允按慣例收取一天的工錢。到了晚上，園主要管事的叫工人來取工錢。管事的受命要先發工錢給後雇的，最後才發給那最先雇的人。他要給每一個工人那議定一天的工資。

當首先被雇的人領取工錢時，他們以為自己會收到多一點工資，但卻發現他們的工資竟與最後受雇的人一樣。他們埋怨自己所得到的工資，他們指出，他們工作的時間較長，又在中午的時候勞苦受熱。園主卻在回應時稱這些人為「朋友」，並表明他沒有虧負他們，因為他是按所議定的工資發放工錢的。園主說，他可以按他的意願這樣作，因為東西既是屬於園主的，他就可以隨意使用。所以，最先受雇的人不可以因園主的慷慨而對最後受雇的人紅了眼。耶穌用這個比喻清楚說明了，甚麼是「在後的將要在前，在前的將要在後」。

解經家在解釋這個比喻時，常常會以園主發放工錢的方式，來強調上帝的恩典是不會有偏私的。但在這個比喻中，上帝的恩典並不是以公平為特徵的，而是上帝的恩典那全然的豐盛。上帝的愛是不會窮盡的，這讓耶穌所呼召的人可以有廣闊的多樣性。在撒種的比喻裏，耶穌告訴我們，那落在好土的種子也可以有不同的收成，這暗示著上帝的恩賜/禮物會為國度的榮耀而生出差異。所以，透過強調各人在國度的工作裏有不同的貢獻，這個比喻正確地挑戰我們這些自以為首先被雇用的耶穌跟隨者。我們一定要記得，教會也包括一些在最後的時候才受雇的人。

那特別重要的是，外邦基督徒要記得，作為繼承那給以色列的應許的人，我們是最後受雇的。對於耶穌的葡萄園比喻，那具決定性的解釋，是保羅在羅馬書九至十一章中就上帝對以色列的信實所作的理解。保羅在給外邦基督徒的信中堅決地主張，上帝給以色列的應許是仍然有效的。以色列被耶穌這塊絆腳石所絆倒，但這樣原是要叫拯救可以臨到外邦人（羅十一 11 ～ 21）。所以，若是沒有以色列的故事，以及那些作為那故事的繼承者，即猶太人，所有關於教會的記述、所有關於最後受雇者的記述，都不會是可理解的。

被君士坦丁主義（Constantinianism）誤導的基督徒忘記了，我 177
們要依靠上帝對猶太人那不斷的照料。[2] 因此，作為最後受雇的那些人，這意味著，作為耶穌門徒的人不可忘記，因著上帝的慷慨，我們有責任要記得以色列的故事就是我們的故事。以色列在其經典裏忠心地述說他們不忠的故事，這故事就是我們現在的舊約聖經。這個故事也是教會的故事，這闡明了，上帝把我們嫁接上以色列這棵「好橄欖」上（羅十一 24），但我們卻背叛了祂。

葡萄園的比喻肯定是關乎上帝的豐盛恩典的，而這比喻的另一個重點卻在於園主要管事的人先發工錢給最遲受雇的。若先受雇的人先得工資，他們就不會知道原來所有人的薪金都是一樣的。上帝的恩典就是真理的恩典（grace of truth），祂不願意我們不知道我們的品格（character），即我們妒忌那些我們以為其不配的人。葡萄園的比喻示範了上帝的公義——這公義是以真理為依歸的。

此外，耶穌再次把這真理向門徒清楚表達；當時耶穌第三次說，他們正前往耶路撒冷，人子將會被交在祭司和文士手中，祂要被定死罪、受辱、被打，並且被外邦人釘在十字架上，只是到第三天祂要復活。這就是葡萄園主的命運。這是上帝為了可以給所有人——不論早受雇的還是遲受雇的——發報酬而必須有的公義。這就是天國所帶來那翻天覆地的改變。

但是，藉基督而開展的新時代，其徹底的特徵再次引起一個問題，而這個問題是一個人性的問題，乃是關乎人的地位的。西比太兒子雅各和約翰的母親，與兩個兒子來到耶穌那裏，希望耶穌可以應允她一件事。這位母親請求耶穌宣布，她的兩個兒子在耶穌的國度中，一個可以坐在耶穌的左邊，一個可以坐在耶穌的右邊。她的要求假設了，耶穌特別注意雅各和約翰，因為他們是首批蒙召的門徒之一，而且當祂登山變像時，祂也帶著他們。此外，他們的母親
178 明顯地以為，坐在耶穌的左邊和右邊，就表示是具有權力的——正如耶穌也說過，門徒要坐在以色列的寶座上。

耶穌告訴門徒和他們的母親，他們不知道自己在求的是甚麼。耶穌直接對兩個門徒說話，祂問他們能否喝祂的杯；這杯就是祂剛剛所描述的，在耶路撒冷將要發生在祂身上的事。他們天真地回應說：「我們能。」耶穌將要帶同前往客西馬尼園的，正是這位雅各和約翰；耶穌在那裏將祈求父挪去那苦杯（太二十六 36～46）。雅各和約翰說他們可以喝耶穌要喝的杯，他們明顯只是在虛張聲勢。他們連在客西馬西園清醒地陪伴耶穌也做不到。

但耶穌卻說他們實在要喝祂的杯。祂將會在逾越節把自己的杯與他們分享（太二十六 26～29），這分享表示他們也要分享祂的死。我們從使徒行傳十二章 2 節知道，雅各將會被希律所殺。雖然他們將要以他們無法想像的方式來分享耶穌的杯，但耶穌告訴他們，不是由祂來決定誰坐祂自己的左邊和右邊，因為那些位置是祂的父所預備的。所有的事情都已交給子，但關於那些屬乎子的人的命運，子卻順從父。

當其他十個門徒聽到耶穌怎樣回應雅各和約翰時，他們都惱怒這兩兄弟。但耶穌叫了他們來，並向他們解釋，他們的想法跟這個世界的統治者的想法一樣，就是想要用自己的權力來操控那些自己統治的人。這個世界的統治者、外邦的統治者是暴君，但這卻不應是門徒的模式。他們反而要作彼此的僕人，這就是說那為首的，要首先好像奴僕，因為人子來到他們中間也是這樣的。耶穌來不是要受人的服事，乃是要服事人；並且要捨命，作多人的贖價。

關於教會如何根據耶穌的十字架和復活而被安排，這是耶穌給教會的吩咐的高峯。教會要示範出耶穌的生命，即為世界付上生命。如果教會的秩序和管治都是建基於彼此服事，教會就成了在暴政以外的另一個選擇。所以，巴特在巴門宣言（Barmen Declaration）中引用馬太福音二十章25至26節，這並不是偶然的（譯按：一九三四年，德國認信教會〔Confessing Church〕在巴門開會，由巴特草擬了巴門宣言，這是一份認信教會反對德國基督教〔German Christian〕的聲明，後者是支持納粹政權的宗教組織），他要挑戰納粹黨（Nazi）的一個舉動，就是任命官員來管理教會：

> 教會不同的職事並不是確立某些人去管轄其他人；相反，這些職位是為了履行上帝交託及囑咐給教會的那事工。
>
> 我們否定錯誤的教義，彷彿在事工以外，教會可給自己的領袖授予管治權柄，也容許自己有這樣的領袖，或獲他者把這樣的領袖給予教會。（摘自Cochrane 1962, 241）

耶穌所飲的杯一定會挑戰任何依賴統治者的政治，那些統治者是以作僕人為名，卻要成為我們的主人。很多人會引用羅馬書
十三章來證成基督徒對國家高壓政治的支持，但那些引用的人卻 179
常常未能理解保羅在十三章之前所作的勸告，保羅在那裏說，基督徒應該：

> 逼迫你們的，要給他們祝福；只要祝福，不可咒詛。與喜樂的人要同樂；與哀哭的人要同哭。要彼此同心；不要志氣高大，倒要俯就卑微的人；不要自以為聰明。不要以惡報惡；眾人以為美的事要留心去做。若是能行，總要盡力

> 與眾人和睦。親愛的弟兄，不要自己伸冤，寧可讓步，聽憑主怒；因為經上記著：「主說：『伸冤在我，我必報應。』」所以，「你的仇敵若餓了，就給他吃，若渴了，就給他喝；因為你這樣行就是把炭火堆在他的頭上。」你不可為惡所勝，反要以善勝惡。（羅十二 14～21）

我們可能活出這個樣式，只要我們學會成為彼此的僕人，也因此拒絕像外邦人那樣的管治。這看來不過是教會內部的政治，但正如保羅在羅馬書所指出的，這是對當權者一個嚴峻的政治挑戰。尤達（John Howard Yoder；譯按：基督教神學家）認為，在羅馬書和馬太福音裏，耶穌和保羅都認為，那些管治我們的人是生活的現實。耶穌卻沒有說那個生活的現實乃上帝的照管（providence）或神聖的制度。[3] 當然，那些其行為像壓逼我們的暴君的人也將會自稱，他們是為了我們才行使他們的權力，但這也不會叫他們的暴行變得合理。

尤達提出，耶穌呼召門徒來作僕人，這是建立了一個不同的另一個政治選擇，是以基督教的作門徒（Christian discipleship）作為代表的：「只是在你們中間不是這樣。」門徒不是要像外邦人那樣接管和作管治。他們反而要作另一些事情。他們要成為另一類的羣體，有別於那些以為要用強迫和暴力來作管治的人。此外，教會既是一個與社會相反的羣體，它就要帶出世界本來不可能有的政治。若沒有這樣的教會存在，就沒有人會去挑戰，或甚至沒有人會發現，正如巴門宣言所發現的，一個國家已經變得邪惡。[4]

對於門徒就雅各和約翰的地位的關注，有些人或者會覺得這樣閱讀耶穌給門徒的回應是太政治化了，但當我們與耶穌一同前往耶路撒冷時，祂的職事的政治特徵便變得無可避免了。祂不是來受人服事，而是要服事人。這世界將不會有一個要如此矢志地改變我們

的管治習慣的救主。祂的生命將肯定會成為贖價，但這贖價並不單
單在個人層面上叫我們得自由，不被我們的罪捆綁。反之，這個贖
價已救我們脫離那些耶穌曾在曠野裏面對的誘惑，讓我們有分於那 180
惟一可以救我們的政治之中。祂使我們不再受那個建基於害怕死亡
的政治所奴役，讓我們可以作彼此的僕人，也可作世界的僕人。

耶穌繼續前往耶路撒冷。祂離開了耶利哥，有一大羣人跟隨祂。有兩個瞎子坐在路旁，他們聽到耶穌路過那裏。他們便向耶穌喊叫：「主啊，大衛的子孫，可憐我們吧！」瞎子認出了耶穌的身分，而耶穌也沒有否定，他們所作的指認是正確的。祂就是大衛的子孫，正前往大衛的首府耶路撒冷。門徒早前曾嘗試叫迦南婦人住口（太十五 21～28），但這一次卻是羣眾叫這兩個瞎子不要作聲。

耶穌不容許羣眾來決定那個情況。祂站住，叫他們來，並問他們想耶穌為他們做甚麼。他們回答：「主啊，要我們的眼睛能看見！」耶穌動了慈心，摸他們的眼睛，他們就立刻看見。他們不單重得視力，他們更跟從了耶穌。這兩人雖然不是因在耶穌早期職事裏得著醫治而跟隨耶穌，但他們最終都跟隨了祂，因為他們已認祂為主、大衛的子孫。

在耶穌進入耶路撒冷之前，這將會是耶穌最後施行的醫治。祂在聖殿裏將會醫治瞎子和瘸腿的，但那將會是祂在其敵人的家鄉裏所行的。由此直至祂死亡的一刻，耶穌都將會受制於那些引致祂被釘的勢力。祂要以得勝的姿態進入耶路撒冷，祂要潔淨聖殿，祂要與撒都該人、法利賽人、文士和祭司進行爭辯，但祂的生命現卻受制於那些死亡權勢的代表。這時刻正要開始——祂將要把自己交給那些人——若非祂願意服從他們的恐懼，他們就沒有任何權力。現在，當耶穌對抗這些權勢之時，我們要跟隨耶穌，以致我們的生活可以擺脫因我們的害怕而製造出的驚駭。祂已做了一切

祂所能作的事，以預備祂的門徒去面對那些在耶路撒冷等待著他們的事情。

註釋：

1. 奧古斯丁（Augustine）看到，正如從事體力工作的工匠可以透過訓練，叫他們能夠做一些超越他們自己身體能力的事，所以「為甚麼我們不可以相信，若沒有性慾，即因我們不順服的罪而來的報應，性器官也可成為順服人類的僕人，可以受意志控制，正如身體別的部分一樣？」（Augustine 1977, 585）奧古斯丁明白，很多人無法想像到，亞當和夏娃在天堂可以如此控制自己的性器官，所以他舉了一些例子，提到那些可以用身體做出不平凡的事的人：有些人可以叫耳朵抽動；有些人可以把頭皮拉下來蓋著額頭；有些人可以吞下很多東西，然後又完好無缺地吐出來；有些人可以模仿雀鳥和野獸的聲音；甚至有些人可以「憑意志控制肛門的肌肉發出音樂（卻不會發出臭味），就好像用那個地方唱歌一樣」（Augustine 1977, 588）。
2. 沒有人比巴德—薛爾（Scott Bader-Saye）更能清楚闡明這一點，他認為，「如果教會被理解為一羣被嫁接於以色列傳統政治的人，因此他們要繼續（與以色列人一起）持守這個政治模式的話，那麼這就表示，我們不可視新約為取代舊約的社會關注。我們不可以將教會和以色列那明確的政治身分區分開來。教會——和猶太人一樣——在上帝的同一個約之下存在，這使他們對生命的所有範疇都要負責任，包括政治。這表示，專注於以色列、以之作為反思教會論的方法，就表示要拒絕將教會非政治化。如此將教會論非政治化，具有內在和外在的根源。在內在方面，教會因為對揀選作不充分的理解（尋求擺脱猶太人及其實體性〔materiality〕），所以失去了其在政治上的見證。在外在方面，西方教會因接受了它們在現代自由政體內的角色，令它們在公共空間裏沒有地位，因而已被非政治化」（Bader-Saye 1999, 2 ～ 3）。把這個非政治化的教會稱為一個延續君士坦丁主義的形式，這似乎有點奇怪，但那正是我們這時代的模式，即是說，私有化的基督教（privatized Christianity）被創造，它卻正好為現代國家服務。
3. 羅馬書十三章確實提出，世上的權柄在維護秩序上有一定的作用。但保羅並沒有說，基督徒要因此取起劍來處罰那些作惡的人。但基督徒卻可以期望，那些揮劍的人要負責任地如此行事。

4. 參Yoder 1984, 151～171；這是他對耶穌給門徒的吩咐所作的反省。

馬太福音二十一至二十二章

耶路撒冷和聖殿

耶穌和門徒將近耶路撒冷，到了伯法其，在橄欖山那裏。耶穌會在這裏光榮地進入耶路撒冷。這是一次光榮的進城，也同時是嘲諷君王和軍隊進城的方式。這個進城的人是來服事的，但這也不會改變祂是君王的這個事實。

偉大的大衛王因為押沙龍背叛了他而憂傷地來到橄欖山（撒下十五 30～31）。但在撒迦利亞書十四章 1 至 5 節，主宣告祂將會站在橄欖山，為要打敗那些聚集要攻打耶路撒冷的人。在那座山上，主將會成為全地的王，叫耶路撒冷永不陷落。耶穌站在橄欖山上，作為那個為耶路撒冷悲哀的人，但也同時成為一位祭司—君王（priest-king），叫萬國都承認大衛的上帝。

於是，耶穌就打發兩個門徒先行「去」到一條村莊，他們在那裏會看見一匹驢，還有驢駒同在一處。他們要解開那匹驢，牽到耶穌那裏。若有人問他們在做甚麼，他們只要需回答「主要用牠」，那人就必讓他們牽驢及驢駒過來。耶穌自稱為主，但卻是一位騎驢的主；驢是一種一般不會讓人聯想起君王的動物。打勝仗的人不會騎著驢進到自己的首都，他們會騎著那叫人敬畏的馬匹。但這位君王卻不是、也不會藉軍力來得勝的。

耶穌騎上驢，馬太告訴我們，這是因為撒迦利亞書九章 9 節提及，上帝子民的管治者也將會這樣騎著驢來的：

182 錫安的民哪，應當大大喜樂；
耶路撒冷的民哪，應當歡呼。
看哪，你的王來到你這裏！
他是公義的，並且施行拯救，
謙謙和和地騎著驢，
就是騎著驢的駒子。

門徒作了耶穌所吩咐的。驢和驢駒都在耶穌所提及的地方。他們將牲口帶到耶穌那裏，把自己的衣服搭在上面讓耶穌騎上。耶穌進入耶路撒冷——這是詩篇一百一十八篇一早已經預告的，這首詩篇描述以色列被萬國圍攻，其生命受到威脅，惟有主才能拯救它；這首詩關乎以色列之主的得勝；在這首詩裏，主的門打開了，以致義人可以進到城裏，可以來到壇角那裏。耶穌進到耶路撒冷，這就是演示了這篇詩篇的內容，好讓以色列——就是當時在外邦人管治下的以色列——可以看見上帝的勝利。

很多的羣眾歡迎耶穌進到耶路撒冷，他們把衣服鋪在路上，還有人砍下樹枝來鋪在路上。他們用詩篇一百一十八篇的詩句來讚頌祂：

和散那歸於大衛的子孫！
奉主名來的是應當稱頌的！
高高在上和散那！

這些羣眾卻不包括耶路撒冷的所有民眾。馬太告訴我們，當時城裏產生一片騷動。很多人問：「這是誰？」而那些歡迎耶穌的羣眾就說：「這是來自加利利拿撒勒的先知耶穌。」他們稱耶穌為先知，這是沒有錯的。耶穌在談到先知在其本地本族父家不受尊重時，也曾經自認是先知（太十三 57～58）。耶穌更知道，耶路撒冷是一個殺害先知的城（二十三 37）；但祂仍然接受先知這個描述。然而，那些說祂是先知的人，一定知道祂不只是一位先知，祂也是祭司和君王。

耶穌光榮地進入耶路撒冷，這肯定是一個政治舉措。祂來是要被認出祂是君王。祂是大衞的子孫，是眾人長久盼望的那一位，祂要使耶路撒冷脱離外邦的壓制。但這位君王不是以暴力的反抗來取勝；反而，祂要成為那位能向以色列說明「它對上帝的敬拜就是一種自由」的人，藉此取勝。祂是以色列長久盼望的如祭司般的君王（priestly king），是先知們所預言那將要到來的。在祂進到耶路撒冷的時候，那些無權無勢的人便應當為此而慶祝。

耶穌進到耶路撒冷，就立刻往聖殿去。對於我們這些習慣把政治和宗教分開的人，我們會受誘惑，把耶穌進耶路撒冷的這個舉動視為政治的行動，而進聖殿就是宗教的行動。但耶穌進到聖殿的這個舉動，可能比光榮進城更具政治上的重要性。聖殿定義了以 183
色列的身分。對上帝的敬拜和在政治上的忠心，是不可分割的。聖殿四周的濫權和以色列在政治上的屈從，都是同一個政治實在（political reality）的一些外觀。

將耶穌光榮進城和潔淨聖殿稱為政治，這是挑戰現代性（modernity）中人對政治所作的顯著理解。我們一般不會將關於真理和敬拜的問題，與政治聯想在一起。但我想說的是，耶穌就是要引用上帝給以色列的應許，從而拒絕讓羅馬來決定甚麼屬於或不屬於政治。對耶穌來說，政治是關乎權力的。但耶穌所行使的權力是可以生出生命的權力，因為這權力本身是源自生命之源。

耶穌在其早前的職事中便提到，那些該守安息日的人卻沒有這樣做。作為以色列的先知和君王的耶穌，現在擔當了至高大祭司的角色，因為只有祂可以獻祭，叫以色列可以重新得著聖潔，這正正是聖殿生活的核心（太十二 5～6）。耶穌的職事現在要以聖殿為中心，這不但是因為聖殿是以色列生活的核心，也是因為耶穌來了，我們可以真正地敬拜真上帝。若沒有對上帝的真實敬拜，人就沒有可能明白甚麼是真正的政治。

耶穌進到聖殿，趕走了那些在其中作買賣的人。祂推倒那些玷污聖殿的人的桌子和凳子；他們將聖殿變成另一處作買賣的地方。耶穌披戴起先知以賽亞和耶利米的斗篷，指責那些作買賣的人，又告訴他們，聖殿本是禱告的地方，即使對外邦人也是一樣（賽五十六 6～8），但這些人——根據耶利米書七章 11 節——卻將這殿變成「賊窩」。耶穌所作的正如先知所經常作的，祂用行動來使上帝的話語臨在。祂潔淨聖殿的行動，使聖殿為以色列的緣故而得到潔淨。

有些人用耶穌潔淨聖殿這件事，來支持使用暴力。他們猜測，耶穌一定是太惱怒那些兌換銀錢的人，所以祂訴諸暴力來反對他們。但把耶穌推倒桌子和椅子的這個行動，稱為「暴力」，未免是過分利用我們的語言，以至一個地步，叫我們不能區分不同種類的暴力。那些用耶穌的行動來支持發動戰爭的人，至少要弄清楚一點，就是耶穌並沒有殺死那些兌換銀錢的人。再者，那重要的是，在耶穌趕走那些兌換銀錢和作買賣的人之後，那些瞎子和瘸子便來到耶穌面前，祂便醫好他們。大衛曾禁止瞎子和瘸子進到他的屋（撒下五 8），而在利未記二十一章 17 節，瞎子和瘸子也不可以向上帝獻祭。耶穌真正潔淨了聖殿，祂推倒了建制秩序，因為祂邀請那些被排斥的人來到。瞎子和瘸子在聖殿裏來到耶穌面前，祂就醫好他們。祂為聖殿帶來了和平。

耶穌演示了禧年；這個演示現在形塑那在以色列生活中心的對上帝的敬拜，即是說形塑了聖殿本身。耶穌已恢復了聖殿，不單是為了瞎子和瘸子，更是為了窮人。那些賣鴿子的人之所以可以做 184
買賣，因為按照利未記五章 7 節的規定，窮人如果力量不夠獻一隻羊，他們可以用鴿子和斑鳩代替。這個規定變成一些人壓逼窮人的方式。耶穌潔淨聖殿，連那些一直不獲准進殿的孩子們，也在聖殿裏唱著說：「和散那歸於大衛的子孫！」耶穌不只潔淨聖殿，祂也開始了一場改革性的慶祝。耶穌所做的並不是要證明暴力為正當的；祂而是要顯明，敬拜本身——慶祝上帝的美善——如何成為暴力以外的另一個選擇。

我們無從得知耶穌是否在怒氣中行這些事，但祂所做的卻激怒了祭司長和文士。他們看過耶穌所作的奇事，他們聽到孩子們在唱歌，他們就震怒。他們是保護聖殿聖潔的人。耶穌叫人發出讚美。但祭司長和文士卻不相信，耶穌竟然可以接受那些跟祂一同在聖殿裏的人所做的事。他們問耶穌是否聽到孩子們在說甚麼。孩子們正在稱耶穌為「大衛的子孫」。耶穌回答說，祂聽到孩子們在唱甚麼。孩子們這樣歌唱是因為在另一首描述以色列得勝的詩歌中提到，孩子們會在以色列的受膏者面前歌唱：

耶和華——我們的主啊，
　你的名在全地何其美！
你將你的榮耀彰顯於天。
　你因敵人的緣故，
從嬰孩和吃奶的口中，建立了能力，
　使仇敵和報仇的閉口無言。（詩八 1～2）

耶穌是至高的大祭司，祂來到是要重建以色列對其上帝的正確敬拜。祭司長和文士明白，這是關乎權力。他們不久將會問耶穌，祂是從哪裏得到權柄，行祂所行之事。他們卻不明白，大衛的子孫可以做耶穌所作的事：潔淨聖殿，使這個地方成為一處可讓瞎子、瘸子和小孩讚美上帝的地方。若耶穌不是彌賽亞，但祂的行動也肯定顯出祂彷彿就是彌賽亞。

祂已進了耶路撒冷，也進了聖殿。那要發生的事，也將一定會發生。孩子們在聖殿裏的呼喊，使那些當權者警覺到，耶穌會威脅他們的地位。當權者知道他們一定要做些甚麼，好保護自己免受如耶穌般的人的傷害。他們受威脅時不會不作反抗。耶穌知道其中的衝突，祂也不希望延長這個對峙。祂離開耶路撒冷，到了伯大尼，並且計劃第二天再進城。

第二天早上耶穌回到耶路撒冷。祂餓了。祂看見路旁的一棵無
花果樹，但祂找到的只有樹葉——樹上並沒有果子。在耶利米書
185 八章 13 節，主已對耶利米說，祂要招聚萬國，但卻發覺「無花果
樹上沒有果子」，甚至連葉子都枯乾了。耶穌才剛剛跟祭司長和文
士對抗，祂這時又咒詛無花果樹，宣告這棵樹永不會再結果子。這
樹便枯萎了，正如文士和祭司長使聖殿枯萎一樣。

門徒覺得希奇，他們訝異這棵無花果樹為何一下子就枯萎了。正如當耶穌平靜風和海時，門徒因耶穌的作為而感到希奇（太八23～27）一樣，他們仍然未能理解耶穌怎樣可以做到這些事，因為他們還未明白耶穌是誰。但耶穌再次提醒他們，有別於祭司長和文士，若門徒有信心，那麼發生在無花果樹上的事情就不過是一個開始。只要他們用信心去祈求，他們將可以叫大山移到海中。門徒還沒有這份信心，但耶穌要帶他們進到一個衝突之中，這意味著，他們要不有信心，要不就會被毀掉。

耶穌再次進到聖殿，但這一次祂開始作教導。祭司長和長老挑

戰祂，他們不但問耶穌憑甚麼權柄來作教導，也質疑誰授予祂權利來潔淨聖殿、在聖殿裏醫治瞎子和瘸子，供應窮人，並且使孩子們唱歌。再次，這是一個狡猾的問題，因為耶穌若訴諸在祂自己以外的權柄，祂就是背乎自己。所以耶穌作出反問，並且答應祭司長和文士，若他們可以回答耶穌的問題，耶穌也會回答他們的問題。

耶穌問他們，施洗約翰的洗禮是從天上來還是從人間來的。祭司長和文士彼此爭論，他們恐怕如果回答是從人間來的，那些認為約翰是先知的羣眾就會不贊同他們的回應。但若他們說約翰的權柄是從天上來的，耶穌就會問他們為甚麼當約翰說天國近了之時，他們卻不相信他的話。他們落在自己製造的困境中，所以只好承認他們不知道約翰的權柄是從哪裏來的。耶穌也因此不告訴他們祂憑甚麼權柄來潔淨聖殿，或憑甚麼權柄在聖殿裏教導和醫治。

祭司長和文士所問的問題，在基督教歷史中不斷被重複提出。不同的人嘗試回答如那被提出的問題，但他們不能避免生出各式各樣的異端，因為若要在耶穌的生命、死亡和復活以外，確立另一個更具決定性的基礎，以解釋為甚麼我們應相信耶穌；那麼，這個努力的結果就是偶像崇拜。如果人需要某個真理的標準，來肯定耶穌就是彌賽亞；那麼，他就應當敬拜那個真理的標準，而不是敬拜耶穌自己。人不可能到其他地方去肯定耶穌就是祂自己所宣告的一位。要認識耶穌就是上帝之子，這需要基督徒背起祂的十字架，並跟從祂。當基督徒已背起那個十字架，他們就會發覺他們不用害怕真理，不管那真理是來自何處。

耶穌並未結束與祭司長和文士之間的衝突。實際上，一切只是剛剛開始的。我們看過耶穌用比喻來指示門徒，以使他們明白天國
的特徵。面對祭司長和文士，耶穌會用比喻來讓他們明白，祂對他 186
們的統治權所作的挑戰。祂叫他們想像（「你們認為怎樣？」）一個有兩個兒子的葡萄園園主。園主叫大兒子到葡萄園裏去工作，大兒

子拒絕了，但後來卻改變主意，到園裏工作。這父親又叫小兒子到葡萄園裏去工作，小兒子立刻答應了，但最終卻沒有到葡萄園去。耶穌問祭司長和長老，這兩個兒子哪一個遵行父的旨意。他們當然被逼要回答是大兒子。

耶穌給祭司長和長老作一個清楚不過的結論：他們就是不行父旨意的小兒子。因此，那些稅吏和娼妓倒可以在他們之前先進到上帝的國度，因為稅吏和娼妓相信約翰所宣告的「天國近了」，又承認他們必須悔改。稅吏和娼妓的生命都得著改變，所以他們相信約翰，但祭司長和長老卻不相信。

耶穌又說出另一個葡萄園的比喻。有一個家主栽種了一個葡萄園，周圍圈上籬笆，裏面挖了一個壓酒池，蓋了一座樓。他把葡萄園租給園戶，就往外國去了。收果子的時候近了，家主就打發僕人到園戶那裏去收果子。但園戶拿住僕人，打了一個，殺了一個，用石頭打死一個。家主又打發別的僕人去，園戶還是照樣待他們。後來家主打發他的兒子到他們那裏去，他認為他們不得不尊敬他的兒子。但園戶卻認為，若他們殺了園主的兒子，他們就可以佔有他的產業，所以他們連園主的兒子也殺了。

耶穌問祭司長和長老，當園主回來時他將會怎樣對待這些園戶。祭司長和長老就好像大衛回答拿單時一樣，說那園主將要下毒手除滅這些惡人。此外，他又會將葡萄園另租給那些會按著時候交果子的園戶。耶穌問他們有沒有讀過詩篇一百一十八篇 22 至 23 節，並用這段經文帶出這比喻的含義；這段詩篇是以色列那得勝的偉大詩歌：

匠人所棄的石頭
　已成了房角的頭塊石頭。
這是耶和華所做的，

在我們眼中看為希奇。

從耶穌進入耶路撒冷之時，祂就已演示了詩篇一百一十八篇的內容；現在藉著祂宣告被棄的石頭就是那塊房角石，從而使這個演示達到高峯。彼得在耶穌被釘和復活之後，用了同一篇詩篇的信息，在使徒行傳四章 11 節和彼得前書二章 1 至 8 節裏指出，耶穌就是那塊房角石。耶穌是這間房子的房角石，在這房子裏，祂就是上帝所悅納的祭。

兇惡園戶的比喻可以作為馬太對以色列生命的看法的概要。上帝呼召以色列作祂自己的葡萄園，祂又用律法來圍住這葡萄園，而
他們又因聖殿裏對上帝的敬拜而受到保護。上帝差遣其先知來呼 187
籲百姓要忠心，但百姓卻擊打眾先知，用石頭扔他們，甚至殺害他們。最後，上帝差遣了祂的獨生子，但百姓卻連祂的兒子也拒絕。耶穌說得很清楚，在比喻中園主的行動就是上帝所作的一切（太二十一 42）。所以，上帝的國度將會從他們中間被奪去，再給予那些會在國度中結果子的人。再者，被這石頭絆跌的人將會跌碎，而這石頭掉在誰的身上，那人就要被砸得稀爛。

耶穌清清楚楚的說明，人要怎樣理解這個比喻。祭司長和法利賽人明白他們就是那「拒絕的人」。但他們卻仍不悔改。相反，他們想捉拿耶穌，但他們知道羣眾都視耶穌為先知 —— 好像他們不回答耶穌那關於施洗約翰的問題時一樣 —— 他們因害怕羣眾，所以暫時沒有下手。正如希律是因為害怕失去面子才殺了施洗約翰，祭司長和法利賽人也因知道自己的權力是依靠謊言的，所以才害怕羣眾。

耶穌在這些比喻中用上葡萄園，而且祂又咒詛無花果樹，這都會令一些人以為，耶穌否定了以色列作為應許之民的地位。這種看法也不無道理的，因為整卷馬太福音都不時暗示著，外邦人比以

色列人更了解耶穌。再者，耶穌在福音書結束之時也吩咐門徒要到萬國去（太二十八 19）。但福音書也同時清楚表達出，往萬國去的使命並不表示，上帝給以色列的應許已經被廢棄了。我們不應以為這些比喻提供了用來判斷「誰在這羣體之內或在這羣體之外」的標準，我們反而應該注意的是，這些比喻怎樣幫助那些「在外面」的人認出自己的光景。祭司長和法利賽人都了解到，耶穌在談論的是他們。

耶穌對以色列民的領袖所作的譴責將會愈來愈尖銳，但這些譴責並不引致以色列民被摒棄。耶穌和門徒都是以色列人。門徒在耶穌復活後仍然在聖殿裏敬拜（徒三 1）。耶穌的潔淨聖殿並不是否定聖殿的含義，而是指出聖殿有多重要。以色列的上帝，即在聖殿裏受敬拜的上帝，也是子耶穌的父。以色列民，即猶太人，是永不會被「撇下」的，因為如果他們被撇下，基督徒就會發現，我們找不到耶穌有任何意義。

基督徒的任務並不是要嘗試決定猶太人為甚麼能或為甚麼不能像我們一樣的敬拜耶穌。我們的任務是忠於耶穌。只有在我們忠於耶穌的時候，猶太人才可以告訴我們，他們為甚麼不可以像我們一樣的跟隨耶穌。很不幸，猶太人拒絕耶穌的原因，往往是因為我們沒有忠心地跟隨耶穌。所以，那變得重要的是，不論基督徒和猶太人在某個時空之下有甚麼分別，這個差異都不可以成為基督徒和猶太人在所有時空下的**那個**差異（*the* difference）。如果我們要忠於那位買贖我們的上帝，對基督徒和猶太人來説，他們之間的差異
188 都必須是一件在持續不住的對話之下的事情。上帝的作為會出乎我們意料之外的。

作為基督徒，我們的任務是要像祭司長和法利賽人一樣：能夠在比喻中認出我們自己。我們確認自己為基督徒，這可以是一個方式，保護我們免於承認我們已成為好像祭司長和法利賽人一樣；祭

司長和法利賽人滿心驕傲地假設，他們要對傳統負上責任。基督徒常被引誘要像暴君一樣去作管治，我們以為自己擁有真理——一個不用受苦就可以得到的普世真理。但馬太清楚說明，我們若沒有受訓成為門徒，就不能認識真理，即是耶穌。那些受過這訓練的人並沒有太多時間去臆測誰屬於這羣體，又或誰不屬於這羣體。

但耶穌鍥而不捨。祂透過在比喻中跟祭司長、長老和法利賽人說話，從而繼續與他們對質。耶穌用熟悉的句子來開始祂的比喻：「天國好比……」在第一個比喻中，耶穌直接叫祭司長、長老和法利賽人檢視他們與耶穌的工作的關係；但這一個比喻則不同，比喻所用的公式，是要使他們認出自己與那些跟隨耶穌的人之間的分別。祂所說的比喻會叫他們看到他們與耶穌筵席的關係，而這筵席是耶穌透過潔淨聖殿來開始的。

有一個王，為他兒子擺設娶親的筵席；他就打發僕人去，請那些已被邀請的人來赴席，但他們卻不肯來。王又打發別的僕人去宣告，一個大筵席已經準備好了。但那些被邀的人卻輕看這邀請，他們各自去作自己的工。有些人甚至拿住王的僕人，凌辱他們，把他們殺了。王就大怒，他打發軍隊去除滅那些兇手，燒毀他們的城。王就再次差僕人到街上，聚集街上的所有人，不論好壞，都請他們來赴這喜筵，筵席的禮堂就滿了人。當王進來觀看賓客，見那裏有一個人沒有穿禮服。王問他：「朋友」——這也是葡萄園主對第一批受雇之人的稱呼——「你到這裏來怎麼不穿禮服呢？」那人無言可答。王就吩咐使喚的人捆起他的手腳來，把他丟在外邊的黑暗裏，任由他在那裏哀哭切齒。耶穌的結論是：「被召的人多，選上的人少。」

這個比喻是馬太福音的重述。耶穌來是要餵養我們。祂餵飽了五千人，又再餵飽四千人。國度是關乎食物的，特別是給窮人的食物。耶穌所賜的糧食不但可以餵飽飢餓的人，更可以用來擺設筵席。這是上帝的豐盛的筵席。但很多人似乎覺得他們已經擁有自己所需的一切，所以拒絕抽時間去參加王的筵席。他們的行為似乎在說他們不需要君王，他們被其日常生活所吞噬。有些人覺得王堅持派人來是一種侮辱，他們甚至殺了王的僕人。耶穌正如祂在兇惡園主比喻中所說的一樣暗示著，王的僕人所受到的對待，就是以色列人對待上帝先知的方式。

189 有些人希望耶穌以「建立一個無條件接納所有人的羣體」之名，來贊同一般對精英的批評；但這個出色的比喻卻為這些人產生一個不自在的解讀。這個比喻好像之前已出現的比喻一樣，肯定要叫那些有權有勢的和富有的人感到不安。我們大多數人，尤其是活在現代性的商業共和國裏（commercial republics of modernity）的人，拒絕承認我們是受暴君統治的，或更可悲的是，拒絕承認我們就是統治自己生活的暴君。我們相信我們就是自己的主人，我們可以做自己所渴望的事，但我們的渴望卻叫我們不能認出那些統治我們的人。我們沒有時間參加父為慶祝耶穌立教會為新婦而預備的筵席。我們沒有時間慶祝那個感恩節的大筵席——在那個筵席中，我們是王之「子耶穌基督我們救主」的「活成員」（living members；*Book of Common Prayer* 1979, 365）。如此的一羣人，就肯定會因為上帝慷慨邀請那些住在街上的人而受到挑戰。

但這比喻也清楚表達出，那些在街上被邀來參加筵席的人，都應要披上透過浸禮得到的德性。如果教會是一羣能接待別人的人，那教會也將要作一個聖潔的羣體。耶穌期望那些蒙召進到祂的國度的人可以結果子（太二十一 43）。祂在八福裏已清楚表達出，那些蒙召進天國的人應有怎麼的樣式。貧窮或是被拋棄的人，可能更可以回應耶穌那關於國度的宣告，但耶穌期望那些貧窮和被拋棄的人，要活出與將被殺的羔羊相稱的生命。惟有這樣的百姓，才可以抵抗那些自稱是為我們的好處來管治我們的皇帝。

法利賽人開始明白，耶穌不是普通的威脅，所以他們密謀要陷害耶穌。他們差自己的門徒和希律黨人一起來見耶穌。這是意味深長的，因希律黨人是忠於希律的，這表示他們願意與羅馬政權合作。另一方面，法利賽人卻嘗試與羅馬政權保持距離。他們用奉承的方法來接近耶穌：「夫子，我們知道你是誠實人，並且誠誠實實傳上帝的道，甚麼人你都不徇情面，因為你不看人的外貌。」這話說得不能再真的了。說謊的人也可以說真話，但當他們說真話時，那些立志靠真理過活的人都要小心。

他們問耶穌納稅給凱撒可以不可以。這是一個很聰明的問題，它令耶穌進退兩難。如果耶穌說不該納稅，祂就會變成反叛羅馬的人。如果祂說要納稅，祂又會看似是跟希律一夥的，是羅馬的合作者，祂就將不可能是一個可信的先知。耶穌沒有被他們的美言蒙蔽，耶穌不但認出他們是偽善的人，更同時按他們的本性來稱呼他們。祂拒絕直接回應他們的問題，但祂卻叫他們拿一個銀錢來給祂。

羅馬似乎不單要人納稅，更要人用羅馬的錢幣來交稅。那些像
魔鬼一樣想陷害耶穌的人，拿了一個耶穌所要的銀錢來給祂。耶穌 190
問他們：「這像和這號是誰的？」他們回答說那是凱撒的像。耶穌
就叫他們要將上帝的物歸給上帝，凱撒的物歸給凱撒。他們聽到這
個回應就感到希奇，離開他走了。

可惜的是，教會歷史經歷了這麼久，但基督徒並沒有因這個回應而感到希奇。反之，他們已假定了，他們明白耶穌的意思，明白甚麼是「凱撒的物歸凱撒，上帝的物歸給上帝」。常有人以為基督徒是一羣具有雙重效忠的人：既忠於上帝，也忠於自己的國家。雖然基督徒被囑咐不可以讓自己對國家的忠誠，來限定他們對上帝的忠心，但他們似乎從未清楚明白這樣的衝突可能會在甚麼時候真的出現。基督徒通常是希律黨人，但他們無從知道自己就是

希律黨人。

耶穌要人拿一個銀錢來，這錢是被鑄造來納稅的。祂並不擁有那銀錢。祂也沒有攜帶那銀錢，很可能是因為這錢幣上有凱撒的像。耶穌的問題本是要提醒那些攜帶那銀錢的人，記起十誡中的第二誡：「不可為自己雕刻偶像，也不可做甚麼形像彷彿上天、下地，和地底下、水中的百物。不可跪拜那些像，也不可事奉它」（出二十 4～5）。耶穌的回應說，上帝的東西要歸給上帝，而不應歸給凱撒，這是要提醒那些鑄幣的人，擁有這些銀幣已經足以叫他們成為敬拜偶像的人。

耶穌的回應並不是在向法利賽人提議說，我們要帶著兩份效忠來生活；祂而是在說，所有敬拜偶像的銀幣都應送回它們所屬的地方，即是凱撒那裏。[1] 正如耶穌知道政治和宗教並不可分割，祂也不覺得政治、經濟和對上帝的敬拜是可以區分開來的。那些提問「是否要納稅給君王」的人，因著他們所擁有的銀幣，已顯明他們是君王忠心的僕人。「一個人不能事奉兩個主；不是惡這個、愛那個，就是重這個、輕那個。你們不能又事奉上帝，又事奉瑪門。」（太六 24）你也不可以一邊服事上帝，又一邊服事君王。

再者，就算君王被說成「人民」，也不能叫人可同時服事上帝和君王。相比君王，原來人民在他們的渴望中更加要我們所有的忠誠。政教分離，也不能解決「人不能同時效忠上帝和凱撒」這個問題。政教分離大多數時候只不過是讓國家可以合法地為所欲為，又同時將教會隔絕到私人的神祕領域之中。再者，當基督徒作出遷就，去玩那個由凱撒的銀幣所控制的遊戲時，這就保證政教分離只會叫基督徒變成忠於國家的僕人，因為那國家聲稱可以給教會自由。

191 對很多人來說，這個就耶穌的宣告——「將凱撒的物歸給凱撒，上帝的物歸給上帝」——所作的說明，產生出一個不能解決的問題，因為他們不知道跟隨耶穌的人可以怎樣在我們所知的世界裏生活。但我們要先跟隨耶穌，才能承認我們有一個不能解決的問題。耶穌給法利賽人和希律黨人的回應，的確產生出一個不能解決的問題，但這正正是這句話的用意。當你沒有問題時，但你至少知道自己是有一個問題的，如果你是耶穌的門徒。

這一切開始發生，因為耶穌已回到聖殿作教導。在聖殿裏，祂就是要跟以色列生活中每一個重要的派系作戰。下一個出場的就是撒都該人。馬太告訴我們，撒都該人不相信復活。他們矢志要耶穌表明祂自己是否相信復活，他們向耶穌提出了一個情況，他們相信這個情況足以反映出，關於復活的信念是多麼的荒謬。撒都該人留意到，摩西曾說若一個男人去世而又沒有子嗣的話，他的兄弟就要把他的寡婦娶過來，為兄弟生孩子，「免得他的名在以色列中塗抹了」(申二十五 5～20)。撒都該人問，如果有一個婦人曾嫁給了七個兄弟，而每個兄弟都是按摩西的命令娶過這婦人的，在天國裏哪一個兄弟才是她的丈夫。撒都該人明顯地覺得，他們有這個奇妙的例子，足以證明復活的觀念是荒謬的。

撒都該人自稱具有的強項，就是忠於經文所說的，而耶穌藉著指出他們未能做到這一點，從而回答他們的問題。祂坦率地告訴撒都該人，他們不明白經文，或不了解上帝的權能。在出埃及記三章 6 節，上帝自稱為亞伯拉罕的上帝、以撒的上帝和雅各的上帝。撒都該人所問的問題，假設了上帝不能解決無後嗣的問題，但他們忘記了，因著上帝的能力以不可能的方式，使人得到子嗣，以色列的故事才得以可能。此外，上帝是活人的上帝，並不是死人的上帝，這就意味著，亞伯拉罕、以撒和雅各都享受到與上帝同在的生命。復活是告訴我們，上帝甚至不願意丟棄我們在死亡之中。

耶穌提出，當我們想要明白與上帝同在的生命牽涉甚麼東西時，我們就不可以任由我們的想像力不受控制。例如，撒都該人所提出的情況是荒謬的，因為在復活中，我們將不會結婚，也不會在婚姻中得著甚麼；因為我們將會跟天使，與上帝和與彼此一同生活，在那生活中我們並不需要克服孤單感。耶穌並沒有說，我們在復活中會或不會記得我們的婚姻，但我們的歷史卻肯定會被徹底地轉化。然而，我們知道，我們已過的生活方式跟我們復活的生命，並不是完全無關的，這正正因為亞伯拉罕、以撒和雅各這些名字對上帝來說都是重要的。

很多人認為，宗教的核心問題是有沒有來生，又或者我們有沒
有永恆的靈魂。很多人認為，如果人不相信永恆的靈魂，而忘記
了只有上帝才是永恆的；那麼，基督教就是難以理解的。所有受
造物都是一份恩賜／禮物（gift），我們死後那繼續與上帝同在的生
命，也是恩賜／禮物。此外，我們可以肯定上帝賜下了那個生命，
因為保羅告訴我們：「但基督已經從死裏復活，成為睡了之人初
192 熟的果子。死既是因一人而來，死人復活也是因一人而來。在亞
當裏眾人都死了；照樣，在基督裏眾人也都要復活。」（林前十五
20～22）

基督徒的盼望是上帝會讓我們分享那被稱為三一的愛的生命。我們的時間，即我們生命的時間，肯定會被上帝的時間所轉化。這轉化的名字就是「復活」。我們對「復活」所知的是，我們有幸見證耶穌勝過死亡。在復活裏，父透過子叫所有因死亡而得權勢的東西，都服在子之下，這使我們可以透過聖靈的恩賜／禮物而有分於這個降服。關於復活，我們所要知道的一切，都已透過基督的身體和血告訴我們了。

當羣眾聽到耶穌給撒都該人的回應後，他們就感到希奇。耶穌仍在聖殿中。那些領袖希望讓羣眾知道，祂是一個沒有權柄的老師。在撒都該人出手之前，法利賽人和希律黨人試過用奉承去逼使耶穌表達祂的立場：支持還是對抗凱撒。其中一個法利賽人是律法師，他見到耶穌已經使撒都該人住了口，現在他又嘗試問耶穌哪一

條是最大的誡命，希望藉此來試探耶穌。

耶穌引用申命記六章 5 節來回應，這是以色列的「示瑪」（Shema；譯按：「示瑪」是希伯來文「聽啊」的音譯，是這一節經文的第一個字，常用來代表這一節經文）。這個關於「要盡心、盡性、盡力愛主」的誡命是這樣開始的：「以色列啊，你要聽！耶和華——我們上帝是獨一的主。」這個愛上帝的命令，是以上帝愛以色列為前設的。這種愛並不是模糊的概論，而是上帝藉其對百姓那具體的、每日的照料，而彰顯出來。因為上帝透過律法和先知來愛我們，我們才知道「愛上帝」是甚麼意思。這份愛可以是嚴厲和可怕的，因為被上帝所愛，就表示我們要真誠地面對我們自己。

耶穌繼續引用利未記十九章 18 節：我們要愛鄰舍如同自己。耶穌告訴律法師，這兩條誡命就是律法和先知的一切道理的總綱。人們往往詮釋耶穌這句話的意思是，這兩條誡命要取締律法和先知，但耶穌所說的是，這是律法和先知的一切道理的「總綱」。當然，「總綱」這字仍會引起不少爭議，但我們不可以忘記，這同一位耶穌也在登山寶訓中告訴我們，祂來並不是要廢掉律法和先知，而且，就算天地都要過去，但律法中的一點和一劃都不會廢去。

在耶穌所引用的經文之前一節，即十九章 17 節，則要求我們指責鄰舍，但我們又受指示，不可報仇或埋怨我們的鄰舍。在利未記的同一章裏，我們又得著命令，不可以偷盜、惡待人、說謊、奉上帝的名起假誓、詐騙、咒罵聾子、把絆腳石放在瞎子面前、作出不義的審判。要愛鄰舍如同愛自己，這不表示我們要決定這愛包括的是甚麼；反之，要好好地愛，就包括了那些在馬太福音十八章 15 至 20 節所略述的踐行，它們在猜忌和報仇以外提供了另一個選擇。

此外，愛鄰舍如同愛自己，這表示我們要學習像上帝愛我們那 193
樣來愛我們自己（約壹四 11）。要學習真誠地愛我們自己，並不是容易的，因為我們常常想用自己的方式來愛自己。耶穌將這些誡命相連起來，它所帶來的挑戰是我們要明白我們蒙上帝所愛，這樣我們才可以愛上帝和別人。這種愛要求我們終生學習的，我們在其中會有機會發現，我們自己是多麼的自我中心，而且我們要去克勝它。

亞里士多德（Aristotle）在《尼各馬可倫理學》（*Nicomachean Ethics*）一書中提到，我們若要成為別人的好友，就要先成為我們自己的好朋友。按亞里士多德所說，朋友之間會希望對方過得好，會希望跟對方見面，分擔各人的憂愁，分享喜樂。但這也正正是那些與他們自己做朋友的人所做的事情；他們對自己曾作的事的記憶，是愉快的，他們彷彿對自己曾作的事，毫不後悔（Aristotle 1999, §1166a ～ 1130）。因此，我們必要成為自己的好朋友，若我們要成為別人的好朋友的話。

基督徒常常會覺得，亞里士多德所提出的「我們應要成為自己最好的朋友」，跟耶穌所說「我們要愛鄰舍如同愛我們自己」的意思是相反的。基督徒當然會認為，我們一定常常為自己所做的事情後悔，因我們會發現自己曾被罪轄制，即使是或特別是在我們自以為做得最好之時。但耶穌卻沒有說，我們只有學會愛自己之後，才可以愛我們的鄰舍；祂說的是，當我們學會像上帝愛我們和愛我們鄰舍的方式那樣去愛我們自己之時，我們才能夠真正愛我們自己。亞里士多德和耶穌都不認識現代人對自我主義（egoism）和利他主義（altruism）之間的區分。這區分鼓勵很多人去假設，耶穌所建議的愛是完全自我付出的利他主義。可是，耶穌將兩個誡命合起來，這個挑戰卻令我們不可以假設，我們對自己的理解透徹得可以叫我們行出利他主義。反之，學習愛鄰舍如同愛我們自己，這要求我們先成為上帝的朋友，以致我們自己能足以去愛。

上帝是愛。教會和每個基督徒生活的中心就是愛。但愛是不容易的，愛是艱難的，也是費力的。可惜的是，基督徒強調愛作為基督徒生活**那個**（the）具決定性的特徵，這不單令基督徒遷就了世界對美善（good）所作的標準，也讓基督徒難以明白，愛那艱難的要求，對我們有甚麼意義。尤其，若我們把愛與那位藉著使我們成為門徒、從而教導我們蒙上帝所愛是甚麼意義的耶穌，分別開來，這就會誘使基督徒對愛作出濫情（sentimental）的敍述。結果，基督教對道德性的說明，就往往難以與功利主義（utilitarianism）區分。基督徒一旦將愛變成相對的、不確實的理想時，他們就受誘惑——若非他們自願——去做非常邪惡的事，而美善可能出現，因為他們已經失去分辨善惡所需要的能力。[2]

很多東西有賴於律法和先知如何符合耶穌那給律法師的回應， 194
即關乎哪條誡命是最大的。耶穌的回應不幸地常被引用，作為表示基督徒和猶太人之間差異的特點。基督徒被認為是代表一個愛的宗教，而猶太教徒則代表一個律法的宗教。但猶太人和基督徒卻是首先被耶穌吩咐要去愛「主我們的上帝」的，這表示，不論我們怎樣理解我們之間的差別，我們每個人都必須要學習去愛和遵從上帝的吩咐，祂透過律法和先知去愛我們每一個人。要成為一個基督徒，就要蒙召過愛的生活；這個呼召是一生的功課，我們也需要願意因這愛可能出現的方式而感到意外。

自從耶穌回到聖殿後，祂一直都受到質疑。現在耶穌向聚在那裏的法利賽人發問。耶穌問他們，依他們所見，彌賽亞是「誰的子孫」? 他們回答，彌賽亞是大衛的子孫。我們知道，在整卷福音書裏，那些求醫治的人和四周那些見證他人得醫治的人，往往都視耶穌為大衛的子孫（太九 27，十二 23）。法利賽人似乎都同意，彌賽亞是大衛的子孫。

但耶穌卻叫他們留意詩篇一百一十篇 1 節；在那裏，那位偉大的詩人大衛藉著聖靈，以稱呼彌賽亞為主來開始那篇詩篇。如果大衛稱彌賽亞為主，耶穌就問，那麼彌賽亞怎可以是大衛的子孫呢？

彌賽亞比大衛的子孫還要大，是被大衛稱為主的那一位。耶穌再次證明，祂自己是熟悉經典的讀者，祂所用的閱讀技巧，也是法利賽人常用的，但他們卻揭示出自己的回答所具有的限制。

沒有一個法利賽人可以回答耶穌的問題。從那時起，也沒有人再敢向耶穌發問。不管是想要陷害耶穌，還是想證明耶穌沒有合法性，他們都不能藉問題來動搖耶穌作教師的權柄。那些害怕耶穌的人，現只能把他們那個除掉耶穌的計劃升級。但是，耶穌必須履行祂被差來要做的事，這表示，祂不可能迴避不說話和不行事，而祂的言行將會被那些想要殺死祂的人利用，作為殺祂的把柄。

註釋：

1. 這種閱讀耶穌給法利賽人和希律黨人的回應的方法，我是受惠於莊遜（Douglas Johnson）的研究。
2. 問題不單在於強調愛，而是在於這個假設：那叫基督徒成為基督徒的，是由一種堅持所決定的，那就是平奇斯（Charles Pinches）所識別出的，對道德性作一元論式（monistic）說明的堅持（Pinches 2002, 34～38）。

馬太福音二十三章

耶穌在攻擊

自從耶穌再次進聖殿作教導開始，祂就容許那些質問祂的人訂下議程。但現在，祂開始明言，祂回到聖殿並不只是要跟人討論。祂對聖潔那堅定的關注，清楚地可見於祂對文士和法利賽人那不妥協的、嚴厲的攻擊。從一開始，耶穌就告訴祂的跟隨者，他們所教的與他們之所是，是不可分割的。耶穌是偽善的死敵。我們應當要表裏如一。耶穌向法利賽人所宣告的一連串「有禍了」，因此主要是針對他們的假冒為善。

有些解經者因耶穌猛烈攻擊文士和法利賽人而感到吃驚，他們因此懷疑耶穌是否真的曾對文士和法利賽人作出過這些審判。耶穌那批判的語調和尖刻的審判，常被認為是與大使命不相容的，更與愛仇敵的命令是不一致的（太五 38～48）。但正如我剛剛提出的，耶穌所傳揚的愛並不是與審判——特別是對偽善所作的審判——不相容的。忠誠的愛，要真是忠誠的話，就是審判。

耶穌開始向羣眾和祂的門徒說話。「羣眾」（crowds）一詞在這裏是眾數，似乎表示聖殿之內有不同派系存在。祂開始列出一連串針對文士和法利賽人的控訴。他們「坐在摩西的位上」，施行與律法有關的審判。耶穌吩咐羣眾和祂的門徒，要謹守遵行文士和法利賽人所教導的一切。祂這樣吩咐，表示在耶穌和法利賽人之間有不
196 少共通之處。問題並不在於法利賽人和文士的教導，而是在於他們沒有身體力行他們所教導的。

耶穌很快便說出一連串的「有禍了」，祂似乎因文士和法利賽人的偽善而完全否定他們。但我們應要記得，偽善在道德上是模糊的。偽善的人至少保存了他們和我們所應該之所是。偽善確實可以被視為一種道德上的成就，因為偽善的人僅僅忠心地保留了一些資源，讓我們可以指責他們。耶穌對文士和法利賽人所作的批評是嚴厲的，這個嚴厲的批評其實也是在抬舉他們，因為他們接近天國。但因他們接近天國，這也讓他們的失敗為以色列帶來更大的災難。[1]

耶穌對文士和法利賽人有三個批評。第一，他們把難擔的重擔擱在人的肩頭上，但自己卻不肯動手去幫忙這些人。這跟耶穌的邀請有顯著的對比；耶穌邀請所有勞苦擔重擔的人到耶穌那裏去，因為耶穌的軛是容易的，祂的擔子是輕省的（太十一 28 ～ 30）。第二，他們喜歡做那些將會讓別人留意到的事情；他們沒有理解過耶穌的勸告的重要性；耶穌提醒我們，應當小心，不要在別人面前表現出自己的敬虔（六 1）。他們並不明白，即使他們所作的是對的，但如果這行動是為要讓別人看見的話，它也是會很容易變質的。最後，耶穌指責文士和法利賽人所追求的是地位和榮耀。他們在宴會時喜歡坐在首座上，又愛會堂裏的高位。他們希望在街上被人尊重，被人稱為「拉比」。簡而言之，這些人都學會了，如果你好像重要人物一樣而受禮待的話，很多人都會以為你是重要人物，甚至連你自己都以為是這樣的。當然，這就是耶穌為甚麼會把文士和法利賽人的生活，描述為自毀的（self-destructive）——因為如此的生

活是會導致自欺的。

耶穌最初對法利賽人和文士的指責，不過是祂對其門徒所作之稱讚那負面的形象。祂告訴門徒，他們不要稱對方為「拉比」，因為他們只有一位老師。因此，他們仍全都是學生。他們也不可以叫對方作「父」，因為他們只有一位在天上的父。我們不可以忽略，耶穌不容許門徒用「父」這個稱呼，是帶有政治含義的。有些人使用「父」這個稱呼，為要證成自己有統治別人的權力，於是耶穌就否定這個稱呼的所有使用方式。最後，祂告訴門徒不要受「師尊」的稱呼，因為他們只有一位師尊，那就是彌賽亞。

耶穌對門徒的稱讚和對文士和法利賽人的指責，都假設耶穌就是彌賽亞，這也是耶穌剛剛承認的。耶穌得出對文士和法利賽人的批評，是因上帝藉律法和先知而給以色列的恩賜／禮物（gift）。耶
穌不是因為文士和法利賽人認不出祂是彌賽亞，而批評他們。反 197
之，祂清楚指出，他們認不出耶穌是彌賽亞，因為他們沒有靠他們所擁護的律法來過活。耶穌並沒有——例如——批評他們穿戴經文匣和衣繸。外在的東西並不是問題之所在，但當這些東西不再形塑那禱告的生命時，它們就會變成一個問題。

門徒惟一勝過文士和法利賽人的地方，是他們缺乏抵抗耶穌的那些形式；那抵抗是產生自地位的。耶穌再次提醒門徒，他們要作彼此的僕人，因為那些高抬自己的會降卑，而那些降卑的會在上帝那逆轉的國度裏得到高升。這是一門難學的功課，因為像我們這些狡猾的受造物，能夠將任何地位變成有權力和聲望的位置，即使那本來是作奴隸和僕人的位置。我們渴望在我們不用尊重其他人的情況下，得到其他人對我們的尊重。這是我們的恐懼，我們害怕在宇宙中被遺忘。耶穌指出文士和法利賽人的詭計，並且加以斥責，但文士和法利賽人所玩的遊戲，其實是我們所有人在玩的遊戲的變異。

耶穌對文士和法利賽人所說的一連串「有禍了」，根據基督徒的譴責和猶太人所受的逼害，便會產生難解的閱讀。這些關於文士和法利賽人的描述，已被人不公平地用來斥責所有猶太人，也用來斥責猶太教；這是基督徒的失敗和罪惡的一個記號。基督徒的罪不在於，他們以為需要藉著耶穌所批評的那些生活方式而作出明智的判斷；基督徒的罪在於我們沒有將這些判斷加在自己的身上。我們不可以忘記，耶穌是從弱者的位置來斥責文士和法利賽人。祂沒有權力來反對那些祂所斥責的人。當基督徒是從權力的位置來作審判（好像耶穌對文士和法利賽人所作的那些審判）時，他們就是背棄了耶穌；權力的位置會將這些審判變成暴力和謀殺的行動，而非那些呼召我們自己和我們的弟兄姊妹來過更好生活的嘗試。

耶穌所說的「有禍了」，在以色列的生命中並不是獨特的。反之，這些判斷承接了先知對以色列誤用恩賜/禮物的指責。以賽亞書五章是一段很長的斥責之話，所針對的是那些誤用上帝所賜下的葡萄園的人。以賽亞書十章又責備那些作不公義的判決、訂立欺壓人的法令，又不向有需要者行公義的人。耶利米書十三章27節斥責耶路撒冷那拜偶像和淫亂之事。阿摩司書五章18至24節極其嘲笑那些想見到上主日子的人。耶穌站在以色列悠長的上帝先知的傳統之中，這些先知奉上帝所賜給以色列的律法之名，向那些已背棄以色列的人宣告審判。當耶穌向文士和法利賽人宣告有禍時，祂不是站在以色列之外；祂所說的反而是以色列對其自己所作的審判。

在開始時，祂對文士和法利賽人作出審判，因為他們的偽善會
影響別人。天國是吸引人和接納人的，但文士和法利賽人卻不讓那
198 些受吸引的人進入天國，因為他們的生活彷彿不像已進入了天國。
耶穌甚至指出，法利賽人是宣教士，但他們卻使那些歸信的人變得
比法利賽人本身更腐敗的。

耶穌那接著的一連串「有禍了」，是要指責文士和法利賽人只關心律法的小節，卻忽視了更重要的事情。例如，他們嘗試要決定誓言的重要程度：憑著殿中的金子所起的誓言，相對於在壇上所起的誓。耶穌禁止祂的跟隨者起誓（太五 33 ～ 37），祂指出不論是指著壇或聖殿哪一部分起誓，人都要遵守自己的誓言。再者，文士和法利賽人關心人有否如利未記二十七章 30 至 33 節所指的，連香料都要奉獻十分之一，以維持聖殿的運作；但他們卻忽略了律法中更重要的東西。耶穌引用彌迦書六章 8 節來提醒他們，主所要的是行公義，好憐憫，以及存謙卑的心與主同行。耶穌沒有說他們可以不再支持聖殿，但這個對聖殿的支持卻不是行公義和憐憫以外的另一個選擇或代替品。

耶穌好像耶利米，祂也站在聖殿中宣告上帝的話。上帝希望在聖殿裏得到敬拜。在耶利米書，上帝應許會寓居在殿中，只要以色列改過自新：他們以公義對待各人，不壓逼寄居的、寡婦和孤兒，也不流無辜人的血，更不會追隨別神。如果以色列以為擁有聖殿，它自己就可以安全，上帝就將要趕走以色列（耶七 1 ～ 15）。耶穌對文士和法利賽人的指責，呼應著耶利米對以色列所發出那先知式的呼籲（prophetic call），那就是敬拜上帝跟公義及慈愛是緊緊相連的。

敬拜和公義之間的重要關連，為耶穌對法利賽人和文士的指責，設置了場境；他們外表看似清潔，但他們的生命卻充滿貪婪和放縱。人一定要表裏如一。我們若要表裏如一，我們的生命、渴求和習慣都需要被改變。我們不能單單模仿公義的外在形式，從而達到這種改變；這種改變必須來自那因真誠敬拜上帝而被形塑的生命。要用別的生活方式來過活，這就是活出自相矛盾的生命。

實際上，耶穌認為，文士和法利賽人好像那粉飾了的墳墓，外面看來很漂亮，裏面卻滿了骨頭和污穢。這提醒我們，活出不道德的生活，不是活像我們已死了，而是毫不誇張地過著致命的生活。耶穌呼召我們得生命，而不是死亡。隱藏的不道德，是從死亡及從我們對死亡的恐懼中，得到它的權力和結果。那結果就是將我們對死亡的恐懼加在別人身上，要求他們承認我們的不道德是義行。致命的交易，令我們可以維持表面的形象。

最後，耶穌指責文士和法利賽人建造先知的墳和修飾義人的墓，他們同時認為，若他們身處在祖宗的時候，他們必不和祖宗同流先知的血。耶穌清楚指出，他們之所以尊敬先知，只因為這些先知都已經死了。耶穌是一位在其本地不受尊重的先知（太十三
199 57～58），祂認出這些人是那種會奉先知的名來殺先知的人。耶穌好像施洗約翰一樣（三 7）指出，這些殺掉夢想的人是蛇類和毒蛇之種，他們無可避免地會被判到地獄去。

耶穌用先知的方式來告訴他們，祂將會差遣先知和文士，其中有一些人會被法利賽人和文士鞭打和殺害。文士和法利賽人會從這城到那城，追捕那些被耶穌差派的人，為的是要殺害他們；所以，文士和法利賽人站在殺害義人——從亞伯到撒迦利亞——的行列中。耶穌告訴法利賽人和文士，這世代所要做的就是這些事情。這世代是由耶穌的降臨來決定的世代，這同一位耶穌已告訴我們，祂將要被殺害。祂不是第一個死於那些定意要維護那錯覺——他們代表了以色列的義——的人手下，但祂也知道自己並不會是最後一個受害者。

這是一連串嚴重的失敗和審判，我們在這些關於偽善和失敗的描述中，不禁看見了我們自己。例如，那情況無疑是這樣的：作為基督徒，我們所引領的生活，使我們很多人都不能進天國。我們的問題很簡單——我們只是不懂得如何活出一羣相信耶穌為復活主的人所當過的生活。喜樂和自由，應該是用來給那脫離魔鬼控制的生命作命名的；但在我們嘗試以一些不重要的東西，來作為我們中

間的差異時，喜樂和自由便失落了。我們善於讚頌以往的先知，卻不能分辨出那些在我們中間的先知。

耶穌把文士和法利賽人形容為「領路的瞎子」。他們是瞎眼的，這是跟他們想當領路者有關的。那些帶領其他人的人，往往會害怕他們所帶領的人，他們特別害怕會傷害那些被他們帶領的人。他們覺得自己的任務是要令他們所帶領的人的生活得到保障。但一羣依靠先知的百姓，是沒有可能得到安全的生活的。一羣百姓需要記得，他們的先祖曾殺害義人，因而他們就不可能活出那安全的生活。那些作帶領的人大多數時候要把他們知道是對的東西，隱瞞他們自己，因為他們認為，他們自己所帶領的人接受不了真相。法利賽人和文士的瞎眼，比其他人更足以威脅教會。在法利賽人和那些將要帶領耶穌的百姓的人之間，那分別在於後者是在帶領一羣沒有理由要害怕真理的人。

耶穌對文士和法利賽人的指責是嚴厲的，但我們不可以忽視，耶穌對文士和法利賽人的批評假設了，祂所呼召來成為祂的教會的百姓，是需要那些像法利賽人和文士的人。祂甚至說，祂會差遣先知和文士到以色列的會堂和各城去。教會要有一些人蒙召站在一些位置，藉著成為指引方向的中介（agents of direction），不斷在教會面前展示國度的視象，從而使教會避免偽善；教會需要一些記憶的中介（agents of memory），幫助教會閱讀其經典和傳統；教會也需要一些在語言上有自我意識的中介（agents of linguistic self-
consciousness），以看守教會，不致在思考上變得遲緩；教會需要一 200
些秩序和合法訴訟程序的中介（agents of order and due process），以保證合一，也鼓勵眾人參與教會的決策（Yoder 1984, 28～34）。

每一個這些中介都有可能被引誘，變得偽善。我們沒有甚麼保證，可以確保我們一定會活出正直/表裏一致（integrity）的生活。只有在教會是一個能說真話的羣體時，偽善才可以得以避免。如果沒有這樣的羣體，那些領袖就註定失敗。耶穌對文士和法利賽人的指責雖然是嚴厲的，但祂所說的禍也是悲傷的禍。耶穌描述了，這些本來蒙召要使以色列忠心地生活的人，如何已變成引領錯誤生活的人；這描述是充滿悲傷的。祂的批評雖然是嚴厲的，但對於法利賽人和文士，甚至對我們來說，有甚麼會比他們以為得到了自己想要的生活更糟呢？

耶穌為文士和法利賽人所發的哀歌，是以祂為耶路撒冷所發的哀號作為高潮。「耶路撒冷啊，耶路撒冷啊」——一個殺害先知的城市。「耶路撒冷啊，耶路撒冷啊」——一個聖殿現已荒涼的城市。「耶路撒冷啊，耶路撒冷啊」——一個耶穌渴望好像母雞把小雞聚集在翅膀底下好作保護的城市。但耶穌的哀歌不是沒有盼望的。耶穌已進到耶路撒冷，演示了詩篇一百一十八篇。祂現在要離開聖殿，祂引用了詩篇一百一十八篇 26 節：「奉主名來的是應當稱頌的。」

這詩的下一行是：「我們從耶和華的殿中為你們祝福！」耶穌就是那奉主名來的。祂將會成為主的殿。在耶穌離開聖殿時，祂的門徒把殿宇指給他看。不管耶穌在殿裏所說的話，也不管祂所說關乎聖殿的話，祂的門徒似乎仍想向耶穌展示出，當所說的一切成就，聖殿是一座令人敬畏的建築物。但耶穌卻預言，聖殿將會被毀，將來沒有一塊石頭留在另一塊石頭之上。以色列生活的核心將會被毀。那是叫人難以想像的，但卻是以色列那注定要面對的未來。

羅馬人在主後七十年毀掉聖殿。有些人覺得，聖殿被毀是肯定了耶穌的預言。實際上，有建議說，馬太對耶穌職事和生平的理解，都是依靠聖殿的被毀。不過，聖殿的命運並不是在羅馬人的手中，而是取決於耶穌的受死和復活。祂將會被指控說，祂威脅要毀壞聖殿，又在三天內重建它（太二十六 61）。從耶穌的被釘和復活看來，這個指控諷刺地是相當準確的。耶穌的被釘，就是聖殿的被毀；而透過祂的死亡和復活，我們今天就可以敬拜祂。

註釋：

1 對偽善的解釋，我要感謝韋爾斯（Samuel Wells；譯按：聖公會神學家）的研究。

馬太福音二十四至二十五章

堅持

耶穌離開了聖殿，回到橄欖山上。門徒「暗暗地來」問耶穌，聖殿將在甚麼時候被毀，以及將來的世代又有甚麼預兆。他們在橄欖山上問這些關乎時間的問題，這是合宜的，因為撒迦利亞書十四章 1 至 5 節描述過，主會站立在橄欖山上，拯救祂的百姓脫離那環繞這山的萬國。撒迦利亞描述了一個在以色列的存在（existence）中的天啟時間（apocalyptic time）。門徒正有分於一個他們未了解的時代，但耶穌的建議可清楚表達出，聖殿將會被毀——這件天啟事件恰當地令門徒想要知道，有甚麼預兆將會宣布「你降臨」和那相關的「世代的終局」（end of the age）。他們仍需要學習明白，耶穌本身就是那預兆，而祂也同時是那預兆所指向的對象。

耶穌沒有直接回應門徒的問題，但祂卻警告他們要防避那些冒耶穌之名而自稱為基督的人。耶穌說有很多人會被那些自稱為彌賽亞的人所迷惑。那將會是一個戲劇化的時代——被打仗和打仗的風聲所主導。國要攻打國，世界多處要受饑荒、地震所威脅。那時代的戲劇化特質，要誘使門徒要確定那時代的終局，但耶穌禁止他們這樣做。假彌賽亞會利用人對終局的期望，所以，門徒必須要知道，「末期還沒有到」。

耶穌早前曾經指責法利賽和撒都該人，因他們要求耶穌給他們神蹟（太十六 1～4），但祂現在卻用門徒的問題來訓練他們明白，他們怎樣在這世界中等候——這個世界有些人會假設，他們可以
202 解讀時代的預兆（sign；編按：或譯「記號」）。耶穌告訴門徒，這正是他們一定不可以做的事。門徒的任務不是預視時代終局的來臨，而是要學習在面對逼迫時堅持下去（二十四 13）。門徒和我們所需要知道的一切，就是新時代已在基督裏面開展了。

耶穌告訴門徒，他們將會受逼迫、被殺，也會為耶穌的名而被萬國恨惡。正如耶穌不可能避免的與人為敵，門徒也會有恨惡他們的敵人。他們會被恨惡，基督徒不但曾被恨惡，也將會繼續被人恨惡，這不必然是他們忠心的記號；但如果基督徒是忠心的話，他們就一定會被恨惡。他們將被恨惡，因為那些因耶穌的名而進入萬國的人，不能避免的與人為敵；那些敵人拒絕承認耶穌的子民所提出的挑戰，即是向所有不取決於作耶穌門徒的忠誠（loyalty）所發的挑戰。

耶穌因此要預備門徒，使他們預料到，很多人會因萬國的恨惡而會跌倒，不再跟隨耶穌。他們不但會跌倒，而且其中一些跟隨者還會彼此怨恨和出賣對方。沒有耶穌的名，他們餘下的就只有互相殘殺。不法（lawlessness）當道，愛心冷淡。這個對我們命運的描述，跟霍布士（Thomas Hobbes）的描述是相似的；霍布士形容，沒有主權（sovereign）的人生是「污穢、殘酷和短促的」。但霍布士提出的主權，是以恐懼和暴力來管治的。耶穌作管治，但祂的管治並不會透過我們對彼此的恐懼，來保證得到我們的順服。

耶穌預備門徒作長久戰。終局已來臨，但這個已來臨的終局卻要門徒好好學習等候。忍耐，是門徒身處在耶穌的時代，與在國度

的好消息得以遍傳世界各地之間的方式。只有當天國的福音被傳遍天下，對萬國作見證，終局才會來到。但這樣的宣講並不意味著，當所有人和所有國家都聽過耶穌之名後，國度就會來到，因為要「聽到」耶穌的名，那名字就需要被體現在那些忠心地生活的生命之中；這些生命構成了教會。耶穌給這樣的忠心的名字是「忍耐」。

格里爾（Rowan Greer；譯按：聖公會神學家）在《破碎的光與修補的生命》（*Broken Lights and Mended Lives*）一書中提到，耶穌所要求的一個忍耐形式，是修道主義（monasticism）。在中古時代，修道院有兩重功能，既是避難所，也是重整社會秩序的基礎：

> 這個觀念有些地方是值得注意的：在西方中，教會開始時
> 提供了釋放，使人得以脫離那伴隨羅馬統治之瓦解而來的
> 災難；但最後教會卻成為社會新秩序的基礎。在教會出
> 現的最初幾百年中，人可辨別出一個模式，它建立了基督
> 帝國（Christian Empire）的新秩序；當我們檢視古代晚期
> （late antiquity）之結束和中古時代新秩序之誕生，這個模
> 式似乎一再重覆出現，這是不是我們觀看我們自己時代的
> 方式？我們是否活在一個舊文化之死亡中——在這個舊 203
> 文化中，基督帶給我們的是拯救而非社會的整頓？

格里爾的書默想我們可以怎樣活出基督徒的生活，對於這最後一條問題，它給予一個正面的答案。格里爾使我們留意到派拉的保利努（Paulinus of Pella）的一生；他是羅馬的一個小官，但他卻示範了，我們必須要學會怎樣活在一個快要分裂的世界中，因為保利努的故事，是關於一個頗為俗世的年輕男子，如何在急速改變的王國裏失去他的財產和權力；這個故事本身就是一個關於忍耐的故事。保利努視自己的生命為上帝的恩賜／禮物（gift），因為他說，

上帝已「用一連串的不幸」來適度地磨練他，「祂〔上帝〕已清楚教導我不可以沉醉於現今的榮華，因我知道我可能會失去這一切；我也不應該因為逆境而過度沮喪，因為我在不幸之中發現，祂的恩慈會救援我」。格里爾說：「他那基督教的信心沒有叫保利努主動及積極地參與當時發生的事情，也沒有叫他從社會中抽離，進到修道院的保護中。但這信心卻使他能忍耐下去，並在忍耐中見證基督的得勝。」（Greer 1997, 196）[1]

格里爾覺得，保利努示範了奧古斯丁（Augustine）在《上帝之城》（*The City of God*）中關於羅馬覆亡的描述。奧古斯丁拒絕將羅馬的覆亡詮釋為災難，格里爾認為這是正確的，因為奧古斯丁並不認同，基督教帝國是神聖的。奧古斯丁不是從羅馬的角度來敘述教會的未來；反之，羅馬不過是在上帝照料教會這個大敘事中的一個角色——按照格里爾所說，這表示：

> 基督徒生活的弔詭之處是，我們在地上朝聖之旅中所遭受的邪惡，是必須要我們認真面對的，但我們也同時要認真看待那在上帝的城中等候著我們的命途（destiny）。現今的成敗都是不重要的。重要的是聖徒在將來的世代中那最終的得勝。奧古斯丁的觀點的實踐含義是，那重要的事就是要忍耐。基督徒不可完全參與社會，也不可以與世隔絕……我們可以忍耐和得勝。（Greer 1997, 205～206）

有些人會懷疑，聚焦於像保利努這類人物，是否與我早前對君士坦丁主義（Constantinianism）的批評不符。但是，對君士坦丁主義的批判，並不表示要否定那像保利努的生命的含義；他的生命，正如他所發現的，都是每天嘗試面對世界。反之，那問題是有沒有一間由操練所構成的教會存在，可以讓人過像保利努的生活。保利努是因為知道這世上有修士，他才可以過他的生活。

耶穌沒有回答門徒那關於聖殿會在何時被毀的查問，祂也沒有
回答他們那關乎耶穌再來和世代的終局有甚麼預兆的問題。耶穌反 204
而告訴他們，他們一定要學會在這個居間的時代中忍耐到底。基督徒一直以來都未能留意到耶穌的那個警告：祂叫我們不要嘗試計算祂何日何時再來。耶穌直截了當地對我們說，只有父才知道那時間，但那個想要成為上帝的試探，特別是對於那些看自己為基督徒的人，卻是難以抗拒的。基督徒極度想要掌握歷史，所以他們用了那天啟意象，即那些耶穌用來禁止我們去計算世代終局的天啟意象，去做耶穌叫我們不可以做、也不應該做的事，那就是嘗試要知道惟有上帝才知道的事情（太二十四 36）。

有些基督徒字面地解釋耶穌的天啟語言，為要嘗試把這次戰爭或那次戰爭或戰爭的風氣，確認為終局那產前陣痛的開始。不幸的是，他們有時甚至以為，這場或那場戰爭就是基督徒必要打的戰爭，為要使世代終局來到。他們不明白，耶穌是用天啟語言來宣告國度已來到、現已臨在；天啟語言是一種戲劇化的語言，它是必要的，好讓人明白國度所提出的徹底轉變。他們將會聽到戰爭和戰爭的風聲，但耶穌所帶來的國度卻意味著，國度要使那戰爭結束。耶穌使用天啟語言，特別是但以理先知所用的語言，這並不是希望祂的跟隨者嘗試去預言將來，而是要用來幫助祂的門徒學習在那已來到的耶穌的臨在下生活，以致他們也可以學會在戰爭的世界裏和平生活。天啟是預言的工具，它使我們能看到我們自己和我們的世界，在世界裏，我們按上帝給其創造的目的而生活（Bauckham 2005, 6～7）。

連那些不會用天啟語言去對應當代事件的基督徒都會認為，決定歷史的意義和走向，是與基督徒有利害關係的。這常是自由派基督徒（liberal Christians）的企劃，他們延續著君士坦丁主義的

習慣。尤達（John Howard Yoder；譯按：基督教神學家）提出，例如，我們的時代被「一種深層的渴求」所迷住，它「希望使事情往正確的方向走。一個給定的行動不論是對或錯，它似乎都離不開一個問題：它將產生甚麼後果。所以，部分的——若非全部的——社會關注都不過是尋找一個正確的『扶手』，人們希望藉此可『掌握』歷史的進程，好推動歷史往正確的方向去」（Yoder 1994b, 228）。[2]

那些希望閱讀出「時代的預兆」的人會採用這兩個頗為不同的方式，但他們對彼此只有很少用處；但諷刺地，他們分享著相同的信念，那就是耶穌已回答了門徒的提問。但耶穌其實是要幫助門徒明白，他們必須要怎樣生活；在那刻，他們的問題不應被提問，也不可被解答。又或者，我們可以說，當耶穌的生命一定要形塑所有
205 要被提出的問題時，祂是在嘗試幫助門徒明白如何生活。門徒藉著跟隨耶穌，就一定學會如何分辨假彌賽亞和先知；這些假彌賽亞和先知會常常行大神蹟和提出預兆，但這些神蹟和預兆卻跟十字架的記號很不同。

不論是想運用耶穌的天啟意象來預測時代的終局，還是用這些意象來分辨歷史的走向，這兩個試探都背叛了耶穌給門徒的訓練的特徵。耶穌在嘗試教導門徒，他們如何一定要按著祂再來的事實而過活。天啟語言那戲劇化的特徵，應當幫助門徒明白耶穌所給他們的挑戰。我們若讓我們的想像力全被這些天啟意象所佔據，而不是被耶穌——即這些意象要我們注意的那一位——所佔據的話，我們就（與門徒一起）作了一個災難性的錯誤了。

例如，耶穌告訴門徒，當他們看見「那行毀壞可憎的站在聖地」時，那時在猶太的，就應當逃到山上（但九 27，十一 31，十二 11；馬加比一書四章 54 節）。那個「行毀壞可憎者」的時候，耶穌清楚地說，是一個危機的時間，它需要我們隨時準備要放下手中所做的一切。那些在房頂上的人不應下來進房子中取東西；那些在田

間的人也不應回家取衣裳；那些懷孕的和奶孩子的，就有禍了。考慮到如此的行毀壞可憎者所造成的危機，他們應當禱告，希望那必要的逃走不會發生在冬天，因冬天會加重那困苦，也不會發生在安息日，免得他們被禁止走動。

對於耶穌所說的「行毀壞可憎者」(desolating sacrilege)，無數人在猜想其意思為何。很多人以為，耶穌一定是在指向將來一些對聖殿的褻瀆，好像安提阿古四世伊彼凡尼(Antiochus IV Epiphanes；譯按：西流基王朝)所作的一樣——他就是但以理那先知式審判的對象。但耶穌才剛剛告訴祂的門徒，這殿的石頭將不會在另一塊石之上。這個廢墟又怎可以被褻瀆？耶穌是要幫助其門徒明白，那被褻瀆的不是聖殿，而是祂自己，雖然聖殿後來也實在會被褻瀆。

耶穌既是大祭司，也是聖殿(來八～九章)。祂被釘十字架，這就是那「行毀壞可憎者」。上帝之子的死亡確就是褻瀆，使宇宙變成荒涼的。這荒涼便構成耶穌所描述的危機。自耶穌出生以來，在祂整個職事中，這危機都一直臨在。祂的被釘會加深這危機。此外，這荒涼需要人預備就緒，這是耶穌回應那戲劇化語言所暗示的。為要預備門徒面對那將要來到的危機，天啟的語言是必要的。正如我們所見的，這些教導有直接的警告，也有比喻，以訓練門徒，使他們知道怎樣等候和觀看。

祂告訴門徒，那時會有苦難，是從世界的起頭直至如今都未曾有過的，將來也不再有的苦難。那是耶穌的苦難。那是上帝之子在人手下所受的苦難。世界的日子被「縮短」了，叫那被揀選的人可以得救。但危機的日子也引來那些禿鷹，他們熟練地靠吃舊世代的屍身來存活。假彌賽亞將會聲稱，他們會做一些人認為耶穌未曾 206
完成的事，那就是提供大神蹟和預兆。但這些神蹟和預兆只會令被揀選的人走迷。

實際上，這些禿鷹會模仿耶穌的職事，他們會進到曠野或內室，聲稱他們有神祕的知識，而只會跟那些被揀選的人分享。耶穌預先警告祂的門徒，以致他們不會被假裝的人所欺騙，因為宇宙的自然環境，都會宣告人子要來臨（參賽十三 10；結三十二 7）：

日頭就變黑了，
　月亮也不放光，
眾星要從天上墜落，
　天勢都要震動。

但以理的異象將在那一天得到應驗。天上將會出現一個兆頭，人子會在雲中降臨，祂會得著權柄統管萬國萬民，也掌管他們用來事奉祂的語言（但七 13～14）。被揀選的人將會從萬國中被召來，組成一羣新的百姓，是人先前從未能想像到的。耶穌將會在天上出現，被舉在十字架上，張開雙手去歡迎那些從萬國蒙召而來的人。

耶穌引用但以理書，並不是想邀請門徒「預見」（think ahead）將來，而是要他們分辨現在。因此，祂要他們從無花果樹上學習功課，無花果樹的葉子會暗示夏天的來臨。所以門徒看到「這一切的事」，就該知道彌賽亞近了。耶穌明確地說，這世代還沒有過去，這些事都要成就，因為永恆透過耶穌已經瓦解了我們的時間。天和地都將要過去；它們也不過是被造之物。但耶穌和祂的話卻將不會過去。祂和祂的話怎麼可能過去呢？祂是上帝的道。

門徒的任務是要保持清醒，要作好準備，這正是因為他們不能、也不會知道人子得勝的日子和時間。門徒不是要參與在預測遊戲之中。反之，他們蒙召是要作好準備和預備自己。門徒好像挪亞，就是要建造方舟，即使沒有下雨。這方舟被稱為教會。在建立教會的人身旁，充滿那些仍然吃喝嫁娶的人，他們的生活好像沒有甚麼事改變過一樣，即使挪亞已建造了方舟。但洪水會來到，淹沒一切。當人子來的時候，那惟一的分別是祂不會使所有的東西都被沖去，因為祂的來臨是頗不一樣的洪水。祂那滿溢的血，本是用來拯救失喪的人的。有些人將會被這公義的主審判。耶穌不是危言聳聽，祂只是說出事實。

門徒一直在學習他們必要做的是甚麼。耶穌看得出，如果一家之主知道有賊要來，他就會醒著等候，不許別人來家中偷竊。當然我們大多數人的問題是，我們覺得不太可能有人會來打劫我們的 207
家。但門徒在生活上卻必要學像那些承認盜賊要來的人，他們也承認盜賊會在想不到的時候來到。

「天啟」一字指出這個要我們等候的時代。這不是普通的等候，而是一個因盼望成真，而使之得以可能的等候。耶穌就是那盼望，他在那些跟隨祂的人身上，也注入相同的盼望。這不是唯心論的盼望（hope of idealism）——因觀念似乎不可以達成，而使人感到疲倦。反之，這是受父的忍耐所訓練的盼望；父忍耐地透過祂的兒子來救贖世界。人若沒有耐性，那些充滿盼望的人便會揚言要摧毀他們所盼望的東西。人若沒有盼望的話，那些忍耐的人就會揚言要撒手不管這世界，因他們在這世界裏看不到希望。耶穌的門徒必須要知道，在一個認為它沒有時間來存有盼望或忍耐的世界裏，他們怎樣可以有耐性地花時間去盼望等候。

正如耶穌先前（太十三章）用比喻來幫助門徒學習天國是甚麼模樣的，耶穌現在亦用比喻來幫助門徒學習怎樣等候。祂用一個問題開始：「誰是忠心有見識的僕人？」耶穌描述了兩個僕人，他們受主人所託，要在主人遠行時管好主人的其他僕人。一個僕人如主人所要求的做好了本分，在主人不在時，分發食物給其他僕人。這僕人是有福的，因為主人回來時會發覺僕人作了他該作的。主人因此就將自己有的一切，交給這僕人管理。

但一個惡僕卻對自己說，主人不會準時回來的，他便開始打其他的僕人。他與酒醉的人一同吃喝，不再作主人的工。但在惡僕想不到的日子，不知道的時辰，他的主人就要回來，要「把他腰斬了（編按：英文原書為“cut him to pieces”，《新標點和合本》譯作「重重地處治他」），定他和假冒為善的人同罪；在那裏必要哀哭切齒了」（太二十四51）。這故事中的惡僕立刻被腰斬，卻仍可跟其他假冒為善的人一起，這應該足以叫人明白到，耶穌不是在描述事情實際發生的經過。不過，這也引起人有興趣去反省，若要被腰斬或一生要跟假冒為善的人在一起，那會否是一個更差的命運。

耶穌沒有解釋這個比喻。祂反而假設了，那些蒙召作僕人的人本要繼續彼此服事，不管主人要多久後才回來。耶穌賜下善工給門徒去作。關於「世代的終局」的臆測斷不能、也不應暗示著，耶穌的跟隨者不用再彼此服事。終局確實已經來到，這使彼此服事的工作變得更為緊急和可理解的，因為這是盼望和忍耐的工作，是由那位在榮耀中臨到的人子耶穌所成就的。

耶穌沒有解釋兩個僕人的比喻，就是關於在主人不在時一個僕人盡忠、另一個卻打其他僕人的比喻，耶穌反而說了另外兩個比喻；祂又對善工作出說明，以點明這三個比喻。那接著的兩個比
208 喻分別是十個童女和才幹的比喻，它們都強調了警醒的必要性，以及那用以支撐警醒者的必要工作。此外，那工作是具體指定的。那工作就是餵飽飢餓的，給口渴的人喝水，留客旅住，給赤身的人穿，照顧病人，又探望坐監的人（太二十五35～36）。

耶穌用「天國好比」這熟悉的句子，為要引介十個童女的比喻，不過，這一次在「天國好比」之前還加上了「那時」一詞。「那時」標誌著，祂正告訴門徒，他們要怎樣按照耶穌受死和復活來學習生活。十個童女（bridemaids）各拿著自己的燈出去迎接新郎。有五個是聰明的，她們預備了額外的油。另外五個則是愚拙的，她們沒

有事先作準備。新郎遲來了，我們可以理解到，她們都會變得困倦，並睡著了。但在深夜，有人喊著說：「看！新郎來了！」童女就都起來，收拾燈；但愚拙童女的燈卻沒有油。她們問那五個有額外帶油的，可否將油分給她們，但聰明的童女沒有答允，因為她們若是分油給別人，到新郎來的時候，她們就不會有足夠的油點燈。愚拙的童女只好出去買油，但在她們回來之前，新郎就已到了，婚筵開始了，門亦鎖上了。童女請求開門，但新郎卻拒絕，並說他並不認識她們。耶穌勸告門徒「要警醒；因為那日子，那時辰，你們不知道」。

在以賽亞書五十四章 1 至 8 節，上帝宣告祂想要作以色列的丈夫，好叫這國不是荒蕪的。我們從耶利米書三十一章 32 節和何西阿書二章 1 至 20 節知道，以色列一直不忠於與上帝所立的婚約。但上帝並沒有撇下祂的新婦。再者，保羅更指出那新婦就是教會（林後十一 2；弗五 21～33），而啟示錄十九章 7 節甚至告訴我們：

> 我們要歡喜快樂，
> 　將榮耀歸給他。
> 因為，羔羊婚娶的時候到了；
> 　新婦也自己預備好了，
> 就蒙恩得穿光明潔白的細麻衣。

我們因此不用覺得意外，耶穌會用婚筵來作為這個天國比喻的中心主題。婚筵當然是慶祝的場合，但其中也有審判，正如在王邀請人來參加兒子婚禮的比喻中，耶穌已經清楚表明的（太二十二 11～14）。因此，十個童女的比喻既是邀請人來慶祝，又同時是審判那些沒有預備的人。聰明的童女自然可以跟那遲來的新郎慶祝，
因為她們已整夜準備等候。新郎在人意想不到的時候來到。愚拙 209

的童女未能明白到，若你不知道這是不是時候，那更為重要的就是做好你所學到要做的事。在黑暗中你一定要預備好燈，即使這燈不足以勝過黑暗。

有些人可能認為，耶穌的比喻對於那些沒有預備好的童女很不公平。對於那些認為憐憫是基督徒之所以為基督徒的**那個**特徵（*the* hallmark）的人，他們不禁會覺得那些準備了油的童女應該跟沒有準備的童女分享。但如果她們分享的話，當新郎來的時候，她們就不會有油來點燈。那些跟隨耶穌的人被指望要去引導生命，以致飢餓的得餵食，客旅得接待；但這些善行所要求的羣體，是準備好以迎接作為新郎的基督的羣體，因為只有基督可以叫客旅在世界裏得到接待——這世界永遠會有另一個客旅需要得到接待。

對於童女所示範的那種準備，耶穌在才幹的比喻中再次提起。耶穌將才幹的比喻和童女的比喻相連起來：「天國又好比一個人要往外國去」，把自己的家業交託給三個僕人。耶穌用「又好比」（for it is as if）這詞彙，將五個童女的準備跟那交託給三個僕人的金錢，聯繫起來。一個將要遠行的人，召了他的三個僕人來到他那裏，並把五千、二千和一千銀子分別交給三個僕人。首兩個僕人用他們所得來的銀子來做生意，各賺了一倍。那得一千銀子的僕人則在地上掘了一個洞，把銀子收藏起來。

當那人回來，那些賺了一倍金錢的僕人獲他讚賞為「良善又忠心的」。他們的主人不但叫他們負責很多事情，還請他們「進來享受你主人的快樂」。但那得到一千銀子的僕人來到主人面前，承認他知道主人是忍心的人，沒有種的地方要收割，沒有散的地方要聚斂，所以他把銀子埋藏在地裏，好將銀子交還給主人。但主人卻很不滿，並稱他為又惡又懶的僕人。他的主人說，僕人既知道主人在沒有種的地方要收割，沒有散的地方要聚斂，那麼他就至少該將銀子放在銀行收取利息。所以主人從他身上取了銀子，交給那有一萬的，因為凡有的，還要加給他，但那無用的僕人就要被丟在外面的黑暗裏。

耶穌這個才幹的比喻是最被人誤用的。任何比喻一旦被抽離耶穌那關於國度的宣講，一旦脫離了比喻那天啟的處境，它就無可避免地被人誤解。例如，有些人會臆測一千銀子到底是多少，又或主人所說可把銀子放在銀行，其意思是不是表示耶穌容許人收取利息。把比喻作一些臆測式的使用，它們便會被用來叫一些經濟踐行
合理化，但這些踐行卻是跟耶穌那清楚的判斷背道而馳的——耶 210
穌清楚指出我們不能事奉上帝又事奉瑪門。耶穌不是用這比喻來叫我們努力工作，盡力賺錢，又盡力奉獻。這比喻反而是一個清楚的審判，針對那些認為自己該得到他們所賺到的一切的人，也針對那些不知道自己所得到的恩賜／禮物有多寶貴的人。

僕人所有的五千、二千和一千銀子，並不是他們賺來的。他們的銀子是白白得來的。在撒種的比喻中（太十三 1 ～ 9），耶穌已指出那些蒙召進天國的人會結出不同數量的果子。我們不該因為那差異而產生羨慕和嫉妒，因為我們得著這些不同的恩賜／禮物是要我們彼此服事的。所以，在主人遠行時僕人所得到的銀子也是一樣。僕人得到不同數量的銀子，這不是不公平。反之，那重要的是他們怎樣看待他們所得到的。耶穌在比喻中清楚指出，我們只可做我們所得到的事。

那得到一千銀子的僕人害怕主人。他這樣處理那些銀子，是因為他以為，主人所賜給他的恩賜／禮物只會被用完或失去。換言之，有一千銀子的僕人假設他自己是身處一個零和遊戲（zero-sum game）之中。那些將生命看作是零和遊戲的人會以為，當一個人得到榮譽時，另一個人就會受到虧損。那得一千銀子的僕人害怕失去他所得到的，結果，他嘗試將這恩賜／禮物變成他自己所擁有的東西。相對的，首兩位僕人知道，要嘗試把他們所得到的恩賜／禮物

保存妥當，就表示他們會失去這恩賜/禮物。婚筵的喜樂，跟主人邀請他的僕人（沒有嘗試保存他們所得的）來分享的喜樂，都是一份來自學會無遺憾地領受恩賜/禮物的喜樂。

才幹的比喻和十個童女的比喻是一個註解，解釋了在另一個比喻中僕人為甚麼繼續工作，並餵養其他僕人，直到主人回來。每一個比喻都教我們怎樣耐心等候，好像那些得到恩賜/禮物，即蒙召作耶穌門徒的僕人。耶穌的門徒不是蒙召作大事，雖然大事也有可能發生。反之，耶穌的門徒是蒙召作耶穌所交給我們的工作——這工作可以是簡單和艱難的，像要學習說真話和愛仇敵。這些工作就是我們的主邀請我們來享受的喜樂。

因門徒問世代終局的來臨有甚麼預兆，所以耶穌說出一篇重要的講章，而在這篇講章的高潮時，耶穌回到但以理書七章13至14節。人子將會在榮耀中來臨，所有天使也都會與祂在一起。萬國將會在祂面前聚集，因為祂就是王。但祂是一位牧者—君王（shepherd-king），祂會分開綿羊和山羊。祂會將綿羊安置在右邊，山羊在左邊。祂會對右邊的說，他們是蒙父賜福的，可來承受那自創世以來，為他們所預備的國度，因為祂餓了，他們給祂吃；渴了，他們給祂喝；祂作客旅，他們留祂住；祂赤身露體，他們給祂
211 穿；祂病了，他們看顧祂；祂在監裏，他們來看祂。但這些義人卻問王，他們甚麼時候將這些事做在祂身上。王回答說，他們只要做在弟兄中一個最小的身上，就是做在祂身上了。

王又向左邊的說話，並告訴他們，他們要被咒詛，並會被送到那為魔鬼和牠的使者所預備的永火裏去，因為王餓了，他們沒有給祂吃；渴了，他們沒有給祂喝；祂作客旅，他們沒有留祂住；祂赤身露體，他們沒有給祂穿；祂病了，他們沒有看顧祂；祂在監裏，他們沒有來看祂。他們像那些在右邊的人一樣問，他們甚麼時候沒有將這些事作在祂身上。王再次回答說：「我實在告訴你們，這

些事你們既不做在我這弟兄中一個最小的身上，就是不做在我身上了。」此外，這些人要往永刑裏去，而那些義人則要往永生裏去。

值得注意的是，當義人在服事、照顧和探訪時，他們並不知道自己所做的是做在耶穌身上的。他們所做的是上帝要我們去做的事情，而他們這樣做，就是服事耶穌自己。所有人，不管他們是不是基督徒，都知道他們要照顧「最小的一個」。跟隨耶穌的人和那些不認識耶穌的人的分別，就是那些見過耶穌的人不再有藉口避開「最小的一個」。

門徒現在得到他們問題的答案。耶穌是世代終局的預兆，祂使他們有時間好像耶穌一樣餵飽飢餓的人（太十四 13 ～ 21，十五 32 ～ 39），醫治病人，安慰那些需要得著安慰的人（十五 21 ～ 28），接待客旅（八 5 ～ 13），以及被下在監，和被釘在兩個犯人之間。在他們跟隨耶穌走遍以色列各城而最終進到耶路撒冷的旅程上，這些工作就是他們曾經見證過，現在又被交在他們手中的。這是他們學習成為國度的守望者的方式，因為他們藉著作這國度的工，他們就將可以得到分辨的恩賜／禮物（gift of discernment），以致他們可以抵擋魔鬼的誘惑。

在戴（Dorothy Day）所寫一篇題為〈恩慈工作的醜聞〉（“The Scandal of the Works of Mercy”）的精彩文章中，她列出恩慈的工作，是阿奎那（Thomas Aquinas）按馬太福音二十五章所編纂的：

> 心靈的恩慈工作是要告誡罪人、指導無知的、勸告存疑的、安慰憂傷的、耐心地承擔錯誤、原諒所有受到的傷害、為生者和死者禱告。身體的工作是餵飽飢餓的、給口渴的喝水、給沒有衣服的人穿衣、救贖被擄的、收留無家的人、探望病人、埋葬死人。（Day 2002, 103）

戴認為，她的同事莫瑞（Peter Maurin）是《天主教工人報》（*The
Catholic Worker*）的創始人（譯按：一九三三年創辦，為宣傳「天主
教工人運動」的思想理念）；戴亦認為，莫瑞是世界的使徒，也是
212 貧窮人的使徒。莫瑞不認為，恩慈的工作是在建立另一個更好、更
有效的社會政策之前，一個用來照顧貧窮人的策略。他相信恩慈的
工作就是耶穌給予祂百姓用來更新世界的社會策略。按戴所記，莫
瑞認為，為要說服別人，人要：

> 必須擁抱自願的貧窮，要放下自己的一切，這讓你可以有方法去踐行恩慈的工作。你要走到街上，才可以接觸到街上的人。你要學會勞動的哲學，開始從事體力的、有用的勞動而非做白領的工作，才可以接觸到工人。要成為最小的，要成為工人、窮人、最低層的人，因而才可以成為火花，燃點起人對人和對上帝的愛（而我們只可以透過愛我們的同伴，來表達我們對上帝的愛）。這是莫瑞的意思，對於履行恩慈的工作，這是不可或缺的。（Day 2002, 104）

戴把這樣對恩慈的理解，稱為一個醜聞（scandal），因為它挑戰著一個假設，就是基督徒為了要為窮人做點事，便嘗試在資本主義（capitalism）或社會主義（socialism）以外創造另類選擇。我們想要創造如此的另類選擇，這為我們帶來問題，那就是我們誘使自己以為，我們可以不用認識任何飢餓的人、赤裸的人、口渴的人、客旅、病人和囚犯，就可以給他們吃、給他們穿、給他們喝、給他們住、照顧他們，以及探望他們。戴和莫瑞知道，沒有成為一羣能作恩慈工作的人而嘗試創造一個「更好的世界」，這只會違背了耶穌給門徒的回應，即祂對「祂再來及世代的終局有甚麼預兆」的回應。這預兆就是我們可以有時間去餵飽飢餓的人，給赤裸的人有衣

服穿，給口渴的人喝，接待客旅，照顧病人和囚犯。

此外，這些工作會令那些自稱服務窮人和飢餓人的掌權者，感到受冒犯。一羣因踐行恩慈工作而被塑造的人，是一羣擁有能力的人，他們可以看透這些領袖，這些領袖自稱要擁有權力，好去行善，但實際上他們只想要權力。極大的不公義是藉公義的名而來的。因人說時間不足，而我們又要回應這個或那個危機，這樣人就會做出罪大惡極的事情。在那惟一緊要的危機後，基督徒繼續存在，這表示耶穌已經給予我們所有的時間，好讓我們可探望身處這世界裏在那些監獄中的祂。

註釋：

1. 這資料是修訂自 Hauerwas 2000, 170 ~ 171。
2. 多得許布納（Chris Huebner；Huebner 2002）將尤達（John Howard Yoder；譯按：基督教神學家）對「推動歷史」(handling history)的意思，推展出來。

馬太福音二十六章

背叛與被捕

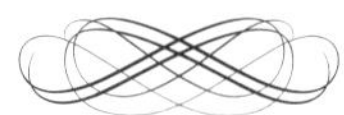

馬太一般會用「耶穌說完了這些話」，來標示耶穌給門徒的教導已完結，不過，這一次他所用的卻是例外的，他寫著：「耶穌說完了這一**切**的話」。馬太加上了「一切」(all)這字，顯示出耶穌的教導職事已經完結，我們已經知道一切關於作耶穌門徒的事。耶穌的生命作了一個激烈的轉變，但馬太一早開始已預備我們，以幫助我們有耐性地跟隨耶穌，甚至跟隨祂到十字架上。

在申命記裏，當摩西「將這律法的話寫在書上，及至寫完了」(申三十一 24)，之後他就唱了一首詩歌，讚頌上帝對以色列的照料，即使以色列並不忠心。經文告訴我們，摩西之後：

> 和嫩的兒子約書亞去將這歌的一切話說給百姓聽。摩西向以色列眾人說完了這一切的話，又說：「我今日所警教你們的，你們都要放在心上；要吩咐你們的子孫謹守遵行這律法上的話。因為這不是虛空、與你們無關的事，乃是你們的生命；在你們過約旦河要得為業的地上必因這事日子

得以長久。」(申三十二 44～47)

摩西的「一切」和馬太的「一切」，有著相同的作用。正如摩西吩咐我們要謹記他的**一切**教導，我們也要謹記耶穌的**一切**言行。我們和門徒現在已經知道一切我們需要知道的、關乎跟隨耶穌上十字架的事。馬太有耐性地教導我們明白跟隨耶穌是甚麼意義，好叫我
214 們不會在十字架下背棄祂。我們好像以色列背棄律法的恩賜／禮物(gift)一樣，與門徒一同背棄了耶穌，但耶穌卻從沒有撇棄我們。

耶穌對門徒說，他們知道過兩天是逾越節，人子將要被交給人，釘在十字架上。突然間，至少看來是很突然的，耶穌將要被背叛、捉拿和釘上十架。事情發展得很快，讓我們感到時間不受我們控制。但耶穌卻說：「人子將要被交給人」。那些殺害耶穌的人會誤以為自己在掌控一切，但耶穌被交給人，這其實是父的旨意。耶穌服從自己的命運，即被交在祂敵人的手裏，但事實上，祂是服從以圓滿祂父的旨意。

我們從士師記知道，在以色列人征戰迦南的時代，他們作了上帝看為惡的事，他們膜拜巴力和亞斯她錄。他們跟隨別神，向那些神下拜。上帝的怒氣向以色列發作：「就把他們交在搶奪他們的人手中，又將他們付與四圍仇敵的手中，甚至他們在仇敵面前再不能站立得住。」(士二 11～15)在羅馬書一章，保羅說上帝任憑人逞著「心裏的情慾」和「彼此玷辱自己的身體……〔因為〕他們將上帝的真實變為虛謊」(羅一 24～25)。但是，這一次父卻是要將子交出來，「要捨命，作多人的贖價」(太二十 28)。

以色列要記念逾越節，以致他們永不忘記，主藉著叫他們將被殺羊羔的血抹在埃及家中的門楣上，從而拯救他們的長子。主越過那有記號的門口，拯救了以色列人的長子，卻殺盡埃及人的長子(出十二章)。耶穌現在為世界成為那逾越節的羊羔，用祂的血在

我們的額上留記號，以致我們可以脫離這世界的恐懼的統治。

但以色列的掌權者受夠了耶穌。耶穌已多日來都在聖殿裏作教導，又跟他們作對，挑戰他們對「以色列忠於上帝是甚麼意思」的理解。所以，祭司長和百姓的長老都聚在大祭司該亞法的院裏，要密謀對付耶穌。他們商議，要用詭計拿住耶穌，甚至計劃要殺害祂。不過，他們好像希律那樣害怕百姓，他們需要百姓的支持，才能保持他們的權力。因而他們決定不在逾越節之時捉拿耶穌，以免引起暴亂。不過，那些陷害耶穌的人詭計多端，他們還會再想辦法對付耶穌。

當耶穌在伯大尼長大痲瘋的西門家裏的時候，有一個女人，拿著一玉瓶極貴的香膏來，趁耶穌坐席的時候，澆在他的頭上。耶穌再一次與那些被視為不潔的人在一處。但這位出色的婦人，這位無名的婦人，卻來到耶穌那裏，超越一切的規限，用珍貴的油來膏耶穌。撒母耳膏立大衛作王（撒上十六 12～13），祭司撒督膏所羅門作王（王上一 39），而這婦人則膏耶穌作一位注定要死的君王。

門徒很不喜悅，並且對婦人的舉動提出抗議，他們指出香膏很 215
昂貴，可以賣許多錢，用來賙濟窮人。畢竟，他們才剛剛聽到耶穌稱讚那些關心飢餓者、口渴者和赤身者的人。但耶穌吩咐他們不要找這個婦人的麻煩，因為常有窮人與他們同在，只是他們不常有具體的耶穌（bodily Jesus）與他們同在。這位婦人膏耶穌的身體，是要預備祂的死亡和埋葬。

耶穌給門徒的回應，有時會被用來證成基督徒要變得富有。耶穌說常有窮人與我們同在，這說法似乎是一個勸告以證成，我們的一些生活方式假設了我們是沒有辦法可以去除貧窮的。但基督教是貧窮人的信仰。這位婦人是把名貴香膏倒在一個窮人身上。常與我們同在的窮人，就是耶穌。所有奢侈都是要給予窮人的。教會的財富，就是窮人的財富。大教堂的美麗並不是一種用來拒絕窮人的美麗，而是用來吸引和包括窮人的。教會的禮儀、其音樂和詩歌的美，其實是窮人的美，也是給窮人的美。教會的文學、神學和哲學若不是有助於我們共同的生活——以窮人為中心、並由敬拜上帝來決定的生活——它們就是被扭曲了。教會的財富——這位婦人倒在耶穌身上的珍貴香膏——用在窮人的身上，永遠不會是一種浪費。

對於教會的財富，這樣的説明無疑會引來自欺，也會讓人將不公義合理化。「常有窮人和你們同在」，這描述並不是容許我們不關心窮人；它而是一個對忠心教會的描述。這位無名的婦人所做在耶穌身上的事，正是教會必須為世界而做的——將大量名貴的香膏傾倒在窮人身上。

一位與安波羅修（Ambrose）同時代的基督教詩人普魯頓丟（Prudentius），頌讚聖勞倫斯（Saint Lawrence）的一生。勞倫斯是三世紀中期羅馬一家教堂的副主祭（deacon）。他作為聖洛倫佐（San Lorenzo）教會的高級副主祭，負責管理「聖物」，即如聖杯和燭台等禮儀物品，還有其他財寶。這城的羅馬長官聽過基督教的祭司是以金杯和銀杯來獻祭的，所以他叫勞倫斯將教會的財寶放在他面前。按普魯頓丟所記，勞倫斯的回應是：

> 我們的教會很富有。
> 我不否認。
> 它有的很多財寶和金子
> 是這世界裏無人能比的。

因此，勞倫斯向羅馬長官説，若長官能給他三天，好讓他可以將教會的財富收集起來，他答允把所有「基督的寶貴財物」帶到他面前。
216 長官給勞倫斯三天，勞倫斯就在這三天聚集了病人和窮人：

> 他所聚集的人包括一個沒有一雙眼珠的男人、一個膝蓋斷了的瘸子、一個只有一條腿的男人、一個長短腳的男人，以及其他有嚴重傷殘的人。他寫下了這些人的名字，並叫他們在教會的門前列隊。然後他就帶羅馬長官到教會來。當羅馬長官進入教會大門時，勞倫斯指著這一羣衣衫襤褸的人說：「這就是教會的財寶，取去吧。」羅馬長官因被玩弄而震怒，他命令要處死勞倫斯，但加了一句：「我不會讓你死得那麼快。」（Wilken 2003, 225 ～ 226）[1]

勞倫斯示範了「教會常會有窮人同在」是甚麼意思。教會的任務不是要令窮人變得富有。當然，基督徒不論貧富，都是蒙召來彼此服事的，這表示他們要給餓的人吃、赤身的人衣服穿。但教會是窮人的教會，它要使富有的人發現到，人必須學會彼此關心，因為這種關心是那由跟隨耶穌而產生出來的豐富。

耶穌因此告訴我們，普天之下無論在甚麼地方傳講這福音，也要述說這女人所行的，以作記念。這婦女的無名身分，就是貧窮人的無名身分。這婦人的無名身分是我們各人都分享的。我們的名字將會在歷史中被淹沒。我們害怕被遺忘，但我們之所以害怕，是因為我們的不信。她是我們的先驅。我們不用知道她的名字，也不用知道無數忠心事奉耶穌的窮人的名字，因為她和他們所作的一切，都惟獨會被那一位所記念，就是已經將祂的血和肉賜給我們的那一位，以致我們可以因著祂受記念而同時受記念：「這是我的身體，為你們捨的，你們要如此行，為的是記念我。這杯是用我的血所立的新約，你們每逢喝的時候，要如此行，為的是記念我。」

耶穌這樣的奢侈，激怒了門徒。十二門徒之一的加略人猶大，到祭司長那裏去，問他們可以給他甚麼報酬，叫他出賣耶穌。馬太沒有告訴我們猶大出賣主的原因。他得到了三十塊錢，這表示出賣並非與金錢無關。事實上，約翰福音告訴我們，猶大原是個賊（約十二 6）。我們抗拒相信耶穌是因為金錢這麼瑣細的原因而被出賣的。但耶穌已告訴我們，我們不能事奉上帝又事奉瑪門。猶大似乎已經作出了他的選擇。邪惡，最黑暗的邪惡，往往會偽裝成不重要的東西。

我們也不知道祭司長為甚麼覺得他們需要猶大的幫忙。猶大的作用是指出可以捉拿耶穌的時間，並且指出誰是耶穌，但猶大在耶穌被釘這齣戲劇中只是一個小角色。他所得到的是三十塊錢——
217 這數目跟撒迦利亞書十一章 7 至 17 節所記那給一位牧人的工資是一樣的；這牧人被委任是要叫以色列和猶大的羊成為一羣。上帝吩咐這牧人將錢丟進主殿的寶庫，以表明牧人的不完全。

上帝吩咐牧人所作的是一個先知式的審判，但猶大所做的卻是無緣無故的。他就是邪惡的化身，他做這事是因為他愛邪惡本身。猶大這位可悲的人，完全在邪惡的權勢的控制之下。他是盲目地作惡，但邪惡本身就盲目的。邪惡看不到自己的作為，因為邪惡若能了解自己，它就不會是邪惡的。

這背叛現標誌出耶穌在受死之前所擁有的時間。門徒問耶穌希望他們在哪裏預備逾越節的筵席。他們沒有住處，而那天正是除酵節的第一天。這除酵節標誌出一個不但是耶穌即刻分享到的日子，也是一個祂將要轉化的日子。祂告訴門徒要進到城中「某人」那裏去——再一次這人也是無名的——門徒要告訴他：「夫子說：我的時候快到了，我與門徒要在你家裏守逾越節。」正如耶穌差派門徒在村子裏把驢和驢駒帶來，讓耶穌可以進耶路撒冷；現在耶穌也差門徒到城裏去找一間房子，祂好在那裏和門徒一同預備逾越節的筵席。

耶穌告訴門徒，祂的時候近了。這還不是門徒要被牽進入的時間，即耶穌死亡和復活的時間。不過，耶穌跟門徒分享筵席——這是一個始終存在背叛的筵席——藉此來開始把門徒拉進祂的時間裏。當他們吃這頓紀念上帝拯救以色列脱離那滅命天使的筵席時，耶穌告訴門徒，他們其中一人會出賣祂。他們已經跟隨耶穌到這個地步。他們與耶穌分享這個筵席。他們實在不相信，他們其中一人會出賣耶穌。他們憂愁，又對彼此説：「主，是我嗎？」他們所有人都將會背叛耶穌；人甚少能透過自省來知罪的。

耶穌看到，那個與自己一同蘸于在盤子裏的人，即跟祂一同洗手的人，就是那將會出賣祂的人。這個潔淨的舉動竟成了背叛的記號。耶穌對那出賣人子的人發出悲歎：那人不生在世上倒好。猶大所行的實在是背信棄義。他蒙召是要作耶穌的門徒。他一直與耶穌在一起，聽耶穌的教導，見證耶穌醫治瞎子、瘸子、聾子、啞巴，聽耶穌與法利賽人、撒都該人和長老爭辯，但他卻仍將會出賣耶穌。那徹底邪惡的魔鬼都是寄生在善事之中的，但猶大卻是魔鬼的化身，他也寄生在良善的**那一位**的身上。

猶大跟其他的門徒一同回應説：「拉比，是我嗎？」其他門徒
發問時稱呼耶穌為「主」，但猶大卻稱耶穌為「拉比」。猶大稱耶穌
為拉比，當然是沒有錯的。當耶穌差門徒到某人的家去守逾越節
時，祂叫他們説，「夫子」的時候快到了。猶大稱耶穌為拉比，這 218
是對的，但他卻不明白耶穌不只是一位老師。耶穌給猶大的惟一回
應，正如祂給我們的回應一樣，是要指出猶大的話暗示他有罪。

可是，猶大的背叛不會阻礙耶穌履行祂的任務。當他們在吃的時候，耶穌拿起餅來，祝福，就擘開，遞給門徒，並命令門徒拿著吃，因「這是我的身體」。耶穌先祝謝，令這個行動成為一個聖餐。祂不但為父給我們糧食而感謝父，更感謝祂的父令祂成為叫人得生命的糧。祂擘開餅，這預視祂的身體會在十字架上被擘開，並且祂將餅交給門徒。祂告訴門徒要拿著吃，因為這是祂的身體。門徒開始明白，因著他們所領受的，他們可以拿起來，他們可以行動。在先前以小量的餅餵飽五千人和四千人的事件中，門徒見證了

上帝透過餅的增多而展示出的豐盛；取而代之，在這餐桌上，他們卻直接分享到上帝的豐盛。

耶穌接著拿起杯來，再一次，祂祝謝了，遞給他們，吩咐他們說：「你們都喝這個；因為這是我立約的血，為多人流出來，使罪得赦。」摩西從主領受所有百姓都認同要守的律例，之後他就將血灑在百姓身上，說：「你看！這是立約的血，是耶和華按這一切話與你們立約的憑據。」（出二十四 3 ～ 8）耶穌，上帝的約，現在為我們成了寬恕，叫我們可以有分於上帝救贖世界的計劃之中。

我們透過浸禮而與寬恕相稱，這表示我們被帶進那個藉耶穌的生命、死亡和復活而被建立的時間之中。我們被寬恕，這表示門徒的背叛 —— 我們的背叛 —— 都被上帝對創造那更具決定性的救贖目的所包含了。我們如此得到救贖，這便叫我們能認出我們的背叛，因為罪被上帝那更具決定性的目的所約束。所以，寬恕不是上帝和我們之間的簡單交易，而是給一羣子民的命名，他們成為歷史的一員，而這歷史是在那否認上帝的歷史（history of denial of God）以外的另一選擇 —— 否認上帝的歷史是死亡的歷史，它只會引向更多的死亡。

耶穌堅持「你們所有人都」（all of you；編按：《新標點和合本》只譯作「你們都」）喝這杯，這清楚表示出，猶大都分享到這杯。但猶大喝的，卻是他自己的死亡，他未能參與生命的國度。保羅在哥林多前書裏痛斥哥林多信徒濫用主餐，他們忽視那些飢餓的人，容讓人自我放縱，最終都喝醉了。保羅評論說，因他們濫用他們自己所得到的，所以，他們就要吃喝他們的審判：「因此，在你們中間有好些軟弱的與患病的，死的也不少。」（林前十一 30）猶大將會自殺，他未能承受他那背叛的罪。

耶穌所成就的拯救，並不是如空氣般輕的。祂所成就的拯救與我們所吃的食物一樣，同樣是肉體的，是我們生存所需要的。耶穌

是我們的老師，但祂的教導與祂的所是和所行是不可分割的。以色 219
列民是一羣定居於某地、擁有獨特歷史的子民。耶穌還是身處在地上，提出一個獨特歷史。祂邀請我們分享祂的身體和血，祂吩咐我們吃祂的肉、喝祂的血，這構成了一羣子民，他們會按耶穌存在世上的方式，來存在世上。

耶穌吩咐門徒吃祂的肉、渴祂的血，這命令挑戰所有將福音的真理和聖餐的肉和血分別開來的基督教解說。福音不是哲學的真理，若不是藉著由洗禮和聖餐所組成的子民這個具體的身體來把它體現出來，人就不能認識福音。基督新教強調信心，這卻帶來不幸的影響，令福音成為一個關於人類情況那具煽動性的描述，叫人以為福音可以為人的一生，提供意義。對很多人來說，福音是可能提供了意義，但福音首先賜給人的，是一個新生命和一個羣體，我們藉著這生命和這個羣體，我們的身體得以內接到一個除此以外就不能內接的世界。

如果教會的注意力是由「這餅和杯怎樣和何時變成耶穌的身體和血」這問題所決定的話，教會就忘記了比這議題更重要的事，那就是這聖餐是要被演示出來的。很多時候，關於餅和酒怎樣和何時變成身體和血的說明，都是嘗試提出一些機械化的解釋（mechanistic explanations），以為因上帝的創造是祂放置在「那裏」的某東西，所以上帝不可以進入創造之中。但我們必須記得，「拯救是在地上被建立的」（查卡尼卡夫〔Pavel Tschcanikopf〕）。那創造我們的上帝，都仍然在創造和救贖。馬太福音的第一句已經清楚表達。我們透過得以成為在耶穌的身體和血中的分享者，從而可以有分於新的創造之中。

在基督裏的上帝——是完全的上帝又是完全的人——也是我們很容易在餅和酒（為我們而被造成基督的身體和血）中所找到的上帝。當我們遵行耶穌的吩咐時，教會不只是在記念耶穌，而事實上是為世界而成為耶穌的記憶，以致世界可以得到復和。我們不是要使世界記起耶穌，彷彿說耶穌已死，而我們的記憶使祂繼續活著。真相剛好相反；因為耶穌活著，我們才得以有分於耶穌的時間之中。聖餐是那讓耶穌的時間成為祂子民存活的時間的筵席。因此，我們說：「基督已死，基督已復活，基督將會再來。」

所以，耶穌告訴門徒，祂不會再喝這葡萄汁，直到在祂父的國度裏與他們喝新的那時候。祂在逾越節與門徒一同分享的筵席，成為祂透過復活、升天和差遣聖靈，繼續與教會分享的筵席。這筵席因此成為了合一的筵席，令不同時空的基督徒，為世界而成為一個身體，一個基督。我們被造而成為一，因此令基督徒不可能思量去殺害其他一同分享這筵席的基督徒。如此的殺害，並不是謀殺（雖然有時形式上可以是謀殺），而是在自殺。

220 耶穌告訴過門徒，人子將要捨命，作多人的贖價（太二十28）。於是，獻祭的語言常常形塑著基督徒對聖餐的歡慶。的確，在希伯來書裏我們得知，藉耶穌的死亡——透過耶穌邀請我們分享的筵席，我們有分於祂的死亡——「一次獻祭」就被獻上了，「叫那得以成聖的人永遠完全」（來十13～14）。一個祭已被獻上了，即耶穌之死的祭，它使所有其他的祭都結束了，因為那些別的祭都只是希望除去我們的罪。

獻祭是顯著的人類活動，體現著我們那想要將一切回饋給上帝的渴望。上帝將我們造成會獻祭的動物。上帝透過律法指示以色列怎樣向祂獻祭，但以色列卻證明——正如我們所有人都證明——人能令上帝這份獻祭的美善恩賜/禮物，變成一個工具，以服事這個假設：我們以為我們就是自己的創造主。在耶穌裏，上帝將祂的生命與我們的生命相連，成為我們的一員，釋放我們，叫我們不按自己的方式來界定我們與上帝的關係。父差遣子，謙卑地成為人的樣式，順服至死，且死在十架上，叫一切不由耶穌的十字架來決定的獻祭，永遠止息。我們的父阻止了亞伯拉罕，預備了羊羔，以代替以撒，但祂卻沒有保留祂自己的兒子，使祂為我們而成為那必然的祭，以釋放我們，使我們不再無休止的用自己的方法，來為自己贖罪。當我們與耶穌同喝同吃時，我們所領受的就是這樣的赦罪。

馬太告訴我們，在聖餐後，門徒好像摩西一樣「唱詩」，就往橄欖山去。馬太沒有告訴我們，門徒唱的是哪首詩歌，但可能是詩篇一百一十四至一百一十八篇所有或某部分的詩篇，因為在逾越節結束的時候，人常會唱這些詩篇來歡慶上帝對以色列的照料，特別是從埃及手中拯救他們：

以色列出了埃及，
　雅各家離開說異言之民；
那時，猶大為主的聖所，
　以色列為他所治理的國度。
滄海看見就奔逃；
　約但河也倒流。
大山踴躍，如公羊；
　小山跳舞，如羊羔。
滄海啊，你為何奔逃？
　約但哪，你為何倒流？
大山哪，你為何踴躍，如公羊？
　小山哪，你為何跳舞，如羊羔？
大地啊，你因見主的面，
　就是雅各神的面，便要震動。
他叫磐石變為水池，
　叫堅石變為泉源。（詩一一四篇）

221 所以，當門徒唱詩慶祝上帝對以色列的照料之時，正是以色列絕未得勝的時候。他們唱這詩，或者唱類似的詩，這是一個重要的政治行動。唱歌也可以是一個抵抗的形式，因為唱歌不但在作見證，也是在創造羣體。唱歌是在行為上最屬肉體的和集體的形式，僅次於吃喝。我們的聲音源自我們的身體。當我們唱歌時，我們的身體就被結合起來，使一個共有的美善得以成為可能，即使當一個羣體被佔據和受到逼害，或在其他方面不能控制自己的將來時，這美善都是不能被毀滅的。詩篇可以見證以色列對「如何活作一羣子民」的理解——那存在的形式本身就是一首歌。所以，透過耶穌的身體和血來統合起來的羣體，理所當然是一個會歌唱的羣體，而且它是一個定要歌唱的羣體。

耶穌和門徒回到橄欖山上。耶穌向門徒宣告一個令人不快的消息：他們要在這一個晚上撇下耶穌。在以西結書三十四章，上帝應許要尋回以色列的迷羊，但耶穌卻引用了撒迦利亞書十三章 7 節，而那節經文告訴我們，牧人要被擊打，羊羣就分散了。耶穌將會被撇下，獨自死去，但祂告訴門徒說，祂卻不會撇下他們。祂反而會在他們之前先到加利利，與他們在那裏會面。

彼得再一次嘗試把自己從其他門徒中間區分出來，他說自己決不會撇下耶穌。耶穌卻更清楚，祂告訴彼得，在雞叫以先，彼得會三次不認主。彼得作出抗議，並說祂甚至願意跟耶穌一起受死，也不會背棄祂。彼得曾經因為耶穌說要到耶路撒冷受死而斥責耶穌，但現在同一個他似乎明白到耶穌將要受死。每一個門徒都逐一說出彼得的宣告，表明他們願意為耶穌死，寧死也不會背棄耶穌。

那情況肯定是，我們大多數人都會跟彼得和門徒一樣，聲稱我們可以跟隨耶穌至死，但我們卻不知道當我們說願意寧死也不背棄耶穌時，我們所說的是甚麼意思。基督教，至少是美國的基督教，會令我們感到安全，這使我們這些美國基督徒難以明白，因不願背棄耶穌而捨棄生命是甚麼意思。我們不是要奉主的名來製造一些危機，好叫我們可以重拾作耶穌門徒的意義。這樣做的話，只不過會助長那個「假扮」作基督徒的試探。若我們嘗試製造一些危機，那就只會是一個成為英雄而非作門徒的企圖。我們即使忘記了跟隨耶穌至死是甚麼意思，但我們至少可以是一間教會，記得我們是被建造在殉道者的血之上的。殉道者的血仍是教會的種子，而我們應該感謝上帝，因即使在我們的時代，我們仍得著一些像羅梅羅（Oscar Romero；譯按：被暗殺的薩爾瓦多〔El Salvador〕大主教，出身於薩爾瓦多，一九七七年成為大主教，不斷公開發表言論要求政府改善人民的生活，以及要求軍隊停止殺害平民。一九八〇年三月二十四日在一所醫院主領彌撒時被狙擊手所殺，而聯合國調查委員會後來指出，羅梅羅是被軍方指派的人所殺害）這樣的殉道者。

門徒（至少部分門徒）很快就要受測試，看他們自己是否跟隨
耶穌，決心不撇棄祂。耶穌與門徒一同來到一個名叫客西馬尼的地
方。祂告訴門徒坐下，祂自己就「到那邊」去禱告。祂帶著彼得、 222
雅各和約翰同去，這三人也是祂在登山變像時帶在身旁的那三個門
徒。耶穌開始憂愁起來，極其難過，祂所展現的痛苦是在詩篇中常
常流露出來的：

我的心哪，你為何憂悶？
　為何在我裏面煩躁？
應當仰望上帝，因我還要稱讚他。
　他是我臉上的光榮，是我的上帝。（詩四十二 11）

耶穌告訴門徒，祂心裏甚是憂傷，幾乎要死；祂要門徒留下來陪伴祂，又要他們在耶穌禱告時警醒。祂說：「我父啊，倘若可行，求你叫這杯離開我。然而，不要照我的意思，只要照你的

意思。」祂多次告訴門徒，祂一定要到耶路撒冷，在那裏要被釘受死。耶穌現在面對的不只是死亡，更是與祂的父分隔。祂將會在十字架上呼喊說：「我的上帝！我的上帝！為甚麼離棄我？」耶穌，上帝的兒子，一定要經歷孤單的恐懼，祂不但被門徒所棄，也被父所棄。

這是一種只有耶穌才可以體會的恐懼，因為只有耶穌才知道作為子可以享有的親密。以色列，上帝所愛的子民，已在其詩篇中暗示出耶穌將要經歷的這份痛苦。詩篇二十二篇，就是以耶穌在十字架上的呼喊作開始的詩篇，也是一篇祈求主「不要遠離我！/我的救主啊，求你快來幫助我」(詩二十二 19)的詩篇。這樣的請求是源自上帝對以色列的愛的深處。在以賽亞書，我們知道救主將會被苦待，以致祂的面容將會：

比別人憔悴；
他的形容比世人枯槁。
這樣，他必洗淨許多國民……(賽五十二 14～15)

這是耶穌在客西馬尼所經歷的恐懼。祂所面對的孤單，是從沒有人曾面對過的。祂回到門徒那裏，卻發現他們睡著了。祂對彼得說：「怎麼樣？你們不能同我警醒片時嗎？」祂吩咐彼得要警醒禱告，好像耶穌在登山寶訓中教導彼得的一樣，要「免得入了迷惑」。耶穌與彼得有著同樣的人性，祂注意到，彼得的心靈固然願意，但其肉體卻是軟弱的。可是，彼得的軟弱卻不在於他不能警醒，而是在於他和門徒都沒有跟耶穌一同禱告。耶穌再次離開去禱告：「我父啊，這杯若不能離開我，必要我喝，就願你的意旨成全。」祂已經跟祂的門徒分享祂血的杯，但現在祂所祈求的，跟祂教導我們祈求的一樣，就是父的旨意成就。祂一定要經歷那只有上帝之子才可以做的事。

祂再次回到門徒那裏，發覺他們仍在睡覺。即使在風浪大作
時，耶穌都可以在船上睡著。門徒因為其肉體的軟弱和小信，當時
曾懇求耶穌救他們。在園子裏，當世界的紛亂危害天國時，門徒卻 223
睡著了，這表示他們還未分辨到甚麼才是真正的危險。好像十個童
女比喻中的那些童女一樣，門徒不明白作好準備是有多必要的。他
們睡著了，退到夢境和幻想的世界裏，這常常是一些形式，引誘我
們避開耶穌受苦的事實。

這一次，耶穌沒有叫醒門徒，反而繼續作痛苦的禱告。禱告似乎是在睡著以外的另一個選擇，因為作禱告，就是要使我們的生命在上帝面前變得脆弱。此外，耶穌也透過禱告而知道祂的時間到了。祂教導門徒所要期待的一切，現在都要臨到了。人子被出賣，被交到罪人的手中。耶穌告訴門徒要起來，因為那背叛祂的人來到了。耶穌說：「我們走吧。」那特別的是，耶穌繼續稱祂的門徒為「我們」；祂應許過不會撇下門徒，即使在我們撇下祂的時候，也是一樣。

但當耶穌說話時，猶大與一大羣來自祭司長和長老的人，一同來到。人羣帶著刀棒。耶穌曾宣講說，不可以報仇，又吩咐我們要愛我們的仇敵（太五 38～48），但祂現在卻被一羣手持武器的人包圍。我們不知道在這些人中間，是否有些人曾因耶穌的教導或祂所施行的醫治而感到驚訝，又或是不是有人曾歡迎耶穌進耶路撒冷。不管怎樣，這羣人來捉拿耶穌，這暗示著欽佩耶穌是不足夠的。欽佩很容易會變成背叛。

然而，猶大曾是門徒。即使我們有幸成為那些被耶穌呼召的人的一分子，這也不一定保證我們不會背叛祂。實際上，因著猶大與耶穌的親密，背叛就是更為慘痛的。猶大用親吻來背叛主——一個愛的姿勢被用來出賣愛。猶大好像在最後晚餐的桌上所做的

一樣，稱耶穌為「拉比」，這樣的稱呼使那些羣眾知道他們要捉拿的是誰。耶穌稱猶大為「朋友」，祂命令他做他來要做的事，那就是背叛他的主。在葡萄園的比喻中，園主稱在早上受雇的人為「朋友」，以表示他沒有虧待他們（太二十 13）。耶穌現在用了同一個稱呼，清楚表明祂沒有惡待猶大，但猶大卻不願意成為友誼國度的一分子。

突然間，在跟隨耶穌的人中有一個拔劍，砍下了祭司長的一個僕人的耳朵。馬太沒有說明這人是不是門徒。若有人與耶穌同在一處，又聽過耶穌的教導，卻仍隨身帶著劍，這就似乎是很奇怪的，但我們知道，耶穌的門徒將會背棄祂，這應該使我們警覺到肉體的軟弱。耶穌吩咐說：「收刀入鞘吧！凡動刀的，必死在刀下。」耶穌暗示，若祂祈求的話，祂的父可以差遣十二營多天使來保護祂，但這樣做就表示，經上的話將不會得到應驗。

224 不論是那些主張基督徒不可採用武力的人，還是那些主張刀劍在上帝對世界的照料裏有恰當的位置的人，他們都常常引用這段經文。後者主張，耶穌那「收刀入鞘」的吩咐暗示了——訴諸於羅馬書十三章所說的——刀劍在政府中有一個適合的位置。這樣的看法要被試檢，即是要看看它是否恰當地處理耶穌的教導和職事那全面的方向。至少，這樣的看法似乎要承擔提供證據的責任。耶穌說凡動刀的必死在刀下，這一般的觀察似乎也適用於那些替政府掌權者而拔刀的人。啟示錄對此也有相關的教導，我們得知：

凡有耳的，就應當聽！
擄掠人的，
　必被擄掠；
用刀殺人的，
　必被刀殺。（啟十三 9～10）

不過，耶穌那「收刀入鞘」的吩咐，也不是最終的文本，要使門徒委身於某一種的和平主義（pacifism）。用以支持基督徒的非暴力的論據，正如用來支持基督徒有需要採用武力的論據一樣，都在於述說這故事的方法，以及那羣體的類型——它存在以述說這故事。耶穌那「收刀入鞘」的吩咐，也無非是一個表達，見證著祂甘願被交到罪人手中，並願意被釘受死，好叫我們可得以成為新時代的一員，而這新時代是由耶穌的出生、受死和復活所開展的。所以，非暴力的基督徒立場，與作門徒的意思，是不可分割開來的。反之，以尤達（John Howard Yoder；譯按：基督教神學家）的說話，基督徒的非暴力是彌賽亞式羣體（messianic community）的和平主義。這樣的和平主義會「失去其本質，如果耶穌不是基督；它也會失去其基礎，如果耶穌基督不是主」（Yoder 1992, 134）。尤達評論說：

> 因為耶穌被人看到其完全的人性——祂回應一個社會人物的需要和試探——所以我們在對祂的順服上的問題，並不是關乎詮釋文本的問題。問題也不是，我們對耶穌的忠誠成了一種道德主義（moralism），即沉悶地只專注於我們是否可以毫無過犯。我們作為耶穌門徒所要面對的問題，並不在於我們是否能避免違反任何的規則。取而代之，我們要問的是，我們自己是否有分於那個人類經驗，那個永生上帝在世界裏存在的獨特模式，並且我們是否在世界裏被永生上帝使用——這是聖經所說的愛（*agape*）和十字架。
>
> 當我們說到彌賽亞式羣體的和平主義時，我們將道德關注從個人轉到那藉其分享的生命來預嘗上帝國度的人類羣體。每個人都可能各自地、個別地撫心自問，究竟在關

> 注他們自己的誠信上，他們所作的是對還是錯。這原沒有
> 問題的。但是，彌賽亞式羣體的經驗卻是不同的，它不是
> 225 只給英雄人物的生命。反之，這是一個給社羣的生命。這
> 是羣體性的，由立約的男男女女所組成的羣體，他們會彼
> 此教導，互相寬恕，彼此背負對方的重擔，也強化對方的
> 見證。（Yoder 1992, 134～135）

所以，十字架是那決定我們怎樣了解耶穌「收刀入鞘」的吩咐的重要事件。耶穌可以叫父差十二營的天使，但那就不可以使經文所說的應驗。十字架是應驗了經上所記的。正如我們從以賽亞書五十三章 7 至 9 節所知道的，耶穌將要成為羔羊，被帶到宰殺之地，祂不開口、默默無聲，祂因為人誤用公義而從活人之地被除去，因祂子民的罪而受苦。這就是等待著耶穌的命運。

於是，耶穌挑戰羣眾，質問他們為甚麼帶著刀捧來客西馬尼捉拿祂，把祂當作強盜一樣。強盜只在晚間出沒，在日間就隱藏自己。耶穌天天在聖殿中教導人，但他們卻不在殿裏捉拿祂。耶穌告訴他們，他們是一齣更大的戲劇的一部分：「這一切的事」的成就，是為要應驗聖經和先知的話。全卷馬太福音都在不斷地指教我們，叫我們明白耶穌對捉拿祂的羣眾所說的話。耶穌的生和死都圓滿了那個成了以色列與上帝同在的生命核心的軌迹。耶穌就是上帝的工作，是上帝一直希望透過律法和先知來給以色列從事的。

門徒撇下耶穌，逃走了。我們之前已經知道這是會發生的，但現在它真的發生了；這似乎是一個叫人意外的時刻，卻又是一個有啟迪作用的時刻。耶穌被捕、被帶到敵人那裏、將要受審，這一切會叫門徒感到害怕。但耶穌卻依然拒絕用世界所理解的鬥爭或反抗方式，來作出鬥爭或辯護。耶穌是王，卻不像別的王那樣般得勝。耶穌只有天使天軍。祂將要赤手空拳地面對死亡。門徒撇下祂，

因為他們不知道可以怎樣保護耶穌。他們還未明白國度那徹底的特質，這特質不以世界的方式來作回應，從而對這世界的暴力作出挑戰。

說也奇怪，那捉拿耶穌的羣眾竟視耶穌為一個政治上的威脅。對他們來說，耶穌可能真的似一個強盜，特別是那因政治原因而造反的強盜。他們未能明白的是，耶穌比那些用暴力來反抗羅馬或其他帝國的人，更為徹底。羅馬懂得如何按自己的方法來對付那些反抗的人。羅馬和所有帝國所害怕的，是那些拒絕接受其戰爭條款的人。耶穌比羅馬有更充足的時間，可以建立一羣在生活上學會相信上帝之美善的人。

一如祂所料到的，耶穌現在必須要獨自面對世界。世界以大祭
司該亞法的形象出現；大祭司將文士和長老都招聚到他自己家裏，
以致他們可以偽造證據來指控耶穌。馬太記載彼得遠遠地跟著，直
到大祭司的院子，坐在差役的旁邊，「要看這事到底怎樣」。「遠遠 226
地跟著」，是對我們大部分人那跟隨耶穌的方式的絕佳形容。我們
像彼得一樣，在我們委身之前，想先看這事到底怎樣。可惜，這策
略意味著，我們最終只會與建制的差役同坐。

祭司長和全公會在尋找那些作假見證來控告耶穌的人，以致他們可以治死祂。但是，要判定人死罪，就最少要有兩個人作出相同的指控（申十七 6）。有好些人前來作假見證，卻沒有兩個人的口供是相符的。可是到最後，有兩個人前來聲稱，耶穌曾說：「我能拆毀上帝的殿，三日內又建造起來。」耶穌肯定曾經潔淨聖殿（太二十一 12～17），也曾說過聖殿將會被毀（二十四 1～2），但祂卻從沒有說過，祂要拆毀上帝的聖殿，也沒有說過祂要在三日內重建它。[2]

然而，他們的指控也含有部分的真理。耶穌的行動表示祂的身體要將成為聖殿。祂的被釘，就是先知但以理所預言的「那行毀壞

可憎的」(desolating sacrilege)。祂就是聖殿獻祭的結束。祂會在三天後復活，成為惟一配受敬拜的那一位。所以作假見證的人口中說出了真理，但這是他們或他們的聆聽者所不能明白的真理，因為要明白這真理，他們需要學會透過耶穌的生命來理解他們的經典。

大祭司終於聽到他想聽的話。先知拿單告訴大衛，只有上帝所指定的人才可以建造聖殿(撒下七 12～13)。若有人說自己可以拆毀聖殿，這就等同人自稱為上帝。所以，人若說自己可以拆毀聖殿，這就是褻瀆上帝的。大祭司因而要耶穌回應這指控，但耶穌仍然保持沉默，就像我們從以賽亞書五十三章 7 節所知道的那樣。耶穌在彼拉多面前也同樣保持沉默，但這沉默其實是耶穌挑戰那個不了解祂的政權所必要的。耶穌拒絕說話，以此回應大祭司的挑戰，因為祂那真誠的回應並不會被視作真理。

但大祭司卻對祂說：「我指著永生上帝叫你起誓告訴我們，你是上帝的兒子彌賽亞不是？」大祭司所指著起誓的，是那位禁止祂的跟隨者起誓的主(太五 33～37)。大祭司好像魔鬼在試探耶穌時所作的一樣，要耶穌表明祂自己是不是上帝的兒子彌賽亞。耶穌的回應跟祂在最後晚餐時給猶大的回應一樣：「你說的是。」可是，耶穌接著還說：「然而，我告訴你們，後來你們要看見人子／坐在
227 那權能者的右邊，／駕著天上的雲降臨。」(那是引自但以理書七章 13 節。)耶穌回答時清楚說表明，上帝之子和人子是相同的。耶穌愈接近被釘，各個用在祂身上的稱號就愈來愈統合起來。

大祭司就撕開衣服，指控耶穌說了僭妄的話。耶穌曾說過，惟有褻瀆聖靈的罪是不會被寬恕的(太十二 31～32)，現在祂卻被指控為褻瀆上帝。耶穌是惟一不可能褻瀆上帝的那一位，現在卻被大祭司鑒定為褻瀆者。大祭司宣布不再需要見證人，因為他們都見證耶穌承認祂自己就是上帝之子。大祭司問全公會的意見，而他一早就知道答案：「他是該死的。」於是，他們就吐唾沫在祂臉上(賽

五十 6），用拳頭打祂，也有用手掌打祂的，說：「彌賽亞啊！你是先知，告訴我們打你的是誰？」

羣罪將很快會宣告他們自己的罪，因為當彼拉多宣告耶穌無罪時，他們回應說：「他的血歸到我們和我們的子孫身上。」（太二十七 25）在一個駭人又諷刺的審判中，那些惡待耶穌的人——他們向祂吐唾沫、打祂、掌刮祂，又叫祂說預言——以相類似的方式應驗了先知的話。正如耶穌在大祭司、文士和長老面前忍受的虛假審判一樣，他們都印證了耶穌真的是彌賽亞，是上帝的兒子。

我們會受引誘而以為，若我們置身其中，我們就會認出耶穌的身分，但彼得也在那裏，他卻不能領會到，耶穌正是預言的圓滿。再者，彼得要看「這事到底怎樣」，但他所看見的是耶穌被辱被苦待，對他而言這卻與他對彌賽亞模樣的期望是不相符的。彼得曾經認出耶穌是「彌賽亞，是永生上帝的兒子」（太十六 16），但當使女問他是否同拿撒勒人耶穌一夥時，他卻否認，並說他自己不知道對方在說甚麼。彼得的回應有部分是真的。他不知道這年輕的僕人在問甚麼，因為他未能明白耶穌為甚麼要死。

另一個女孩向在那裏的旁觀者說，彼得是與拿撒勒人耶穌一夥的。彼得再次否認自己是耶穌的跟隨者，他甚至起誓說他「不認得那個人」。彼得曾聽過耶穌吩咐門徒不可起誓（太五 33～37），但他現在卻起誓說自己與耶穌無關。正如跟隨耶穌明顯需要一個新的生活方式，否認耶穌也就明顯代表著，我們發現自己正在過著一種有別於耶穌在登山寶訓中所描述的生活。

旁邊站著的人卻因彼得的口音而認出他來。正如那婢女所認出的，他是一個加利利人。他的口音出賣了他。這是我們第一次讀到，耶穌和門徒的加利利背景會令他們在耶路撒冷顯得很突出。但彼得決意要跟耶穌劃清界線。他不但起誓說不認識耶穌，他甚至發
咒。馬太沒有告訴我們彼得所發的是那種咒，但彼得似乎是用發咒 228

來表示，他與那些跟隨耶穌的人是不同的。

正在那時，雞就叫了，而彼得想起耶穌曾說過，雞叫以先，他要三次不認耶穌。彼得雖然曾經宣告自己永不會撇下耶穌，但現在卻被逼要承認自己已經三次不認主；彼得因此崩潰了。他離開了大祭司的園子，痛苦地哭泣。這是我們在馬太福音裏最後一次聽到有關彼得的消息。彼得好像我們一樣，帶著淚離開，為我們對耶穌的不忠而悲哀。

幸好，耶穌指定彼得為磐石，祂要將教會建立在他之上。彼得那苦痛的淚水，必然是教會的淚水，因為教會好像彼得一樣，都是處於一個會否認我們認識耶穌的位置上。更差的是，我們所聲稱認識的耶穌，跟這位被交到大祭司、文士和長老手中的耶穌，是沒有多大關係的。耶穌把我們指向這位作為磐石的彼得——教會將被建立在其上——這是正確的，因為他是在罪人中間首先犯罪的。

註釋：

1. 按普魯頓丟（Prudentius）所記，聖勞倫斯（Saint Lawrence）是在烤架上被烙死的。
2. 在約翰福音二章 19 節，耶穌確說祂會在三天內重建聖殿，但祂所說的是祂自己的復活。

馬太福音二十七章

被釘於十字架

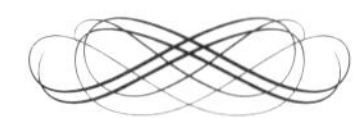

祭司長、文士和長老趁夜間審問耶穌，並把祂定罪。這些人現在要將他們於黑暗中行的事帶到日光中，為要確立他們之前那不義的判斷。他們所玩的是古老卻是已為人接受的遊戲：耶穌一定是有罪的，因為他現在已被捕了。耶穌將要被交給彼拉多，這事實就確認他們對耶穌的判斷。那些在監獄中的人是應當被關在監獄裏的，因為他們已經在監獄中。

此外，祭司長和長老的心願是決意要置耶穌於死地。耶穌受鞭打、受奚落，這是不足夠的。耶穌一定要死。但殺人的權柄屬於羅馬政權。所以祭司長和長老將耶穌交給巡撫彼拉多。耶穌的命運將會由一個外邦人來決定，這人是羅馬的一個小官，他的職責就是要在那些被羅馬人視為麻煩民族的地區中，維持治安。

彼拉多的名字在基督教神學中佔有重要的位置。在〈使徒信經〉（Apostles' Creed），我們堅稱耶穌「在本丟．彼拉多手下受難」。巴特（Karl Barth；譯按：基督教神學家）評論說，彼拉多的名字清楚表明：

> 耶穌的受難，不但揭示了人的背叛和上帝的震怒，也揭示
> 了上帝的恩慈；祂的受難不是發生在天上，也不是發生在
> 遙遠的星球上，更不是發生在觀念的世界（world of ideas）
> 裏；它發生在我們的時間中，發生在世界歷史——我們
> 人類生命在其中被耗盡——的中心。我們因此不能逃離
> 這生命。我們一定不能逃到另一個更好的地方，又或逃避
> 到高山或不知名的地域，更不可以躲到屬靈上那脱離現實
> 的幻境或基督徒的童話世界中。上帝已經臨到我們這個既
> 不可愛又可怕的生命之中。道成肉身也意味著，祂成為時
> 230 間性和歷史性的存有。祂取了那屬於人類的樣式，那些如
> 彼拉多的人也是這個樣式的其中一分子——我們每個人
> 都是其中的一分子，而且他們也是我們任何時候的自己，
> 只是規模稍大一點。我們不用逃避我們的生命，因為上帝
> 也沒有掩眼不看；祂全然投入在我們的生命中。道成肉
> 身是非常具體的事件，一個人類名字也可以參與在其中。
> 上帝的道是「此時此地」（*hic et nunc*）的。萊辛（Gotthold
> Ephraim Lessing；譯按：德國哲學家）並沒有表示，上帝
> 的道是「理性的永恆真理」（eternal truth of reason），而
> 非「歷史的偶發真理」（accidental truth of history）。上帝
> 的歷史確實是歷史的偶發真理，正如這微不足道的命令一
> 樣。上帝不恥於在偶發狀態中存在。那些決定著我們人
> 類的時間和歷史的因素，憑藉本丟．彼拉多這個名字，
> 也屬乎耶穌的生命和受難。我們不會被撇下在這個可怕
> 的世界裏。上帝已經進到這個異域來跟我們同在。（Barth
> 1959, 109）

以色列的生命總是跟其他百姓和列邦的生命糾纏在一起。以色

列不能逃離世界。在巴別塔以後，以色列透過亞伯拉罕而蒙召，要成為一羣住在世界其他民族中的子民，好叫他們給上帝之聖潔作見證。以色列甚少有機會可控制自己的命運，它更常是要受制於那些更強的列國的旨意。它透過這些經歷學會怎樣生存，但生存有時只不過是不忠的另一個詞語。耶穌給予以色列的不只是生存。祂來是要給以色列帶來拯救，但耶穌最後卻發現，祂被百姓的祭司長和長老交到彼拉多的手中。然而，以色列的眾代表再一次嘗試用世界的權柄來達到自己的目的，可是，他們卻無可避免地會反過來被世界所利用。

猶大好像彼得一樣，也見證了耶穌怎樣被控告，猶大因著某些馬太沒有揭露的原因，而對他所做的事改變了心意。他將三十塊銀子帶回給祭司長和長老，並承認：「我賣了無辜之人的血是有罪了。」猶大希望忠於律法，他用了申命記二十七章25節的話：「受賄賂害死無辜之人的，必受咒詛！」猶太想復原那不能被復原的事情。他不能復原他所做的事，因為那些與他交易的人並不明白耶穌所演示的寬恕。

「那與我們有甚麼相干？你自己承當吧！」猶大發覺，他不過是這個大遊戲中的一枚小棋子。諷刺的是，祭司長和長老用來回應猶大的話，將會被彼拉多使用，把耶穌之死的責任歸到「全民」(太二十七24～25)。可是，猶大只是一個人，被落在一個其後果如此黑暗的決定中，以致他不知道可以怎樣活下去。他就自縊死了。

在基督教傳統中有些人曾經猜想，猶大那所謂的悔改是否意味著他已不受責備。這種臆測冒險地將注意力放在猶大身上，而不是放在猶大所出賣的主身上。猶大所作的一切，並不超過耶穌在十字架上被釘所演示的寬恕。事實上，猶大的出賣可以被人記念，因為它不是、也不可是猶大和我們生命的定論。猶大和我們的定論不是由我們去決定的，因為那定論已經在耶穌被釘十字架時被表明出來

231 了。那挑戰不在於耶穌的寬恕是不是美善的，而是在於我們任何人的生命——包括猶大的生命——在有機會時能否面對和承認：我們會為三十塊銀子而出賣耶穌。

猶大將三十塊銀子丟在殿裏，但祭司長說，把銀子可放在庫裏是不合法的，因為那是「血價」。祭司長在置無辜的人於死地時可以毫不猶疑，但他卻對於要怎樣處置那被污染的銀子，變得十分關注。這樣再一次顯出，律法不是用來迫使祭司改變他們的生命，反而只是用來保持他們自己的面子。耶穌所描述的「瞎子領路」，其最關心的是律法的外在表現，這在祭司長和長老處理血價一事上，得到肯定（太二十三 16～22）。

祭司長和長老商議過後，就決定用那銀錢買了窯戶的一塊田，為要埋葬陌生人和外鄉人。馬太福音注意到，這事的成就，是為了使先知耶利米在耶路撒冷被圍攻時買下田地的這個行動，能得以應驗（耶三十二 6～15）。不過，馬太所用的是撒迦利亞書十一章 13 節的話，那裏提到牧人將三十塊錢丟給窯戶，以表示出耶利米的話如何得到應驗。

耶穌在祂復活之後將會差門徒到萬國去，奉父、子、聖靈的名給人施洗，但那些陷害耶穌的人——不知門徒將會這樣做——早已藉著買了一塊土地，讓那些外邦的人可以下葬，從而開始演示出耶穌那個聚集萬國的行動。以色列不能逃避耶穌這個實在（reality）。即使把耶穌殺了，這個過程結果已經圓滿了耶穌來所要達成的任務。正如沒有了以色列民那延續的臨在，教會便不可能存在；沒有教會，以色列也不可能存在。

耶穌不但是祭司長和長老要面對的難題，也是由彼拉多所代表的羅馬要面對的議題。耶穌現在站在巡撫彼拉多的面前，巡撫問祂：「你是猶太人的王嗎？」彼拉多是國家官員。他所問的是一個國家官員所關注的。耶穌蒙召成為大衛的子孫；祂甚至在潔淨聖殿、醫治瞎子和瘸子後，接受了那個稱號(太二十一 14～17)。可是，彼拉多的問題卻是一個外邦人的問題。他沒有問耶穌是不是大衛的子孫，而是問祂是不是猶太人的王。他想知道耶穌是不是希律的競爭對手。有人料想，彼拉多大概想像不到，耶穌事實上是凱撒的競爭對手。

耶穌回答彼拉多：「你說的是。」當猶大想用「不是我吧？」這
反問句來掩飾他自己要出賣耶穌之時，耶穌的回答也是一樣。在大
祭司要求耶穌說祂自己是不是上帝的兒子之時，祂也是這樣回答。
「你說的是。」這個回應叫那些希望耶穌自己指證自己的人，包括
羅馬的官員，感到困惑。耶穌是王，但祂的王權並不是彼拉多所能
理解的。彼拉多不能理解耶穌的政治，這並不意味著耶穌不是羅馬 232
的威脅。反之，這意味著，耶穌所代表的政治，要比羅馬所能認識
的一切政治，更具徹底的威脅。

可是，祭司長和長老幫了彼拉多一把，他們前來指控耶穌。馬太沒有說明他們的指控是甚麼。但他們是聰明人，他們定知道羅馬的代表對於耶穌自稱與父上帝有特別的關係，不感興趣。羅馬也不會特別關心耶穌那關於聖殿的預言。正如我們知道的，羅馬所要的是秩序。彼拉多無意在猶太人中間排難解紛。他確實看來沒有理由、也沒有興趣幫祭司長和長老殺害耶穌。

但耶穌依然保持沉默，就好像先前祭司長和長老控告祂時那樣。彼拉多有意要幫助耶穌。彼拉多問耶穌是不是聽不到這些人的控訴。但正如耶穌不回應祭司長和長老，祂在彼拉多面前也是保持緘默，不回應任何針對祂的指控。祂的沉默仍是以賽亞所描述的沉默：

他被欺壓，在受苦的時候
　卻不開口：

他像羊羔被牽到宰殺之地，
　又像羊在剪毛的人手下無聲，
他也是這樣不開口。（賽五十三 7）

耶穌不回答祭司長和長老，是一回事；但祂在彼拉多面前保持沉默，卻是另一回事。耶穌現在要面對的是羅馬的政權。那個政權無力承認那以受苦僕人的形式臨到的真理。此外，上帝兒子的來臨，暴露和描繪出羅馬那從古已有的政權的虛空。因此，耶穌在彼拉多面前的沉默是一個記號，顯示出屬世的彼拉多所代表的政權已經終結。彼拉多的政權會將耶穌釘在十字架上，但「當政權將真理釘在十字架上時，它就是以行動來向全世界示意著，這政權已來到盡頭」（Lehmann 1975, 66）。

耶穌是沉默的，因為祂是真理的新秩序（new order of truth），而一個和平的羣體（community of peace）要靠這新秩序才得以存在。一個和平的羣體惟要拒絕依靠謊言和不公義來建立秩序，才可以存在。潘霍華（Dietrich Bonhoeffer）看得出，當一個建基於謊言和不公義的秩序羣體，遇上一個和平的羣體時，戰爭就必定會發生。我們所要認出的是，對於任何的和平羣體，那惟一可忍受的基礎就是罪的寬恕（forgiveness of sins）。按潘霍華的見解，基督徒之所以有一個和平的羣體，是因為其中的人可以寬恕對方的罪。由寬恕生出來的和平，是上帝的和平，這和平禁不住會挑戰所有稱聲會提供和平、卻是基於否認上帝的秩序（Bonhoeffer 1956, 168～169）。

233 因此，耶穌在彼拉多面前的沉默，是真理的沉默（silence of truth），是在面對那建基於謊言和不公義的秩序時所需要的。耶穌在彼拉多面前的沉默，是教會的沉默——每當教會在那些要我們混淆秩序與和平的人面前，忠心地見證耶穌，那就是教會的沉默。

耶穌在彼拉多面前的沉默，是必須的沉默，以揭破那些人的虛假，他們希望叫我們相信，他們稱為和平的暴力是混亂以外的惟一選擇。耶穌屈從於彼拉多，但祂的屈服卻禁不住顛覆了彼拉多的權柄。這是真誠沉默（truthful silence）的力量。[1]

那巡撫「甚覺希奇」。彼拉多好像那些聽過耶穌的教導和見證過祂的醫治的人一樣，都感到希奇。他從沒有遇過好像耶穌這樣的人。他慣於面對祭司長和長老，這些人會為了保持他們自己的地位而遷就彼拉多。可是，彼拉多並沒有耶穌所想要的東西。耶穌甚至不向彼拉多求保命。彼拉多在這個要死的人面前顯得無助，這清楚表明他才是被轄制的人。

但是，彼拉多似乎可免於為取悅祭司長和長老而殺害耶穌，因為逾越節有一個慣例，巡撫應為羣眾釋放一個犯人。因此，彼拉多把一個惡貫滿盈的囚犯巴拉巴，帶到羣眾面前，讓他們決定要釋放或釘死的是耶穌還是巴拉巴。羣眾被招聚前來，彼拉多便問他們要釋放哪一個。彼拉多將耶穌與巴拉巴對立起來，希望可用羣眾來勝過祭司長和長老，因為他知道，他們不過是出於妒忌，所以才將耶穌交上來。彼拉多似乎以為羣眾會請他釋放耶穌，而不是釋放巴拉巴。

此外，彼拉多還有進一步的促動因素要釋放耶穌。彼拉多的妻子告訴他，她在夢中為耶穌受了很多的苦。正如約瑟得到關於馬利亞的夢，又如那些智者得到關於希律的夢，彼拉多的妻子亦有一個夢，那個夢告訴她耶穌是一個「無罪的人」（innocent man；《新標點和合本》譯作「義人」）。她派人告訴彼拉多不可以管耶穌的事。彼拉多的妻子跟希羅底不同，她不想耶穌死。但結果還是一樣，他們都是在死亡的政治之下被困住的。

彼拉多未能注意到妻子給他的忠告。祭司長和長老在那些聚集於彼拉多面前的人羣中間，下了工夫。他們挑唆羣眾請求彼拉多釋

放巴拉巴，釘死耶穌。所以，當彼拉多問羣眾要釋放哪一個時，他
234 們要求釋放巴拉巴。彼拉多不打算就此結束此事情，所以，他問羣眾他應當怎樣處置「那稱為彌賽亞的耶穌」。這一次彼拉多沒有稱耶穌為猶太人的王，而是用以色列人聽得懂的語言，稱耶穌為彌賽亞。但彼拉多也小心不說耶穌就是彌賽亞。他反而說，耶穌是那被「稱為」彌賽亞的。

羣眾鍥而不捨。他們大叫：「把他釘十字架！」彼拉多不解。他問羣眾為甚麼要耶穌死，因為耶穌不像作了甚麼惡事。但他們愈發大喊說：「把他釘十字架！」我們不禁猜想，在這些喊著要釘死耶穌的人中，有沒有人曾聽過耶穌宣講登山寶訓，見過醫治瘸子、瞎子，以及見證過耶穌與法利賽人、撒都該人和文士的爭辯？

羣眾是易變和不可信的，因為他們依賴的是別人的意見。耶穌在其職事的過程中一直都憐憫羣眾，但祂卻從沒有相信他們。反而，祂教導他們，若有人要跟隨祂，他們就要背起自己的十字架來跟隨祂（太十 37～39）。羣眾的另一個選擇，不是認識如何為自己打算，而是成為耶穌的跟隨者。確實，關於循規蹈矩的信息，較多是關於我們要脫離羣眾而學習自主的建議。耶穌呼召門徒，這是在成為羣眾以外的另一條路，也是我們用自己的方式去脫離羣眾的另一方法。

彼拉多是羅馬任命的官員，他不可以躲開羣眾。他明白到，自己不可能不行羣眾所求的，那就是，他一定要釘死耶穌。一場暴亂已經在醞釀。彼拉多怕暴亂多於害怕自己不公義地殺害無辜者。他已身處在指控耶穌的過程之中，但他現在卻想把責任推得一乾二淨。他要了一些水，並且在羣眾面前，按申命記二十一章 1 至 9 節的程序來施行，那是人在城外發現屍體時，用以表明自己未曾流人的血的程序（那屍體可能是被別人或被野獸所殺的）；彼拉多洗手，又說：「流這義人的血，罪不在我，你們承當吧。」現在羣眾、

祭司長和長老，都跟那希望補償自己對耶穌所作的事的猶大一樣，站在相同的位置：「你們承當吧！」

我們知道耶穌會受死。那是肯定的，但米爾班克（John Milbank；譯按：基督教神學家）正確地問到：

> 那麼殺害耶穌的真正兇手是誰？真正的殺人原因又是甚麼？為甚麼耶穌要屈服？在這些敘述中，那惟一一致的思路是，基督不斷地被交出，或者被撇下到另一個黨派的手中。猶大背叛祂的臨在；門徒撇棄祂；公會將祂交到彼拉多手中；彼拉多又將祂交給暴徒手中，這些暴徒最後將祂交給羅馬處決——他們某程度上作了錯誤的指派。即是在耶穌死後，祂也仍是被拋來拋去，好像沒有人真正殺害了祂那樣，但祂的死因卻是因為祂被忽視，以及因缺乏祂本身的生存空間。（Milbank 2003, 82）

對於彼拉多那個想在耶穌之死一事上置身事外的姿態，米爾班 235
克的問題和觀察，按照當時羣眾的反應，就呈現出特殊的迫切：「他的血歸到我們和我們的子孫身上。」基督徒歷代以來都用這個宣告，來將耶穌的死歸咎於猶太人。很多基督徒稱猶太人為「殺害基督的人」（Christ killers），並指責他們是殺人犯。馬太所指的「眾人」，令我們難以否認一點：不只其中的羣眾或精英是有罪的，而是所有以色列人都是有罪的。

但我們不能用一句經文，就決定誰是殺害耶穌的人。福音書，特別是馬太福音，並沒有清楚指明誰殺害耶穌；這並不是偶然的。我們從一開始就知道，在馬太所寫的這福音中，我們不能避免成為耶穌的門徒，也是精英的一分子，以及是羣眾的一分子。所以，若問誰殺害耶穌，那答案就是：我們。門徒藉著撇下耶穌而殺害祂。

羣眾殺害耶穌，因為他們是羣眾。以色列的精英殺害耶穌，因為他們害怕耶穌呼召他們過聖潔的生活。彼拉多殺害耶穌，因為他的職責是要維持秩序。「眾人」殺害耶穌，因為他們沒有更好的事可做。我們所有人都有分殺害耶穌，並且仍繼續殺害祂。所以，讓我們同聲說：「他的血歸到我們和我們的子孫身上。」

耶穌一定要被殺，因為耶穌是上帝的兒子。耶穌一定要被殺，因為耶穌建立了一羣新子民，他們挑戰著那個建基於謊言和欺騙的世界秩序。耶穌一定要被殺，因為祂是所有以安全和安逸為名來統治的人的威脅。耶穌一定要被殺，因為我們不想被人揭露我們最深層的渴望。耶穌一定要被殺，因為我們不想我們的愛受祂的愛所約束。耶穌一定要被殺，因為我們拒絕愛我們的仇敵。耶穌一定要被殺，因為我們不相信一個創造我們的上帝，也不相信祂會以我們的形象來到我們當中。我們從馬太福音讀到的，就是這一切。

彼拉多釋放了巴拉巴，並把耶穌鞭打了，之後把祂交給人釘十字架。彼拉多為甚麼要鞭打耶穌？彼拉多為甚麼將耶穌交給士兵，就是那些會像該亞法和文士在審判耶穌後那樣羞辱祂的人？馬太沒有解釋彼拉多為甚麼要鞭打耶穌，又將祂交給士兵，但我們可以肯定，其中的一個原因是要維護那些殺害耶穌的人的人性。他們要殺的是一個無辜的人。所以，這人在上十字架時一定要被羞辱得不似人形。要殺害一個在死前已被人奪去所有人性的人，是比較容易的。那些殺人者可以因此感到安心，並且可以欺騙自己說，他們所做的只是他們必須要做的事。

但彼拉多的士兵比祭司長和長老更具創意。他們可以如此做，因為他們沒有以色列的傳統和盼望作包袱。他們脫了耶穌的衣服，為祂穿上一件朱紅色袍子，用荊棘編作冠冕，戴在他頭上，拿一根
236 葦子放在他右手裏，跪在他面前，戲弄他，說：「恭喜，猶太人的王啊！」他們真的不知道自己所做的是甚麼，但他們所作的，其實

在承認耶穌是那位不受人服事、卻是要服事人的君王。他們的殘暴似乎叫人難以置信。他們不能覺察自己有多殘暴，他們所肆意侮辱的那一位，正是仁慈的體現。但這一點卻不是太清楚：我們這些自以為很文明的人，其實也好不了少。

他們戲弄耶穌，吐唾沫在他臉上，又打他的頭。但當他們戲弄得悶了，他們就脫了祂的袍子，要祂仍穿上祂自己的衣服，並帶祂出去，要釘十字架。耶穌被撇下。耶穌孤身一人。耶穌不發一言。耶穌忍耐。這不是耶穌所想要的，但卻是父的旨意。子必須受苦，以致我們不但知道，也可以有分於祂所成就的生命之中。這就是父自亞當和夏娃背叛其創造主後，一直所渴望的事。

葛哈特（Paul Gerhardt；譯按：德國聖詩創作人）那首偉大詩歌，就精彩地表達出，我們面對耶穌受苦時所必定感受到的悲傷：

至聖之首受重創，
　希世痛苦難當；
遍壓荊冠皆恥辱，
　譏評，嫌怨，憂傷；
仰瞻慈容何慘澹？
　想見滿懷悽愴！
此刻愁雲掩聖範，
　當年基督輝光。

眼見我主英勇力，
　戰爭中間消盡，
眼見冷酷的死亡，
　剝奪主身生命！
嗚呼痛苦又死亡，

因愛萬罪身當！
懇求施恩的耶穌，
轉面容我仰望。

我用何辭來感謝，
如斯高誼奇恩，
成仁臨難之悲哀，
無量慈悲憐憫？
懇求收我為弟子，
忠愛永不變更；
千萬千萬莫容我
離開主愛偷生。

（編按：譯文取自《普天頌讚》〔香港：基督教文藝，1977〕第一百七十四首〈受難歌〉，由劉廷芳博士翻譯。）

士兵押解耶穌出去釘十字架，在途中，他們遇到一個古利奈
237 人，名叫西門，就勉強他同去，好背著耶穌的十字架。西門不是自願的。那些要把耶穌釘十字架的士兵，強迫他去背上十字架。耶穌的十字架所要實現的，不是人被迫要背上耶穌的十字架。耶穌邀請我們來背上自己的十字架，但他沒有強迫我們這樣做。但這樣在被迫的情況下，在高壓的條件下領受福音，卻並不意味著福音不曾被接受。在美國，基督教幾乎最忠心的形式，就是那些在奴隸制度下的人，這一點肯定是對美國主流基督新教的教會的一個審判。

他們到了一個地方名叫各各他，馬太告訴我們，這地名的意思就是「髑髏地」。經文沒有說明這地為何有這樣的名稱，但這名稱卻會公平地判斷那將要在那裏發生的惡事。士兵拿苦膽調和的酒給耶穌喝，但他嘗了，卻不肯喝。耶穌不肯喝，這正好與詩篇六十九

篇 21 節產生共鳴；那篇詩篇提到有人拿醋給那受逼害的人喝。馬太關於耶穌被釘十字架的描述，充滿了對詩篇的回響，特別是詩篇二十二篇。有些人會懷疑，馬太是不是硬將被釘十字架的情節與這些詩篇作對應。這個立場卻忽視了一件事：耶穌就是上帝為世界所寫的詩篇。詩篇成為教會的讚美詩集，這並不是偶然的。當我們用詩篇禱告時，我們就是藉耶穌禱告。

「他們將他釘在十字架上」——還有甚麼事情可以說的呢？馬太沒有作詳細說明。我們所需要知道的，就只是耶穌已經被釘。祂被釘在十字架上。此外，那十字架是上帝的肖像（icon）。不論基督徒怎樣努力嘗試說服自己，說跟隨耶穌是不用受苦的，我們都要正視這被釘十字架所帶出來的清楚事實。我們也許希望，祂被釘十字架，是溝通上的錯誤、疏忽，但那事實是不容逃避的：耶穌已經被釘。

祂為甚麼要死？祂為甚麼要死在十字架上？後者似乎是容易回答的。祂要死在十字架上，因為那是羅馬人用來處決那些被他們視為危害羅馬利益的人的方法。羅馬人將他們高高舉起，是要讓眾人知道，那挑戰羅馬的人的下場。但這答案仍不足以叫我們明白耶穌為甚麼要死在十字架上。祂死在十字架上，是要表明上帝的心。十字架是上帝的生命與我們生命相交的地方，為要創造出一個在十字架以外想像不到的生命。賴茂德（Timothy Radcliffe；譯按：天主教會士）注意到，十字架的寬恕不是上帝忘記了受苦節，因為：

> 如果寬恕等於忘記，那麼上帝就一定患有最嚴重的健忘症，但這是上帝那讓人想像不到的創意，祂令我們所作的事，成為有成效的。在中世紀，那用來表達上帝的寬恕的形象，是開出鮮花的十字架。十字架是酷刑的邪惡記號。這記號表明人有能力拒絕愛，以及人有能力作出那全

> 然無用的事情。但中世紀的藝術家卻在復活節的主日展示出，這十字架生出鮮花。這已死的木頭伸出卷鬚(tendrils)和花朵。寬恕叫死去的可以復活，叫醜惡的變成美麗。(Radcliffe 2004, 11 ~ 12)

238 耶穌的十字架現在成為決定宇宙的特徵。十字架不是一個用來解釋那無法說明的苦難的象徵。當人面對世上的悲劇時，我們不用耶穌來解釋或克制我們的憤怒。反之，耶穌的十字架是祂自己的十字架，它產生出一羣不再需要解釋那無法說明的苦難的子民。當人面對生命的悲劇時，我們需要的是愛而不是解釋。在我們差不多不能做任何事以拯救我們自己之時，我們的任務 —— 十字架所產生和要求的任務 —— 並非逃避而是彼此同在。

但耶穌為甚麼要死？基督徒已建立了一些用來解釋耶穌為何受死的原因，被稱為贖罪理論(atonement theories)。例如，有人提出耶穌需要受死，是為要補償我們的罪，或是要成為我們道德上的楷模，又或是打敗魔鬼和那些反抗其創造主的權勢。這些對耶穌之死的解釋都有聖經的根據，但這些理論都將耶穌的被釘和祂的生平分割開來。馬太福音，馬太關於耶穌向以色列所持的使命的故事，馬太對作門徒的理解，馬太對教會的開始的描述 —— 全都以耶穌的死作為高潮的。

祂的死和祂的生是不可以分割的，因為祂的死是祂的生的結果。祂死，因為祂曾挑戰以色列的精英，這些人是用律法來使自己免受上帝的要求；祂死，因為祂挑戰羅馬那虛假的權力；而且祂也是死在暴民那民主的意願之下的。[2] 祂死，因為祂挑戰人類政體(human polity)的所有形式 —— 它們建基於因否認上帝而必然有的暴力 —— 同時又提出在這些形式以外的另一選擇。詹森(Robert Jenson；譯按：信義宗神學家)正確地注意到，福音書：

> 要講述的，是一個關於耶穌被釘那有力的和在聖經上整合了的故事，這個故事正是上帝自己付代價好讓我們歸向祂的故事，也是我們被領回的故事。在這個故事背後或在這故事之外，沒有別的關於上帝讓我們與祂復和的真實故事，沒有任何別的關於神話戰爭的故事，也沒有關於在上帝和子之間交易的故事，或關於我們受感動而要活出復和的生命的故事。福音書的受難故事，是上帝的復和行動及我們的復和那本真的、完全的描述，是在祂生命和我們生命中的事件。所以，要正確詮釋十架故事，首要的條件是在我們向別人和向上帝述說這故事時，要把它說成一個關乎上帝和關乎我們的故事。（Jenson 1997, 189）

按希伯來書的記載，我們得知，上帝叫耶穌比天使微小一點，但萬物都要服在祂的腳下。因此，祂為我們每一個人嘗了死味——因我們的罪而應當承受的死（來二 7～18）。這是上帝之子的死，祂為我們經歷了那只有祂才可以做到的事。所以，祂是「救〔我們〕的元帥」（二 10），祂為我們死，好叫我們得生。

士兵一直看守著耶穌。當他們在等候時，他們拈鬮分祂的衣 239
服，這圓滿了詩篇二十二章 17 至 18 節所說的：

> 他們瞪著眼看我。
> 他們分我的外衣，
> 　為我的裏衣拈鬮。

在耶穌頭上，他們放置了他們對耶穌為何被釘的理解：「這是猶太人的王耶穌。」這些都是彼拉多的人。他們像彼拉多一樣，假設了因為耶穌自稱為王，所以祂被釘死。他們像彼拉多一樣，正確地宣告耶穌是一位王，但他們也跟彼拉多一樣，不明白祂是怎樣的一位王。他們不明白，正如我們繼續不明白一樣，那生來要作王的，怎麼可以這樣羞辱地死去。

所有環繞在耶穌十字架旁邊的人，似乎都不能看清耶穌是誰。那些經過的人嘲笑他，他們搖著頭（詩二十二7），說：「你這拆毀聖殿、三日又建造起來的，可以救自己吧！你如果是上帝的兒子，就從十字架上下來吧！」彼拉多的士兵將耶穌看作是猶太人的王。現在人們譏諷祂的方式，卻用上了以色列人那關於聖殿的敘述。再次，耶穌所受的試探跟祂在曠野時所面對的試探一樣，當時魔鬼把耶穌帶到聖殿的頂上，並對耶穌說：「你若是上帝的兒子，可以跳下去」（太四6）。這一次，耶穌比祂面對魔鬼時所受的苦更大，祂拒絕依從施虐者的要求而給出記號，那記號只會確定他們對以色列的祭司—君王（priest-king）之所是的假定。耶穌的被釘，就是他們所要求的記號，但他們卻不能明白在自己眼前所發生的一切。

耶穌也受祭司長、文士和長老的譏諷。他們承認耶穌救了別人。祂醫治了瞎子、聾子和啞巴。祂解救了貧窮人和飢餓者，但他們卻指出，這樣有能力的人應該可以救自己。他們說，如果耶穌是以色列的王，祂就從十字架上下來，這樣他們就會相信祂。再次，他們所求的是一個記號，以致當人認識這記號而相信祂時，這是在世界中一件合理的事。但耶穌仍然在十字架上。

以色列的精英還有一個方法去奚落耶穌，這次，他們的奚落直刺進耶穌的心：「他倚靠上帝，上帝若喜悅他，現在可以救他；因為他曾說：『我是上帝的兒子。』」這個奚落不只是針對耶穌，更是針對父。這是耶穌一早知道祂和父都要承受的痛苦。父的旨意是祂這位獨生子要承受我們的恐懼，好叫我們學會相信，正如祂相信父一樣。父會拯救子，但那不是在祂經歷死亡之前。聖殿會被復修，但那復修將會以一個身體的形式——耶穌的身體——出現。

雅各和約翰曾經要求坐在耶穌的左右，現在我們可清楚看到，
正如耶穌所說的，他們不知道他們所要求的是甚麼。但正如所有門
徒一樣，他們兩人現在都已撇下耶穌。在耶穌左右的反而是兩個與 240
耶穌一同被釘的強盜。連這兩個強盜都用與那些經過的人和精英
相同的方式來奚落祂。在這裏，一同受苦，並不能為人帶來同理
心或共通性（commonality）。耶穌，惟一真正的人類，現在卻缺乏
所有與人的連繫。即是那些婦女，她們也只是「遠遠的觀看」（太
二十七 55）。那些與祂一同被釘的人，那些經過的人，那些精英，
那些士兵，全都是見證人；我們也是見證「那行毀壞可憎者」的人。

從正午到下午三時，黑暗籠罩大地。從馬太福音之始我們就知道，宇宙的力量都在耶穌出生一事上起作用（太二2）。所以，我們不應感到奇怪，當耶穌臨近死亡時，所有受造物都會作出反應。在阿摩司書中，主應許「在那日」：

> 我必使日頭在午間落下，
> 使地在白晝黑暗。（摩八9）

那日已經臨到。一個審判的日子。一個救贖的日子。約在三時，耶穌大聲喊著說：「我的上帝！我的上帝！為甚麼離棄我？」我們不能抑制這個想法：「如果你是上帝的兒子，你應該說這番話嗎？如果你是上帝，如果你是三一中的第二位格，你怎可能被離棄呢？」我們想要解釋這經文，希望想使耶穌免於這個被撇棄的悲慘呼喊。但耶穌呼喊了，祂的呼喊是祂從詩篇二十二篇學會的，那是惟有以色列的彌賽亞才可以發出的呼喊。祂的呼喊並不是要表明，祂不是三一中的第二位格；這呼喊是愛——即是三一的生命——的稜線示範（prismatic exemplification）。這愛就是耶穌：

他本有上帝的形像，
　不以自己與上帝同等
　為強奪的；
反倒虛己，
　取了奴僕的形像，
　成為人的樣式；
既有人的樣子，
　就自己卑微，
　存心順服，以至於死，
　且死在十字架上。（腓二6～8）

從耶穌在十字架上的呼喊我們可得知，正如威廉斯（Rowan Williams；譯按：英國聖公會前坎特伯里大主教）所說的，「上帝那全然不能想像的**差異性**（differentness）」（Williams 2000, 37）。耶穌在十字架上所說的話及十字架本身都意味著，在所有痕迹的權勢都不存在之時，至少在如彼拉多和以色列的精英分子所理解的權勢不存在之時，父才會被尋見；那也意味著，在所有形式的人類權勢都消失之後，聖靈那具權威的見證才是最清楚的被揭示；而且那也意味著，在受制於死之審判之下，上帝的權能才得到示範。

241 事實上，我們是與這世界的彼拉多站在一起的。我們希望上帝是坐擁軍隊的君王。我們不願意放棄我們對神（god）的理解：神是有能力為我們搞定一切的。我們不想耶穌被離棄，因為我們不願承認，那位撇棄和被撇棄的都是上帝。我們想解釋這些關於被遺棄的話，我們希望拯救和保護上帝，免於出醜，但我們這些想保護上帝的企圖，卻揭示出耶穌基督的上帝是有多可怕。那位上帝是該當叫我們感到畏懼的。當上帝在人看來是最隱藏之時，祂卻是最被揭示的：「基督那絕對獨特的時刻——那是十字架上絕對被遺棄的時

刻——就是上帝的榮耀、祂在所在之處和將來的權能，是在世界眼前被展示出來的時刻。」(Hart 2003, 327)

上帝在基督的十字架上拒絕讓我們的罪、祂的施虐者的罪，決定我們與上帝的關係。上帝對我們的愛意味著，祂所恨的只是那使祂的受造物與在創造中所彰顯的愛隔絕的東西。耶路撒冷的區利羅(Cyril of Jerusalcm)觀察到，基督藉著稱父為「我的上帝」，祂就是代表著我們、在我們的地位上發出這稱呼的。聽聽這話：「我的上帝！我的上帝！為甚麼離棄我？」我們就知道上帝的兒子取代了我們的位置，為我們而被撇棄，那是因為我們的罪而被棄的，好叫我們可以活著，並相信世界已藉十字架而得到救贖。

正是這樣得到救贖；因此，任何有關十字架的理論，若說上帝藉著為我們而犧牲子，從而補償一個抽象的公義理論的話，這理論就明顯是錯誤的。確實，如此的理論所造成的是危險的錯誤。父將子獻上，而子也甘願被獻上，這是上帝的公義。正如在父、子、聖靈以外沒有上帝一樣，上帝不是要先得到補償，我們才可能得到饒恕。我們得到饒恕，因為上帝拒絕失去我們。[3] 這就是上帝的公義。

有些旁觀者聽見耶穌的呼喊，以為祂在呼叫以利亞。他們拿海絨蘸滿了醋，把海絨觸及祂的唇，他們希望可以更清楚聽得祂的話。其他人反對他們這樣作，並提議他們應看看以利亞會不會來救祂。這實在是殘忍之極。但以利亞不會來，因為以利亞已經來了(太十一 14，十七 12～13)。那位沒有死去、被接往天上的人已經來了，他來為的是要見證那位將會勝過死亡本身的主。

「然後」，耶穌大聲喊叫，氣就斷了。人子已經死了。耶穌實在死了，因為祂實在是完全的人。父還沒有死，但子已經成就了父的旨意，進到死亡之中。上帝是死亡的大敵人，但惟有藉子願意受制於死亡的黑暗，祂才可以勝過死亡。子的死亡不是「不在」(not to be；編按：或譯「毀滅」)，而是更可怕的一種死亡，那就

是與父分離。巴爾塔薩（Hans Urs von Balthasar；譯按：美學神學
242 家）說：「這日子是存在的，那時子死去，而父就因此變得不可接近……在受難的最後，當上帝的道死去時，教會就再沒有任何話可以說。」（Balthasar 1990, 49）

殿裏的幔子從上到下分裂為兩半，好像它在較早期聖殿被褻瀆時那樣。地也震動，磐石也崩裂。聖殿作為耶穌的身體，已經裂開了。正如但以理十二章2節所預言，墳墓也開了，已睡聖徒的身體多有起來的，而到耶穌復活以後，他們進了聖城。耶穌對天啟（apocalypse）的描述（太二十四7），即那些根據以色列生命的描述（撒下二十二8；詩六十八8；珥二章），都環繞耶穌的被釘和死亡。上帝吩咐以西結向谷中的枯骨發預言，以致他們可以復活（結三十七1～14）。耶穌的死亡現在成了上帝那賜生命給所有人的氣息。耶穌的死所伴隨的一切奇事，都在指明舊的時代已經過去，而新的時代已經開始。

當那看守士兵的百夫長看見地震和耶穌死時的一切景象，他就極其害怕。他承認說：「這真是（was）上帝的兒子了！」——這個認信可能是他從那些虐待耶穌的人那裏學來的。但這個認信卻是以過去式來表達的。他仍要學習，這位已經被釘死和將要被埋葬的人，將會復活過來，祂將要給他和他的部下帶來盼望。他已見證上帝怎樣勝過死亡的權勢，以致他和所有士兵都可以得著自由，不再殺人。

馬太告訴我們，很多婦女在那裏見證耶穌的被釘和受死。門徒已撇下了祂，但婦人卻從加利利一直跟隨耶穌，供應耶穌。馬太沒有告訴我們婦女給過耶穌甚麼東西，但我們知道在十二門徒以外還有其他人跟耶穌在一起，這是一件叫人寬心的事。此外，馬太又將她們的名字告訴我們：抹大拉的馬利亞，雅各和約西的母親馬利亞，並有西庇太之妻——即雅各和約翰的母親。西庇太兩個兒

子的母親現在知道她為兩個兒子所求的是甚麼，但她仍然留在耶穌身旁。

正如我們在耶穌死後才知道，有些婦女是從加利利起便跟隨耶穌的；馬太把另一個跟隨耶穌的人告訴我們，他是我們之前沒有遇過的。亞利馬太的約瑟是耶穌的門徒，他到彼拉多那裏求耶穌的身體。馬太說，這約瑟是一個財主，他有一個新墳墓，但他沒有將這墓留給自己，反而想將耶穌埋葬在這墳墓裏。耶穌對財富曾有過苛刻的評語（太六 24，十九 23～26），有些人會覺得奇怪，耶穌竟然有一個富有的門徒。但我們卻看到，約瑟沒有撇下耶穌，他沒有嘗試用財富來保護自己。事實上，向彼拉多要耶穌的身體，要一個被羅馬所殺的人的身體，這可能會使他惹上麻煩的。但約瑟沒有猶疑，向彼拉多要耶穌的身體。彼拉多也同意了。

約瑟取了耶穌的身體，用乾淨細麻布裹好，安放在自己的新墳墓裏，就是他鑿在磐石裏的。耶穌死了。那處置祂身體的方法，
就是人處理屍體的方法。約瑟把大石頭滾到墓門口，就離去了。正 243
如昔日約瑟照顧馬利亞腹中的嬰孩耶穌一樣，這位約瑟也照顧耶穌的屍體。可是，他離去了，但抹大拉的馬利亞和另一個馬利亞就對著墳墓坐著。婦人等候，因為她們相信耶穌告訴過她們的話：耶穌將會復活。那些婦女對著墳墓坐著，她們是期待那復活的人，也是那復活的忠心見證人。

但她們不是惟一記得耶穌說過祂會在三天後復活的人（太十六 21，十七 23，二十 19）。祭司長和法利賽人也記得耶穌說過祂會在三天後復活。因此，在被釘後的一天，祭司長和法利賽人來到彼拉多面前提醒他，那「誘惑人的」在「還活著的時候」說過他會在三天後復活。法利賽人突然再出現，並與祭司長結成聯盟。法利賽人不是密謀殺害耶穌的人之一，但現在他們卻與祭司長在一起，要阻止任何關於耶穌的進一步消息到達民眾那裏。

祭司長和法利賽人要求彼拉多派人看守墳墓，直到第三日。他們暗示門徒可能會偷去屍體，為要告訴百姓耶穌已從死裏復活。祭司長和法利賽人假設，復活不過是意味著耶穌的身體不見了。他們向彼拉多提出，如果百姓相信門徒，這個謊言要比屍體真的被他們偷了，更為嚴重。祭司長和法利賽人明顯不相信百姓，但諷刺的是，他們的擔心卻是正確的，門徒的確會成為耶穌的生命、死亡和復活的見證人。

於是，他們要求彼拉多派人看守墳墓。彼拉多同意這樣做，又派看守的兵同去，如此墳墓就可把守妥當。這兵不只在墓前看守，更封了墓前的石頭。祭司長、法利賽人和彼拉多以為，那石頭可以把上帝的兒子耶穌固定位置。在耶穌死時地大震動，連石頭也裂開兩半，他們未曾從這些事上學到任何東西。他們是愚拙的，但這卻令他們胡裏胡塗地成為耶穌復活的見證人。

註釋：

1. 耶穌在彼拉多面前保持沉默，這並不意味著，基督徒在政權前總是要持一個對抗的態度。基督徒對於那些可以帶來敬虔和正直的掌權者，是應該存感恩的心的（提前二 2）。領袖可以謹慎地作領導，為世上的城邦帶來和平（羅十三章）。但從耶穌的被釘，我們又同時知道，這種政權是罕有和脆弱的。我們的任務，好像那些跟隨耶穌的人一樣，是在那些作統治的人面前，成為那由真理所主導的沉默，好邀請那些統治者成為上帝所要他們成為之所是（羅十二 17）。但至少，我們可以要求他們誠實。
2. 對於其中一些用詞，我感謝米爾班克（John Milbank；譯按：基督教神學家）的著作：Milbank 2003, 96。
3. 對於耶穌在十架上的話，其中一些反省是取自 Hauerwas 2004a, 59 ~ 70。

馬太福音二十八章

復活

抹大拉的馬利亞和其餘的馬利亞相信耶穌所應許的，那就是祂 244
會在三天後復活。在安息日之後，在七日的第一天，抹大拉的馬利亞和馬利亞來到墳墓那裏。馬太指出時間，因為時間現已被重新描繪。兩位馬利亞將會首先見證著，耶穌的復活將會把我們所過著的時間重新描繪。事實上，新的安息日將會被創造出來，因為耶穌是新的創造。馬太福音以「開始」（in the beginning）作始，我們現在到了結尾部分，它也使一切展開一個新的開始。

「忽然」，地大震動，主的天使從天降臨，把墳墓前的石頭滾開，坐在上面。天使的樣貌好像閃電一般，衣服潔白如雪。有一個主的天使曾在夢中向約瑟顯現，告訴他應要娶馬利亞，因為她所懷的孩子是由聖靈感孕而生的（太一 20）。又有一個天使曾在夢中向約瑟顯現，要他帶家人到埃及（二 13）。耶穌在曠野受試探後，天使曾伺候耶穌（四 11）。但這個天使來到，是要宣告耶穌已經復活。

看守的人遇上這位刺眼的天使那叫人目眩的光，他們本來是要保證耶穌的身體不會出意外，但現在卻因恐懼而發抖，和死人一樣。他們像死人一樣，這表明了耶穌的復活已帶來轉變。那些自以為活著的人現發現，那些他們以為是生命的東西其實是死亡。耶穌的復活創造了一個脫離死亡的生命，這新生命掌管我們每天的生
245 活。這就是重生，它向我們揭示出死亡曾怎樣決定了我們的存活。而人有可能依然是死亡的，如活死人一樣活著，正如看門的人所表現的那樣。

這些看門的人嚇得要死，但天使對抹大拉的馬利亞和馬利亞說，她們不用害怕：「我知道你們是尋找那釘十字架的耶穌。他不在這裏，照他所說的，已經復活了。你們來看安放主的地方。快去告訴他的門徒，說他從死裏復活了，並且在你們以先往加利利去，在那裏你們要見他。看哪，我已經告訴你們了。」這段非凡的說話，包含了整個的福音。「不要害怕。」耶穌令我們可以無懼地生活。門徒常常害怕精英和羣眾，但耶穌卻給他們所需的一切，叫他們不用害怕。祂已做到了，因祂藉著吸引他們——和我們——進到一個如此引人入勝的真實的生活方式裏，而在這生活方式中，我們沒有時間害怕。

但馬太告訴我們，抹大拉的馬利亞和馬利亞急忙離開墳墓，「又害怕，又大大的歡喜」，但現在她們的害怕是與喜樂相稱的。她們以敬畏的心離開墳墓，她們知道自己現正有分於上帝的國度。她們在離開墳墓時所擁有的恐懼會保護她們，免受那叫人否認復活的恐懼所影響。那支配她們生命的恐懼和喜悅，會拯救她們脫離恐懼，就是那些因在死亡面前想要為自己尋求安穩生活，而衍生出來的恐懼。

因著復活，她們可以經歷現在這份恐懼和喜樂。但她們仍沒有看見復活。天使推開了墓前的石頭，讓她們看見空墳墓。她們之前已來要看墳墓。馬太從福音書之始就一直教導我們要怎樣去

「看」。人除非跟隨耶穌至祂的被釘十架，否則是不會來看墳墓的。抹大拉的馬利亞和馬利亞看過耶穌被釘十架，也看過墳墓。所以，她們是我們首批見證好消息的人，這好息就是那位曾被釘的，已經如天使所宣告的那樣復活了。

父使子從死裏復活，為要榮耀子，因為祂完全順服，甚至被釘在十字架上。耶穌被交出去，受制於罪人和死亡本身，但現在祂已得勝。父高舉子，但子卻寧願與父同在，祂已經成就父的旨意。我們現在看見，被釘十字架與復活是不可分割的。詹森（Robert Jenson；譯按：信義宗神學家）這樣說：

> 被釘十字架，將問題交給上帝：祂會否支援這位有嫌疑的兒子？祂會否認同這位候選人就是祂自己那自我識別的道（self-identifying）？祂是否一位會如接待羅馬收税官和罪人的上帝？祂會否為不敬虔的人辯護？復活，就是父的「是」（yes）。我們可能説：復活，確定了被釘十字架的那種上帝，實在是獨一的；被釘十字架，也確定了那位會藉復活來確立其神性的上帝，是哪一種的上帝。又或：被釘十字架，確定了上帝是誰和是甚麼（who and what）；復活，就確定了那就是上帝。所以，如果我們是任何確定的東西，被釘十字架也就是確定了我們是誰和是甚麼。（Jenson 1997, 189）

可是，耶穌的復活是不可被看見的。我們不像能看見創造那 246
樣，可以看到復活。我們可以見到的只有空墳墓和復活的主。復活並不是一個曾活著的人死了，又再次活過來。耶穌曾叫拉撒路從死中復活，但拉撒路最終仍會死去。復活並不是一具屍體的復蘇（resuscitation）。耶穌從死裏復活，不用再受死亡本身所捆綁。

祂再也不會死。我們不可看見耶穌的復活，因為上帝是不可被看見的。耶穌已從死裏復活，勝過死亡。復活因此是那由馬利亞受聖靈感孕所開始的歷史的高潮。

抹大拉的馬利亞和馬利亞從墳墓跑去告訴門徒，但耶穌卻突然遇上她們。這是復活了的耶穌。這是已經復活的被釘之主。耶穌用熟悉的方式來向她們打招呼，她們就來到耶穌跟前。她們看見耶穌，就認出祂來。她們捉著祂的腳，又敬拜祂。復活的耶穌是可以被觸模的。復活的耶穌不是一個觀念。祂的身體已經被復活過來。那位由馬利亞所生的，在約翰手下受洗的，曾呼召門徒的，宣講登山寶訓的，醫治瘸子、瞎子、聾子和啞巴的，跟法利賽人和撒都該人爭辯的，忍受受審和十架羞辱的耶穌，已經復活了。

我們知道耶穌是身體復活的，正如祂在最後的晚餐時向門徒應許的，祂會繼續跟我們分享祂自己的身體（太二十六 26～29）。祂透過作中介的聖靈，與我們分享祂的身體。因為祂是從死裏復活的，我們才可以分享祂的身體。耶穌已得到坐在父的右邊的位置，這使祂可以肉身地臨在。我們得著祂的身體和血作為屬靈的餵養，但「屬靈的糧」（spiritual food）並不意味著，我們只是假裝這是耶穌的身體和血。這反而意味著，復活的耶穌就是被釘的耶穌。

耶穌的肉身地臨在（bodily presence），並沒有妨礙抹大拉的馬利亞和馬利亞對祂的敬拜。人只敬拜上帝。然而，她們在敬拜祂。她們沒有敬拜那位宣告耶穌復活的天使，但她們現在卻敬拜耶穌。這些以色列的婦女一直受以色列誡命的教導，說她們只可以敬拜上帝，但她們現在卻敬拜耶穌。若她們所敬拜的不是上帝的兒子，她們就肯定是在拜偶像。但這正正是被釘的耶穌，是上帝的兒子，惟有祂才配受敬拜。

她們敬拜耶穌，這表明了教會這個新生的實在（reality）的最主要活動。教會之所以是教會，是因其對耶穌的敬拜。在不同的時空下，對耶穌的敬拜將有不同的形式。但無論在哪裏，當上帝的道被宣講及聖禮被施行，我們就知道耶穌臨在我們中間。我們藉著洗禮和守聖餐，有分於耶穌的生命、死亡和復活，這令我們成為世界以外的另一選擇。可是，作為另一選擇，並不代表我們是可以自義的。反而，它使我們能夠見證著，正如抹大拉的馬利亞和馬利亞見證著，在一個以為沒有時間去敬拜耶穌的世界中，我們已被賦予時間。

耶穌告訴她們不要害怕，又叫她們去告訴祂的弟兄往加利利 247
去，在那裏他們將要見祂。耶穌曾被門徒撇棄，祂現在要抹大拉的馬利亞和馬利亞去告訴門徒，他們將能夠「見」耶穌。他們曾撇下祂，但他們做了這樣的事，並不表示他們將不能見耶穌。此外，耶穌稱他們為祂的弟兄。耶穌來到世界，是要呼召一羣新子民。祂稱門徒為「祂的弟兄」，這表明，門徒是因祂的生命、死亡和復活而得以建立的新家庭的苗圃。耶穌的弟兄——人類——將要展示出生命。再次，我們看到教會的開端。

耶穌在加利利開始祂的職事（太四12），而祂又將會回到加利利去。門徒曾在加利利蒙召，他們現在又要在加利利被重新聚集起來；稍後，他們會在加利利被差遣出去。耶穌不是在耶路撒冷這個權力的核心差遣門徒出去，而是在加利利。在開始前往萬國以宣告耶穌所開展的新時代前，加利利成為門徒的集結地區。

當抹大拉的馬利亞和馬利亞前往告訴門徒之時，有些守墓的兵丁進到城裏，向祭司長報告一切所發生的事情。祭司長再次與長老密謀，他們決定最好的做法就是拿許多銀錢給兵丁，賄賂他們，要他們說當他們睡著的時候，門徒趁著夜晚偷了耶穌的身體。這些人明顯已變得不顧一切的，因為他們的故事不太具說服力。如果兵丁睡著了，他們又怎會知道耶穌的身體是被偷去，或是已被門徒偷去的？有些人擔心，相信復活，就等於要放棄我們對「如何判斷甚麼是真的」的一般理解。這有點是真的，但那並不是因為復活是非理性的（irrational）。我們當然不可看見復活，因為上帝是不可被人看見的。但我們卻可以看見耶穌，祂已經復活了。因此，復活是一個條件，讓我們可以真實地看到在上帝那美善創造中的一切。這正是為甚麼跟隨耶穌的人一定是堅毅地傳揚真理和尋求真理的人。

復活當然不會是一個「不可抵抗的記號」，叫所有人都必定承認耶穌是上帝的兒子。兵丁被天使嚇過半死，但卻沒有使他們傾向相信耶穌，又或傾向相信復活。他們仍是在祭司長和長老的權勢之下，並且他們似乎樂於行祭司長和長老所提出的事。耶穌是真理，但這真理需要人作門徒，因為我們惟有被祂的教導和行動所轉化，我們才可以真正認識這個世界的模樣。世界並不是它所顯露出來的那個模樣，因為罪已傷害了世界的模樣。世界已經被救贖——但要看出世界已被救贖，以及要看見耶穌，我們就需要被那源自服事耶穌而有的喜樂所纏上。這就是「天啟地生活」（live apocalyptically）的意思。

可是，祭司長和長老也似乎覺得，他們未能建立出一個具説服
248 力的關於空墳墓的故事。一個謊言只會引來另一個謊言，而第二個
謊言又只會比第一個更不可信。所以，他們向受賄賂的兵丁保證，倘若耶穌身體不見了這個消息被巡撫聽見，祭司長和長老會勸巡撫，保證兵丁無事。那含義似乎是在説，他們會賄賂巡撫。兵丁因此取了錢，照他們所吩咐的一切去行。

馬太報導説，兵丁把祭司長和長老所虛構的故事傳開了，這就解釋了，為甚麼門徒偷取耶穌身體的這個故事，仍「傳説在猶太人中間，直到今日」（太二十八15）。如此的故事是需要的，這見證著猶太人已繼承了那些故事和踐行，以致能使耶穌的被釘和復活，變得可被理解的。一羣相信上帝從埃及救出以色列的子民，也可

能會相信耶穌被上帝從死裏復活過來。[1] 實際上，正如我們所看到的，馬太福音就是不斷在註解上帝怎樣照料以色列，這福音書見證著耶穌就是以色列所盼待已久的彌賽亞。

不幸的是，人不再需要用行賄來叫人否認復活。對於我們，對於任何接受現代教育的人而言，復活簡直是相當不可信的。復活是神蹟中的神蹟，但神蹟是不可信的。當然，復活是神蹟中的神蹟，但這並不是因為它公然反抗信念。復活是神蹟中的神蹟，因為這是以色列的彌賽亞耶穌的復活。我們嘗試說服人相信「復活**是有可能**發生的」，但我們所能做到的不多。這樣做只會將耶穌的生命、被釘和復活分割開來，在某種程度上，這會扭曲馬太一向教導我們要作的見證。問題的重點畢竟不在於人是否相信復活，而是在於若耶穌事實上沒有從死人中復活的話，我們所活出的生命會否變得沒有意義。

十一個門徒前往加利利，到了耶穌所指示他們的山上，而當他們見到耶穌，他們就敬拜祂。他們曾經在耶穌履海後敬拜祂（太十四 33），但現在他們敬拜的是復活的主。但有些人仍懷疑。我們再次看見馬太那絕對的坦率。他並沒有隱瞞甚麼。即使在耶穌復活後，耶穌的一些門徒仍是存疑的。馬太沒有告訴我們他們疑惑甚麼，但有人會猜測，他們所疑惑的是耶穌是否復活了。但他們的疑惑，與他們是否有能力聽從和跟隨耶穌，是有關的。他們並沒有忘記自己曾經撇下耶穌。

可是，耶穌提醒他們祂是誰。祂告訴門徒：「天上地下所有的權柄都賜給我了。」最後一次，耶穌用了但以理書的話，叫我們認出祂來：

> 我……見有一位像人子的，
>
> 　駕著天雲而來；

249 被領到亙古常在者面前，
得了權柄、
榮耀、國度，
使各方、各國、各族的人
都事奉他。
他的權柄是永遠的，不能廢去；
他的國必不敗壞。（但七 13～14）

魔鬼已失敗了。魔鬼曾經說，若耶穌肯敬拜魔鬼，魔鬼就會將萬國的權柄給耶穌（太四 8～11），但耶穌的整個生命都在拒絕這個建議。這個拒絕使耶穌需要經受被人否認及被釘，但祂卻藉著那忍耐而得勝。現在惟有祂有權柄差派門徒往世界去，使萬民作祂的門徒。祂最初差門徒到以色列去（十 5～6），但現在祂卻差門徒到全世界去，奉父、子、聖靈的名為人施洗。

那從世界被立時就被隱藏的，那向智者隱藏的，現在卻由子揭示出來。以色列的上帝就是萬國的上帝。門徒現在被裝備好了，要被差到萬國中去，使人受洗而進入耶穌的死亡和復活，叫他們成為祂那反抗死亡國度的子民。以色列沒有被撇下，反之，以色列的使命現在於那被稱為教會的新實在裏，得以延續。萬國將會因為教會而學會稱以色列為有福的。

此外，教會就是那羣被建立來敬拜父、子和聖靈的子民的名稱。敬拜上帝，就是要活出耶穌在登山寶訓中所描述的生命。所以，耶穌吩咐門徒要教導那些受洗的人，遵守祂的一切吩咐。耶穌的死和復活，跟祂所教導我們的生活方式，是不可分割的。登山寶訓——我們如何像弟兄姊妹般彼此服事、當我們願意揭露教會的罪時我們所需要的寬恕——就是拯救。教師和祂的教導是一體的。耶穌交給門徒的拯救，就是馬太福音。

門徒要記得，耶穌所差派他們承擔的使命，不是要他們獨自去完成的。祂是復活的主，祂常會與那些受託要去見證祂和祂工作的人同在。祂從太初就存在，這表示祂可應許在世代終局時，祂也會存在。但祂所臨在的世代終局，是由祂的出生、職事、死亡和復活所開展的。基督徒惟有在這個基礎上，才可以被差到世界去宣告：「悔改，因天國已經近了。」

註釋：

1. 我改述了詹森（Robert Jenson，擇按，信義宗神學家）的論點：「上帝就是那位使耶穌從死人中復活的上帝，祂也是曾救以色列從埃及出來的。」（"God is whoever raised Jesus from the dead, having before raised Israel from Egypt"；Jenson 1997, 63）

參考書目

Allison, Dale. 2005. *Studies in Matthew: Interpretations Past and Present*. Grand Rapids, MI: Baker.

Aristotle. 1999. *Nicomachean Ethics*. Translated by Terence Irwin. Indianapolis, IN: Hackett.

Augustine. 1955a. *Confessions and Enchiridion*. Translated and edited by Albert Outler. Philadelphia, PA: Westminister.

________. 1955b. "On the Morals of the Catholic Church." In *Christian Ethics: Sources of the Living Tradition*. Edited by Waldo Beach and H. Richard Niebuhr. New York, NY: Ronald.

________. 1961. *Confessions*. Translated by R. S. Pine-Coffin. Baltimore, MD: Penguin.

________. 1977. *Concerning the City of God against the Pagans*. Translated by Henry Bettenson. Harmondsworth: Penguin.

Ayres, Lewis. 2004. *Nicaea and Its Legacy: An Approach to Fourth-Century Trinitarian Theology*. Oxford: Oxford University Press.

Bader-Saye, Scott. 1999. *Church and Israel after Christendom: The Politics of Election*. Boulder, CO: Westview.

Balthasar, Hans Urs von. 1990. *Mysterium Paschale*. Translated by Aidan Nichols. Grand Rapids, MI: Eerdmans.

Barth, Karl. 1936 ~ 1977. *Church Dogmatics*. Translated by G. W. Bromiley.

Edinburgh: Clark.

_________. 1959. *Dogmatics in Outline*. Translated by G. T. Thompson. New York, NY: Harper.

_________. 1960. *The Humanity of God*. Translated by John Newton Thomas and Thomas Wieser. Richmond, VA: John Knox.

_________. 1990. *The Göttingen Dogmatics: Instructions in the Christian Religion*. Translated by Geoffrey Bromiley. Grand Rapids, MI: Eerdmans.

Bauckham, Richard. 2005. *The Theology of the Book of Revelation*. Cambridge: Cambridge Unviersity Press.

Berry, Wendell. 2000. *Life Is a Miracle: An Essay against Modern Superstition*. Washington, DC: Counterpoint.

Bonhoeffer, Dietrich. 1956. *No Rusty Swords*. Translated by John Bowden. New York, NY: Harper & Row.

_________. 1962. *Creation and Fall: A Theological Interpretation of Gensis 1～3*. Translated by John Fletcher. London: SCM.

_________. 2001. *Discipleship*. Translated by Barbara Green and Reinhard Krauss. Minneapolis, MN: Fortress.

_________. 2005. *Ethics*. Translated by Reinhard Krauss, Charles C. West, and Douglar W. Stott. Minneapolis, MN: Fortress.

Book of Common Prayer. 1979. New York, NY: Church Publishing.

Bruner, Frederick Dale. 2004. *The Christbook: Matthew 1～12*. Revised edition. Grand Rapids, MI: Eerdmans.

Burrell, David. 2000. *Friendship and Ways to Truth*. Notre Dame, IN: University of Notre Dame Press.

Cantalamessa, Raniero. 1992. *Mary: Mirror of the Church*. Collegeville, MN: Liturgical Press.

Carter, Warren. 2003. *Matthew and the Margins: A Sociopolitical and Religious Reading*. Maaryknoll, NY: Orbis.

Cartwright, Michael. 1988. "Practices, Politics, and Performance: Toward a Communal Hermeneutics for Christian Ethics." PhD diss., Duke University.

Cochrane, Arthur C. 1962. *The Church's Confession under Hitler*. Philadelphia, PA: Westminster.

Davenport, Gene. 1988. *Into the Darkness: Discipleship in the Sermon on the Mount*. Nashville, TN: Abingdon.

Davies, William D. 1969. *The Sermon on the Mount*. Cambridge: Cambridge University Press.

Davis, Ellen. 2003. *Who Are You My Daughter? Reading Ruth through Image and Text*. Louisville, KY: Westminster John Knox.

Day, Dorothy. 2002. *Writings from Commonweal*. Edited by Patrick Jordan. Collegeville, MN: Liturgical Press.

Dostoevsky, Fyodor. 2001. "The Grand Inquisitor." In *Remembering the End: Dostoevsky as Prophet to Modernity* by P. Travis Kroeken and Bruce K Ward. Boulder, CO: Westview.

Greer, Rowan. 1997. *Broken Lights and Mended Lives: Theology and Common Life in the Early Church*. University Park, TX: Pennsylvania State University Press.

Griffiths, Paul. 2004. *Lying: An Augustinian Theology of Duplicity*. Grand Rapids, MI: Brazos.

Hart, David Bentley. 2003. *The Beauty of the Infinite: The Aesthetics of Christian Truth*. Grand Rapids, MI: Eerdmans.

_________. 2005. *The Doors of the Sea: Where Was God in the Tsunami?* Grand Rapids, MI: Eerdmans.

Hauerwas, Stanley. 1993. *Unleashing the Scripture: Freeing the Bible from Captivity to America*. Nashville, TN: Abingdon.

_________. 2000. *A Better Hope: Resources for a Church Confronting Capitalism, Democracy, and Postmodernity*. Grand Rapids, MI: Brazos.

_________. 2001. *Christian Existence Today: Essays on Church, World, and Living in Between*. Grand Rapids, MI: Brazos.

_________. 2004a. *Cross-Shattered Christ: Meditations on the Seven Last Words*. Grand Rapids, MI: Brazos.

_________. 2004b. *Performing the Faith: Bonhoeffer and the Practice of Nonviolence*. Grand Rapids, MI: Brazos.

_________. 2006. "Seeing Darkness, Hearing Silence: Augustine's Account of Evil." In *Speak No Evil: Moral Judgment in the Modern Age*. Edited by Ruth Grant. Chicago, IL: University of Chicago Press.

Hays, Richard. 2005. "The Gospel of Matthew: Reconfigured Torah." *Harvard Theological Studies* 1.2.

Heschel, Abraham Joshua. 1951. *The Sabbath*. New York, NY: Farrar, Straus & Giroux.

Huebner, Chris. 2002. "Unhandling History: Anti-Theory, Ethics, and the Practice of

Witness." PhD diss., Duke University.

Jenson, Robert. 1997. *Systematic Theology: The Triune God*. New York, NY: Oxford University Press.

John Paul II. 1994. "Veritatis splendor." In *Considering Veritatis splendor*. Edited by John Wilkins. Cleveland, OH: Pilgrim.

Jones, L. Gregory. 1995. *Embodying Forgivness: A Theological Analysis*. Grand Rapids, MI: Eerdmans.

Kant, Immanuel. 1959. *Foundations of the Metaphysics of Morals*. Translated by Lewis White Beck. New York, NY: Liberal Arts Press.

_________. 1960. *Religion Within the Limits of Reason Alone*. Translated by Theodore Greene and Hoyt Hudson. New York, NY: Harper.

Lash, Nicholas. 1993. *Believing Three Ways in One God: A Reading of the Apostles' Creed*. Notre Dame, IN: University of Notre Dame Press.

Lehmann, Paul. 1975. *The Transfiguration of Politics: The Presence and Power of Jesus of Nazareth in and over Human Affairs*. New York, NY: Harper & Row.

Levering, Matthew. 2002. *Christ's Fulfillment of Torah and Temple: Salvation According to Thomas Aquinas*. Notre Dame, IN: University of Notre Dame Press.

Lischer, Richard. 1987. "The Sermon on the Mount as Radical Pastoral Care." *Interpretation* 41.

Luz, Ulrich. 1993. *The Theology of the Gospel of Matthew*. Translated by J. Bradford Robinson. Cambridge: Cambridge University Press.

MacIntyre, Alasdair. 1995. *Marxism and Christianity*. 2nd edition. London: Duckworth.

MacKinnon, Donald. 1979. "Ethics and Tragedy." pp. 182 ~ 195 in *Explorations in Theology*, vol. 5. London: SCM.

Manlio, Simonetti. 2001. *Matthew 1 ~ 13*. Ancient Christian Commentary on Scripture. Downers Grove, IL: InterVasrsity.

_________. 2002. *Matthew 14 ~ 28*. Ancient Christian Commentary on Scripture. Downers Grove, IL: InterVarsity.

Marvin, Carolyn, and David Ingle. 1999. *Blood Sacrifice and the Nation: Totem Rituals and the American Flag*. Cambridge: Cambridge University Press.

McCabe, Herbert. 1987. *God Matters*. London: Chapman.

McClendon, James. 1990. *Biography as Theology: How Life Stories Can Remake Today's Theology*. Philadelphia, PA: Trinity.

Milbank, John. 2003. *Being Reconciled: Ontology and Pardon*. London: Routledge.

Minear, Paul. 2000. *The Good News According to Matthew: A Training Manual for Prophets*. St. Louis, MO: Chalice.

Niebuhr, Reinhold. 1953. *Christian Realism and Political Problems*. New York, NY: Scirbner.

_________. 1986. "The Wheat and the Tares." In *The Essential Reinhold Niebuhr*. Edited by Robert McAfee Brown. New Haven, CT: Yale University Press.

O'Donovan, Oliver. 2004. "The Political Thought of City of God 19." In *Bonds of Imperfection: Christian Politics, Past and Present* by Oliver O'Donovan and Joan Lockwood O'Donovan. Grand Rapids, MI: Eerdmans.

Origen. 1926. *Commentary on Matthew*. Ante-Nicene Fathers. New York, NY: Scribner.

Pinches, Charles. 2002. *Theology and Action: After Theory in Christian Ethics*. Grand Rapids, MI: Eerdmans.

Radcliffe, Timothy. 2004. *Seven Last Words*. London: Burns & Oates.

Radner, Ephraim. 2004. *Hope Among the Fragments: The Broken Church and Its Engagement of Scripture*. Grand Rapids, MI: Brazos.

Rogers, Eugene. 2005. *After the Spirit: A Constructive Pneumatology from Resources Outside the Modern West*. Grand Rapids, MI: Eerdmans.

Rosenzweig, Franz. 1999. *Understanding the Sick and the Healthy: A View of World, Man, and God*. Translated by Nahum Glatzer. Cambridge, MA: Harvard University Press.

Senior, Donald. 1998. *Matthew*. Nashville, TN: Abingdon.

Thomas Aquinas. 1981. *Summa theologica*. Translated by Fathers of the English Dominican Province. Westminster, MD: Christian Classics.

Turner, Denys. 2004. *Faith, Reason, and the Existence of God*. Cambridge: Cambridge University Press.

Vanier, Jean. 1979. *Community and Growth*. Translated by Ann Shearer. London: Darton, Longman & Todd.

Wells, Samuel. 2004. *Improvisation: The Drama of Christian Ethics*. Grand Rapids, MI: Brazos.

_________. 2006. *God's Companions: Christian Ethics and the Abundance of God*. Oxford: Blackwell.

Wilken, Robert. 2003. *The Spirit of Early Christian Thought: Seeing the Face of God*. New Haven, CT: Yale University Press.

Williams, Rowan. 1994. *Open to Judgment: Sermons and Addresses*. London: Darton,

Longman & Todd.

_________. 2000. *Christ on Trial: How the Gospel Unsettles Our Judgement*. London: Fount.

_________. 2002. *Ponder These Things: Praying with Icons of the Virgin*. Norwich: Canterbury.

Yoder, John Howard. 1964. *The Christian Witness to the State*. Newton, KS: Faith & Life.

_________. 1971. *The Original Revolution: Essays on Christian Pacifism*. Scottdale, PA: Herald.

_________. 1984. *The Priestly Kingdom: Social Ethics as Gospel*. Notre Dame, IN: Univesity of Notre Dame Press.

_________. 1992. *Nevertheless: Varieties of Religious Pacifism*. Socttsdale, PA: Herald.

_________. 1994a. "The Disavowal of Constantine: An Alternative Perspective on Interfaith Dialgoue." In *The Royal Priesthood: Essays Ecclesiological and Ecumenical*. Edited by Michael Cartwright. Grand Rapids, MI: Eerdmans.

_________. 1994b. *The Politics of Jesus: Vicit Agnus Noster*. Grand Rapids, MI: Eerdmans.

_________. 2003. *The Jewish-Christian Schism Revisited*. Edited by Michael Cartwright and Peter Ochs. Grand Rapids, MI: Eerdmans.

索引的頁碼為英文原書頁碼，而原書頁碼已標於正文兩旁。

主題索引

二劃

三劃

四劃

五劃

六劃

七劃

八劃

九劃

十劃

十一劃

十二劃

十三劃

十四劃

十五劃

十六劃

索引的頁碼為英文原書頁碼，而原書頁碼已標於正文兩旁。

經文索引

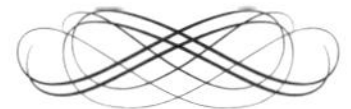

馬加比一書

馬太福音

路加福音

約翰福音

使徒行傳

羅馬書

哥林多前書

哥林多後書

加拉太書

以弗所書

腓立比書

歌羅西書

帖撒羅尼迦後書

提摩太前書

希伯來書

彼得前書

彼得後書

約翰一書

啟示錄

聖經研究叢書 探索與鑽研神的話語，傳承真理。

基道釋經手冊
Introduction to Biblical Interpretation
(Revised and Expanded)
威廉·克萊因(William W. Klein)、克雷格·布魯姆伯格(Craig L. Blomberg)、羅伯特·哈伯德(Robert L. Hubbard, Jr.)合著／邵樟平 學術顧問／蔡錦圖 主編／HK$258

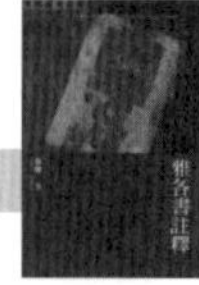

雅各書註釋
張略 著／HK$148

記號——耶穌的先知式和預示式行動
The Signs of a Prophet: The Prophetic Actions of Jesus
何蒙娜(Morna D. Hooker)著／郭靈飛 譯／HK$58

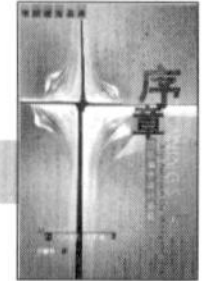

序章——開啟福音書的鑰匙
Beginnings: Keys that Open the Gospels
何蒙娜(Morna D. Hooker)著／郭靈飛 譯／HK$38

聖經中的自由——從基督教觀點反思當代社會的自由危機
God and the Crisis of Freedom: Biblical and Contemporary Perspectives
包衡(Richard Bauckham)著／陳永財 譯／HK$118

跨界福音——後現代世界裏的基督徒見證
The Bible and Mission: Christian Witness in a Postmodern World
包衡(Richard Bauckham)著／李金好 譯／HK$48

啟示錄神學
The Theology of the Book of Revelation
包衡(Richard Bauckham)著／鄧紹光 譯／HK$88

政治中的聖經——從政治角度閱讀聖經的原則與範例
The Bible in Politics: How to Read the Bible Politically
包衡(Richard Bauckham)著／廖惠堂 譯／HK$83

系統神學叢書

進入聖言思想的殿堂，剖示神學的方法及基礎。

如此我信——基督教教義導引
The Christian Faith: An Introduction to Christian Doctrine
根頓（Colin E. Gunton）著／趙崇明、鄧紹光 譯／HK$108

基督、聖靈與救贖：基督教要義導覽
陳若愚 著／HK$118

上帝論：全球導覽
The Doctrine of God: A Global Introduction
卡維里（Veli-Matti Kärkkäinen）著／陳永財、蔡錦圖 譯／鄧紹光 學術審閱／HK$138

基督論：全球導覽
Christology: A Global Introduction
卡維里（Veli-Matti Kärkkäinen）著／陳永財 譯／鄧紹光 學術顧問／HK$153

聖靈論：全球導覽
Pneumatology: The Holy Spirit in Ecumenical, International and Contextual Perspective
卡維里（Veli-Matti Kärkkäinen）著／陳永財 譯／鄧紹光 學術顧問／HK$93

教會論：全球導覽
An Introduction to Ecclesiology: Ecumenical, Historical & Global Perspectives
卡維里（Veli-Matti Kärkkäinen）著／陳永財 譯／鄧紹光 學術顧問／HK$118

基督教教義淺析
A Primer For Christian Doctrine
約拿單・威爾遜（Jonathan R. Wilson）著／李金好 譯／HK$73

基督教三一論淺析
The Trinity
奧爾森（Roger E. Olson）、霍爾（Christopher A. Hall）著／蔡錦圖 譯／HK$63

基督教基督論淺析
Jesus Now and Then
伯理奇（Richard A. Burridge）、古爾德（Graham Gould）著／區秉中 譯／HK$98

基督教詮釋學淺析
A Short Introduction to Hermeneutics
賈思柏（David Jasper）著／紀榮神 譯／HK$73

聖經：一個教義式的勾畫
Holy Scripture: A Dogmatic Sketch
約翰・韋伯斯特（John Webster）著／鄧紹光 譯／HK$78

讀者意見表

緊扣時代 服事教會

以文字傳揚基督真道

衷心多謝你購買本社書籍。本社一直致力以出版事工服事教會，幫助信徒扎根於神的話語，促進靈命增長。為使我們的出版更能滿足你的需要，請填寫下列各項資料，並寄回或傳真予本社。

所購書籍：＿＿＿＿＿＿＿＿＿＿

本書最吸引你的地方：
□作者　□適切性　□文筆　□設計　□實用性
□其他：＿＿＿＿＿＿＿＿＿＿

購買本書地點：
□基道書樓　□基督教書店　□非基督教書店

性別：□男　□女　職業：＿＿＿＿＿＿

信仰：□基督徒　□非基督徒

年齡：□ 16 歲或以下　□ 17～25 歲　□ 26～35 歲
□ 36～55 歲　□ 56 歲或以上

學歷：□中三或以下　□中五　□預科
□大學　□研究院

□我欲更多了解基道出版社的事工及考慮支持，請寄給我下列資料：
□機構簡介　□新書資料　□基道會員通訊
□《基道文字事工通訊》

姓名：＿＿＿＿＿＿＿＿＿＿電話：＿＿＿＿＿＿

地址：＿＿＿＿＿＿＿＿＿＿＿＿＿＿＿＿

＿＿＿＿＿＿＿＿＿＿＿＿＿＿＿＿

傳真：＿＿＿＿＿＿＿＿　電子郵件：＿＿＿＿＿＿

其他意見：＿＿＿＿＿＿＿＿＿＿＿＿＿＿

＿＿＿＿＿＿＿＿＿＿＿＿＿＿＿＿＿＿＿

多謝賜教！

意見表可以傳真（2687-0281）或直接郵寄以下地址：
香港沙田火炭坳背灣街26號富騰工業中心1011室
基道出版社編輯部收